Wissenschaftliche Beiträge
aus dem Tectum Verlag

Reihe Rechtswissenschaft

Wissenschaftliche Beiträge
aus dem Tectum Verlag

Reihe Rechtswissenschaft
Band 248

Christian Wurmthaler

Das Kausalgeschäft des entgeltlichen Pflichtteilsverzichts

Tectum Verlag

Christian Wurmthaler
Das Kausalgeschäft des entgeltlichen Pflichtteilsverzichts

Wissenschaftliche Beiträge aus dem Tectum Verlag
Reihe: Rechtswissenschaft; Bd. 248

Zugl. Diss.: Eberhard Karls Universität Tübingen, 2024

D21

ISBN 978-3-68900-263-3
ePDF 978-3-68900-264-0
ISSN 1861-7875

Gesamtverantwortung für Druck und Herstellung:
Nomos Verlagsgesellschaft mbH & Co. KG
Printed in Germany

Besuchen Sie uns im Internet
www.tectum-verlag.de

Bibliografische Informationen der Deutschen Nationalbibliothek

Die Deutsche Nationalbibliothek verzeichnet diese Publikation
in der Deutschen Nationalbibliografie; detaillierte bibliografische
Angaben sind im Internet über http://dnb.d-nb.de abrufbar.

Vorwort

Der entgeltliche Pflichtteilsverzicht gehört heute zum Standardrepertoire der erbrechtlichen Praxis. Die vorliegende Dissertation mit dem Titel „Das Kausalgeschäft des entgeltlichen Pflichtteilsverzichts" entstand aus dem Bestreben, sich wissenschaftlich mit diesem zentralen Thema des Erbrechts auseinanderzusetzen. Die Arbeit wurde im Wintersemester 2024/2025 von der Juristischen Fakultät der Eberhard Karls Universität Tübingen als Dissertation angenommen. Rechtsprechung und Literatur wurden hierbei bis Dezember 2024 berücksichtigt.

Diese Dissertation ist nicht nur ein wissenschaftliches Werk, sondern auch das Ergebnis der Unterstützung, Ermutigung und Freundschaft vieler Menschen, denen ich meinen herzlichsten Dank aussprechen möchte.

Mein besonderer Dank gilt meinem Doktorvater, Herrn Professor Wolfgang Forster, der mich nicht nur angenehm betreute, sondern während der gesamten Promotionszeit jederzeit für Fragen und Diskussionen zur Verfügung stand. Seine Bereitschaft, sich zeitnah auf meine Anliegen zurückzumelden, sowie die inspirierenden Diskussionsrunden und Streitgespräche haben wesentlich zur inhaltlichen Qualität dieser Arbeit beigetragen. Dafür gebührt ihm mein tief empfundener Dank.

Ebenso möchte ich Herrn Professor Stephan Dusil danken, der sich bereit erklärt hat, das Zweitgutachten zu meiner Dissertation zu übernehmen. Seine schnelle und gründliche Bearbeitung hat den Abschluss dieser Arbeit erheblich erleichtert.

Mein Dank gilt auch Anneli Munz, Valentin Bard, Lennart Neckenich und Paul Metz. Sowohl das Korrekturlesen des Manuskripts als auch ihre wertvollen Anmerkungen, ihr offenes Ohr, ihr geduldiges

Zuhören und ihr fachlicher Rat waren für mich von unschätzbarem Wert. Ich bin dankbar, nicht nur akademisch, sondern auch persönlich mit euch verbunden zu sein.

Schließlich möchte ich meiner Familie danken. Meinen Eltern, die mir durch ihre großzügige Unterstützung das Studium und damit die Grundlage für diese Dissertation überhaupt erst ermöglicht haben, schulde ich tiefe Dankbarkeit.

Mein innigster Dank gilt jedoch meiner Frau, die oft akzeptieren musste, dass ich neben meinem Beruf als Rechtsanwalt viele Abendstunden und Wochenenden in diese Arbeit investiert habe und dadurch weniger Zeit für sie und unser gemeinsames Leben blieb. Dein bedingungsloser Rückhalt, deine Geduld, dein Verständnis und deine Ermutigung haben mir die Kraft gegeben, diese Herausforderung zu meistern. Dir sei daher diese Arbeit gewidmet.

Renningen, im Dezember 2024
Christian Wurmthaler

Inhaltsverzeichnis

Abkürzungsverzeichnis

a. A.	andere Ansicht
Abs.	Absatz
AcP (Zeitschrift)	Archiv für die civilistische Praxis
a. F.	alte Fassung
AnfG	Anfechtungsgesetz
Anm.	Anmerkung
AT	Allgemeiner Teil
Bd.	Band
Begr.	Begründer
Beschl.	Beschluss
BGB	Bürgerliches Gesetzbucht
BFH	Bundesfinanzhof
BGH	Bundesgerichtshof
Bspw.	beispielsweise
BT	Besonderer Teil
BT-Drs.	Bundestag Drucksache
BWNotZ (Zeitschrift)	Zeitschrift für das Notariat in Baden-Württemberg
CR (Zeitschrift)	Computer und Recht
DB (Zeitschrift)	Der Betrieb
d.h.	das heißt
DNotI-Report (Zeitschrift)	Deutsches Notarinstitut-Report
DNotZ (Zeitschrift)	Deutsche Notar-Zeitschrift
DStR (Zeitschrift)	Deutsches Steuerrecht
DStRE (Zeitschrift)	Deutsches Steuerrecht Entscheidungsdient
ebd.	ebenda
Einl.	Einleitung
ErbR (Zeitschrift)	Zeitschrift für die gesamte erbrechtliche Praxis
ErbStR	Erbschaftsteuer-Richtlinie 2019

f.	folgend
FamRZ (Zeitschrift)	Zeitschrift für das gesamte Familienrecht
ff.	fortfolgende
Fn.	Fußnote
FPR (Zeitschrift)	Familie Partnerschaft Recht
gem.	gemäß
grds.	grundsätzlich
h.L.	herrschende Lehre
h.M.	herrschende Meinung
Hrsg.	Herausgeber
Hs.	Halbsatz
i.d.R.	in der Regel
i.d.S.	in diesem Sinn
i.E.	im Ergebnis
i.e.S.	im engen Sinn
InsO	Insolvenzordnung
i.S.d.	in Sinne des
i.V.m.	In Verbindung mit
i.w.S.	im weiten Sinn
JuS (Zeitschrift)	Juristische Schulung
krit.	kritisch
LG	Landgericht
MittBayNot (Zeitschrift)	Mitteilungen des Bayerischen Notarvereins, der Notarkasse und der Landesnotarkammer Bayern
MittRhNotK (Zeitschrift)	Mitteilungen der Rheinischen Notarkammer
Mot.	Motive
m.w.N.	mit weiteren Nachweisen
NJW (Zeitschrift)	Neue Juristische Wochenschrift
NotBZ (Zeitschrift)	Zeitschrift für die notarielle Beratungs- und Beurkundungspraxis
NZFam (Zeitschrift)	Neue Zeitschrift für Familienrecht
OLG	Oberlandesgericht
RegE.	Regierungsentwurf
RFamU (Zeitschrift)	Recht der Familienunternehmen (Zeitschrift)
Rn.	Randnummer
RNotZ (Zeitschrift)	Rheinische Notar-Zeitschrift

RPfleger (Zeitschrift)	Der Deutsche Rechtspfleger
Rspr.	Rechtsprechung
S.	Seite(n), Satz
sächs. G.B.	sächsisches Gesetzbuch
Sog.	sogenannt
u.a.	unter anderem
u.	und
Urt.	Urteil
u. U.	unter Umständen
v.	vom
vgl.	vergleiche
Vorb.	Vorbemerkung
ZAP (Zeitschrift)	Zeitschrift für die Anwaltspraxis
ZEV (Zeitschrift)	Zeitschrift für Erbrecht und Vermögensnachfolge
ZErb	Zeitschrift für die Steuer- und Erbrechtspraxis
ZfPW (Zeitschrift)	Zeitschrift für die gesamte Privatrechtswissenschaft
ZNotP (Zeitschrift)	Zeitschrift für die Notarpraxis

A. Einführung

I. Einleitung

In § 2346 BGB heißt es:

> „*(1) Verwandte sowie der Ehegatte des Erblassers können durch Vertrag mit dem Erblasser auf ihr gesetzliches Erbrecht verzichten. Der Verzichtende ist von der gesetzlichen Erbfolge ausgeschlossen, wie wenn er zur Zeit des Erbfalls nicht mehr lebte; er hat kein Pflichtteilsrecht.*
> *(2) Der Verzicht kann auf das Pflichtteilsrecht beschränkt werden.*"

Der Erbverzicht ist demnach ein Vertrag zwischen dem Erblasser und seinen Verwandten; genauer gesagt zwischen dem Erblasser und seinen gesetzlichen Erben nach §§ 1924 ff. BGB. Die Rechtsfolge des Erbverzichtsvertrages ordnet § 2346 Abs. 1 S. 2 BGB an: „*Der Verzichtende ist von der gesetzlichen Erbfolge ausgeschlossen, wie wenn er zur Zeit des Erbfalls nicht mehr lebte; er hat kein Pflichtteilsrecht.*" Der Umfang des Erbverzichtsvertrages umfasst folglich den Ausschluss des Erbschaftsanfalls i.S.d. § 1942 Abs. 1 BGB sowie das Pflichtteilsrecht nach §§ 2303 ff. BGB. Die Möglichkeit, im Wege der gewillkürten Erbfolge zum Erben berufen zu werden, wird dagegen durch den Erbverzicht[1] nicht erfasst.[2] Soll der Anfall der Erbschaft im Wege der gewillkürten Erbfolge verhindert werden, bedarf es eines Verzichts auf die Zuwendung gem. § 2352 BGB.

---

1 Erbverzicht und Erbverzichtsvertrag werden nachfolgend synonym verwendet.

2 BeckOGK/*Everts*, § 2346 BGB, Rn. 2; Burandt/Rojahn/*Große-Boymann*, § 2346 BGB, Rn. 8 f.

Der Pflichtteilsverzichtsvertrag ist in § 2346 Abs. 2 BGB normiert. Aus dem Wortlaut „*Der Verzicht kann auf das Pflichtteilsrecht beschränkt werden*" folgt, dass der Pflichtteilsverzichtsvertrag ein auf das Pflichtteilsrecht beschränkter Erbverzicht ist. Systematisch ist der Pflichtteilsverzicht[3] demnach ein Unterfall des Erbverzichtsvertrages. Gleichwohl ist die praktische Relevanz des Pflichtteilsverzicht im Vergleich zum Erbverzicht höher.[4]

Bereits die erste Kommission stellte sich die Frage, ob statt eines Erbverzichtsvertrages nicht einfach „*nur derjenige Vertrag (...) noch zu regeln* [sei], *durch welchen das Pflichttheilsrecht ausgeschlossen wird.*"[5] Dass dennoch Erb- und Pflichtteilsverzicht Eingang ins BGB gefunden haben, ist der Rechtsübung und der bisherigen Rechtspraxis geschuldet.[6]

Sowohl der Erbverzichts- als auch der Pflichtteilsverzichtsvertrag sind erbrechtliche Verfügungsverträge.[7] Verfügt wird beim Erbverzicht über die prämortale Rechtsposition, Erbe zu werden, und beim Pflichtteilsverzicht über das Pflichtteilsrecht.[8] Dieses wird durch den Pflichtteilsverzicht aufgehoben.

Die Unterschiede hinsichtlich des Verzichtsgegenstandes und damit zusammenhängend die unterschiedlichen Rechtsfolgen des Erb- im Vergleich zum Pflichtteilsverzicht werden durch den nachfolgenden Beispielsfall veranschaulicht:

Der verwitwete V ist Vater von zwei Kindern und Inhaber eines Familienunternehmens, das sich bereits seit langem in Familienhand

---

3 Pflichtteilsverzicht und Pflichtteilsverzichtsvertrag werden nachfolgend synonym verwendet.

4 BeckOGK/*Everts*, § 2346 BGB, Rn. 1; Reul, MittRhNotK 1997, 373.

5 Mot., Bd. V, S. 471 = Mugdan, Materialien zum BGB, Bd. V, S. 251; vgl. Jakobs/Schubert, Beratung des BGB – Erbrecht, 2. Teilband, § 2346 BGB, S. 2072.

6 Vgl. Mot., Bd. V, S. 471 = Mugdan, Materialien zum BGB, Bd. V, S. 251; Jakobs/Schubert, Beratung des BGB – Erbrecht, 2. Teilband, § 2346 BGB, S. 2072.

7 BGH Urt. v. 7. Dezember 2011 – IV ZR 16/11 = NJW-RR 2012, 332 (333); BGH Urt. v. 4. Juli 1962 – V ZR 14/61 = NJW 1962, 1910 (1912); BeckOGK/*Everts*, § 2346 BGB, Rn. 3 f.; Kroiß, ErbR 2019, 466; MüKoBGB/*Wegerhoff*, § 2346 BGB, Rn. 2; ebenso Staudinger/*Schotten*, 2022, Einl. zu §§ 2346 ff., Rn. 15.

8 Näher unter A.II.1 (S. 10 f.).

befindet. Dieses stellt wertmäßig zugleich den größten Nachlassposten im Vermögen des V dar. Es ist der Wunsch des V, dass das ältere der beiden Kinder das Familienunternehmen fortführt. Würde V sterben und damit der Erbfall eintreten, ohne dass V eine letztwillige Verfügung von Todes wegen getroffen hat, dann würden die beiden Kinder nach den Regeln der gesetzlichen Erbfolge gem. § 1924 Abs. 1 und 4 BGB den V zu gleichen Teilen beerben. Das Unternehmen würde als unteilbarer Gegenstand seinen beiden Kindern als gemeinschaftliches Eigentum in Erbengemeinschaft anfallen, vgl. § 2032 Abs. 1 BGB. In der Realität sind mit diesem einfachen Beispielsfall viele praktische Probleme verbunden:

Oftmals hat keines der Kinder für sich genommen die finanziellen Mittel, sein Geschwisterkind auszubezahlen. Regelmäßig wollen oder können aber nicht beide Kinder das Unternehmen gemeinsam führen. Ob und wie das Unternehmen geführt werden soll oder ob es gar veräußert werden soll, darüber entsteht in der Erbengemeinschaft zwischen den beiden Kindern nur zu oft Streit. Dadurch dass beide Kinder zu gleichen Teilen Erbe geworden sind, ist außerdem eine Blockadesituation entstanden, bei der keines der beiden über die Mehrheit verfügt, eine Entscheidung herbeizuführen. Die aus einer solchen Konstellation resultierenden (Rechts-)Streitigkeiten zehren den Nachlass oft weitgehend auf oder gefährden den Fortbestand des Unternehmens.

Die praktische Relevanz der Problematik ist nicht auf Familienunternehmer oder den vermögenden Teil der Gesellschaft beschränkt. Immer wenn ein unteilbarer Vermögensgegenstand vorhanden ist, der den wesentlichen Teil des Vermögens des Erblassers ausmacht, stellen sich diese Herausforderungen. Ausdrücklich genannt sei an dieser Stelle das Familieneigenheim.[9]

Fraglich ist, wie V im Beispielsfall dieser denkbaren unerfreulichen Entwicklung entgegentreten kann. Zunächst kann V eines seiner beiden Kinder durch letztwillige Verfügung zum alleinigen Erben bestimmen. Im Erbfall würde dieses zum Erbe bestimmte Kind den V allein

9 In diese Richtung auch BeckOGK/*Everts*, § 2346 BGB, Rn. 77.

beerben und könnte das Unternehmen auch allein fortführen. Das andere, nicht bedachte Kind, geht jedoch nur auf den ersten Blick leer aus. Durch das Pflichtteilsrecht wird sichergestellt, dass auch das nicht bedachte Kind am Nachlass des V partizipiert. Dieses kann nämlich Pflichtteilsansprüche gem. §§ 2303, 2317 BGB in Höhe der Hälfte seines gesetzlichen Erbteils gegen die Erben geltend machen. Im konkreten Beispielsfall partizipiert das nicht bedachte Kind also immerhin im Umfang von ¼ des Nachlasswertes am Vermögen des V. Mit diesem Pflichtteilsanspruch ist der Erbe belastet. Kann der Erbe – im Beispielsfall das ältere der beiden Kinder – dem nicht bedachten (Geschwister)Kind den Pflichtteil mangels liquider Mittel nicht ausbezahlen, droht als Folge wieder die Veräußerung des Unternehmens. Eine Option, die V gerade vermeiden wollte.

Neben der Erbeinsetzung eines seiner beiden Kinder hat V jedoch noch eine andere Möglichkeit: Er kann mit seinen Kindern das Gespräch suchen und eines von ihnen zum Abschluss eines Erbverzichtsvertrages nach § 2346 Abs. 1 BGB bewegen. Erklärt sich eines der Kinder hierzu bereit, dann würde das andere Kind, sofern keine anderslautende letztwillige Verfügung des Vaters existiert, im Erbfall Alleinerbe werde. Im Unterschied zum Grundfall ist der Erbe in dieser Konstellation nicht mit Pflichtteilsansprüchen belastet. Das verzichtende Kind ist von der gesetzlichen Erbfolge ausgeschlossen, wie wenn es zur Zeit des Erbfalls nicht mehr leben würde, weshalb ihm damit auch kein Pflichtteilsrecht mehr zusteht. Das Familienunternehmen ist nicht mehr durch Pflichtteilsansprüche und damit verbundene Liquiditätsfragen bedroht.

Dieses Ergebnis kann auch erzielt werden, wenn V und das verzichtende Kind statt eines Erbverzichts „nur" einen Pflichtteilsverzicht nach § 2346 Abs. 2 BGB vereinbaren und V das verzichtende Kind im Übrigen enterbt. Die Situation stellt sich im Erbfall dann wie folgt dar: Das verzichtende Kind wird aufgrund der anderslautenden letztwilligen Verfügung nicht Erbe und hat zudem kein Pflichtteilsrecht aufgrund des Verzichts. Das andere Kind wird kraft letztwilliger Verfügung von Todes wegen Erbe und ist außerdem nicht mit Pflichtteilsansprüchen belastet.

Diese Abwandlung verdeutlicht, dass die Rechtsfolge eines Erbverzichtsvertrages auch durch die Kombination aus Pflichtteilsverzichtsvertrag und Enterbung im Wege der letztwilligen Verfügung von Todes wegen erreicht werden kann. Zurückzuführen ist dies auf den Umstand, dass das Pflichtteilsrecht nur unter den strengen Voraussetzungen des § 2333 BGB einseitig entzogen werden kann, die gesetzliche Erbfolge nach den Regeln der §§ 1924 ff. BGB jedoch bereits durch eine letztwillige Verfügung von Todes wegen verdrängt werden kann.[10] Es wird damit zugleich deutlich, dass sich die erste Kommission zurecht die Frage gestellt hat, ob es der Regelung des Erbverzichtsvertrages überhaupt bedarf oder ob stattdessen nur der Pflichtteilsverzicht zu regeln war.

Obwohl – wie aufgezeigt – keine Notwendigkeit besteht, hat man sich damals dennoch für die Normierung des Erbverzichtsvertrages entschieden. Die Möglichkeit, den Verzicht auf den Pflichtteil zu beschränken, erachtete die zweite Kommission aber gleichfalls für regelungsbedürftig, denn: „*Im Leben kommt es nicht selten vor, daß nur auf das Pflichttheilsrecht verzichtet wird, ohne daß dabei an eine Aufgabe des gesetzlichen Erbrechts gedacht wird.*"[11] Zweifel bestanden allerdings darin, „*ob ein Bedürfnis bestehe, beide Verträge zu unterscheiden.*"[12]

Historisch wurde damit das Verhältnis von Erb- und Pflichtteilsverzicht zueinander aufgezeigt. Warum aus heutiger Praktikerperspektive die „Notwendigkeit" eines Pflichtteilsverzichts besteht und weshalb dieser im Vergleich zum Erbverzicht als relevanter eingestuft wird,[13] ist damit jedoch noch nicht beantwortet. Verdeutlicht werden soll dies erneut durch einen Beispielsfall. Dabei kann auf V und sein Familienunternehmen rekurriert werden.

---

10 BeckOGK/*Tegelkamp*, § 1937 BGB, Rn. 1, 5; BeckOK/*Müller-Christmann*, § 1937 BGB, Rn. 1; MüKoBGB/*Leipold*, § 1937 BGB, Rn. 2.

11 Mot., Bd. V, S. 472 f. = Mugdan, Materialien zum BGB, Bd. V, S. 252.

12 Mot., Bd. V, S. 472 = Mugdan, Materialien zum BGB, Bd. V, S. 252.

13 BeckOGK/*Everts*, § 2346 BGB, Rn. 77; krit. Meyer, ZEV 2007, 556 ff.

In Abwandlung des Grundfalls hat V jedoch nun drei Kinder (K1–K3). Unverändert ist es der Wunsch des V, dass sein ältestes Kind das Unternehmen übernehmen soll. Zugleich möchte V dieses vor Pflichtteilsansprüchen der jüngeren Geschwister bewahren.

Setzt V das älteste Kind (K1) als Alleinerben ein, dann könnten die beiden jüngeren Kinder jeweils Pflichtteilsansprüche im Umfang von je 1/6 des Nachlasswertes geltend machen,[14] aufsummiert also immerhin 1/3 des Nachlasses.

V könnte daher zunächst versucht sein, jedenfalls eines der beiden jüngeren Kinder zu einem Erbverzicht zu bewegen. Allein, mit einem solchen Erbverzicht ist wenig gewonnen. Hintergrund dessen ist die Regelung des § 2310 S. 2 BGB. Demnach wird derjenige, der durch Erbverzicht von der gesetzlichen Erbfolge ausgeschlossen ist, bei der Feststellung des für die Berechnung des Pflichtteils maßgebenden Erbteils nicht mitgezählt.

Nach § 2303 Abs. 1 S. 2 BGB besteht der Pflichtteil in der Hälfte des gesetzlichen Erbteils. Für die Berechnung des Pflichtteilsanspruchs ist also die Kenntnis des gesetzlichen Erbteils unerlässlich. Der gesetzliche Erbteil berechnet sich im Grundsatz nach den Regeln über die gesetzliche Erbfolge gem. §§ 1924 ff. BGB. Allerdings kann die gesetzliche Erbfolge z.B. durch Ausschlagung durch den Erben gem. § 1942 Abs. 1 BGB, Erbunwürdigkeit gem. § 2339 BGB oder eben durch Erbverzicht gem. § 2346 Abs. 1 BGB verändert werden. Ob solche Fälle Auswirkungen auf die Berechnung des gesetzlichen Erbteils für Zwecke des Pflichtteilsrechts haben sollen, regelt § 2310 BGB. Dieser bestimmt für den Fall des Erbverzichts, dass der Verzichtende bei der Berechnung des gesetzlichen Erbteils nicht mitgezählt wird (vgl. § 2310 S. 2 BGB). Statt drei Abkömmlinge zugrunde zu legen, fingiert das Gesetz für die Berechnung des Pflichtteilsrecht daher nur zwei Abkömmlinge. Der Pflichtteilsanspruch der verbleibenden Abkömmlinge erhöht sich damit, weil er sich im Ergebnis auf weniger noch verbleibende Köpfe verteilt.

---

14 Die gesetzliche Erbquote jedes Kindes beträgt 1/3, der Pflichtteil besteht in der Hälfte des gesetzlichen Erbteils, gem. § 2303 Abs. 1 S. 2 BGB.

Im konkreten Fall bedeutet dies: Vereinbart K3 mit dem Erblasser einen Erbverzicht, wird für die Berechnung des Pflichtteilsrecht fingiert, dass K3 nicht existiert. Der gesetzliche Erbteil der verbleibenden Kinder (K1 und K2) beläuft sich dann nicht mehr auf je ein Drittel, sondern auf je ein Halb. Die Höhe des Pflichtteilsanspruch von K2, welches nicht verzichtet hat, beträgt also ein Viertel des Nachlasswertes. Der Pflichtteilsanspruch des ältesten Kindes (K1) beläuft sich ebenfalls auf ein Viertel, zusammen ist also die Hälfte des Nachlasses mit Pflichtteilsansprüchen belastet. Da jedoch K1 sowieso begünstigt werden soll, können seine Pflichtteilsansprüche vernachlässigt werden.

Als Fazit kann festgehalten werden: Die Pflichtteilsbelastung für den Erben reduziert sich zwar von einem Drittel auf ein Viertel des Nachlasswertes. Nicht unberücksichtigt bleiben darf allerdings, dass der Erbverzicht in der Regel erkauft werden muss. Der Verzichtende ist oftmals nur bereit den Verzicht zu erklären, wenn ihm dafür eine finanzielle Kompensation gewährt wird. Diese Kompensation verringert den Wert des Nachlasses insgesamt. Im Ergebnis ist durch dieses Vorgehen daher wirtschaftlich oft mehr verloren als gewonnen.

Anders ist die Situation – jedenfalls nach Ansicht der bisher h.M. – wenn statt eines Erbverzichts ein Pflichtteilsverzicht vereinbart wird.[15] Hintergrund dessen ist, dass die bisher h.M. davon ausgeht, dass ein Pflichtteilsverzicht im Unterschied zum Erbverzicht keine Auswirkungen für die Berechnung des gesetzlichen Erbteils nach § 2310 S. 2 BGB hat. Nach Ansicht der bisher h.M. wird also im Rahmen des § 2310 S. 2 BGB der Verzichtende im Fall des Pflichtteilsverzichts mitgezählt. Für die Berechnung bleibt die Zahl der Köpfe daher gleich, der Verzichtende ist allerdings von der Geltendmachung seines Anspruchs ausgeschlossen.

15 BGH, Urt. v. 17. März 1982 – IV a ZR 27/81 (Frankfurt) = BGH, NJW 1982, 2497 jedoch ohne Begründung; BeckOGK/*Szalai*, § 2310 BGB, Rn. 16; BeckOK/*Müller-Engels*, § 2310 BGB, Rn. 9; Burandt/Rojahn/*Horn*, § 2310 BGB, Rn. 17; DNotI-Report 2019, 83 f.; Meyer, ZEV 2007, 556; MüKoBGB/*Lange*, § 2310 BGB, Rn. 8; Schotten, RNotZ 2015, 412 (413 f.); ders. in Staudinger/*Schotten*, 2022, § 2346 BGB, Rn. 126; v. Proff, ZEV 2016, 173.

Im konkreten Fall bedeutet dies: Vereinbart K3 mit dem Erblasser statt eines Erbverzichts einen Pflichtteilsverzicht, beläuft sich der gesetzliche Erbteil der verbleibenden Kinder (K1 und K2) unverändert auf je ein Drittel. Die Höhe des Pflichtteilsanspruchs von K2, welches nicht verzichtet hat, beträgt damit nur ein Sechstel des Nachlasswertes. K1 als Erbe ist in diesem Fall also nur mit einem Pflichtteilsanspruch in Höhe von einem Sechstel des Nachlasswertes belastet. Der Pflichtteilsanspruch von K1 wiederum kann vernachlässigt werden, da K1 den V beerbt.

Dieser Beispielsfall veranschaulicht zugleich den Vorteil des Pflichtteilsverzichts gegenüber dem Erbverzicht. Beim Erbverzicht erhöhen sich die Pflichtteilsansprüche der übrigen Pflichtteilsberechtigten, während sie beim Pflichtteilsverzicht nach dem Verständnis der h.M. unverändert bleiben. Für den Erblasser ist der Pflichtteilsverzicht damit vorteilhaft. Seine Testierfreiheit erweitert sich im Ergebnis, weil der Nachlass mit weniger Pflichtteilsansprüchen belastet ist. Ist der Erblasser an einer Erweiterung seiner Testierfreiheit interessiert, kann ihm daher grds. der Pflichtteilsverzicht angeraten werden.[16] Wegen dieser Vorteile bieten in der Praxis Erblasser ihren Pflichtteilsberechtigten eine Geldsumme an, wenn diese dafür einen Pflichtteilsverzicht vereinbaren. Für diese Fallkonstellation hat sich der Begriff des „entgeltlichen Pflichtteilsverzichts“ eingebürgert, während ein Pflichtteilsverzicht ohne Kompensationsleistung als „unentgeltlicher Pflichtteilsverzicht“ bezeichnet wird.[17]

Dieses Verständnis der h.M. zur Zählweise im Rahmen des § 2310 S. 2 BGB ist nicht unumstritten.[18] Es kann insbesondere für missbräuchliche Gestaltungen genutzt werden, wie der folgende Beispielsfall zeigt:

---

16 Zimmer, NJW 2017, 513.

17 Für die Definitionen und Begrifflichkeiten in dieser Arbeit unter B.I, bzgl. der Motive für einen Pflichtteilsverzicht unter B.V.

18 Michalski, BGB-Erbrecht, Rn. 484; in der Folgeauflage wird diese Ansicht nicht mehr vertreten, vgl. Michalski/Schmidt, BGB-Erbrecht, Rn. 536, 628; Rheinbay, Erbverzicht, S. 161 ff.; Staudinger/*Otte*, 2021, § 2310 BGB, Rn. 20 ff.

Der vorangegangene Fall wird fortgeführt. Allerdings möchten V und das älteste Kind K1 gemeinsam sicherstellen, dass K2 und K3 wirtschaftlich möglichst wenig am Nachlass des V partizipieren. Zu diesem Zweck vereinbaren V und K1 einen Pflichtteilsverzicht, wobei V dem K1 als Gegenleistung seinen rechnerischen Pflichtteil, d.h. ein Sechstel des aktuellen Nachlasswertes auszahlt. Der Nachlass des V reduziert sich dadurch um ein Sechstel. Im Erbfall sind K2 und K3 auf ihren Pflichtteil eingesetzt, der aufgrund des Pflichtteilsverzichts des K1 nach dem Verständnis der bisher h.M. unverändert jeweils ein Sechstel des Nachlasswertes beträgt und nicht etwa – wie im Fall des Erbverzichts je ein Viertel. Aufgrund der vorangegangenen Vermögensübertragung ist jedoch der Nachlasswert des V insgesamt bereits um ein Sechstel geschmälert worden. K2 und K3 sind im Ergebnis wirtschaftlich schlechter gestellt worden.

Im Unterschied zum Erbverzicht kann der Pflichtteilsverzicht also zu einer wertmäßigen Reduktion der Pflichtteilslast genutzt werden. Dieser Unterschied ist im Auslegungsverständnis der bisher h.M. zu § 2310 S. 2 BGB begründet, welches an späterer Stelle dieser Arbeit kritisch untersucht wird.[19] An dieser Stelle wird es dabei belassen, den praktischen Unterschied zwischen Erb- und Pflichtteilsverzicht aufgezeigt zu haben, der dazu führt, dass der Pflichtteilsverzicht die Testierfreiheit des Erblassers erweitert und daher in der Praxis die wichtigere Rolle als der Erbverzicht einnimmt.

Zusammengefasst lässt sich festhalten: Der Pflichtteilsverzicht ist systematisch als Unterfall des Erbverzichts ausgestaltet. Gegenstand des Pflichtteilsverzichts ist der Verzicht auf das Pflichtteilsrecht. Dieses wird durch den Pflichtteilsverzicht aufgehoben. Der Pflichtteilsverzicht ist daher ein abstraktes Verfügungsgeschäft.[20] Die Kombination aus Enterbung und Pflichtteilsverzicht hat die gleiche Wirkung wie ein Erbverzicht. Vorteil des Pflichtteilsverzichts gegenüber dem Erbverzicht ist – nach dem Verständnis der bisher h.M. zu § 2310 S. 2 BGB – dass der Pflichtteilsverzicht die Pflichtteilsansprüche der übrigen Pflicht-

19 Umfassend hierzu unter B.IV.

20 Vgl. Fn. 7.

teilsberechtigten unverändert lässt. Durch den Erbverzicht erhöhen sich hingegen die Pflichtteilsansprüche der übrigen Pflichtteilsberechtigten. Der Pflichtteilsverzicht erweitert nach diesem Verständnis die Testierfreiheit des Erblassers, weil der Nachlass im Ergebnis mit weniger Pflichtteilsansprüchen belastet sind. Der Pflichtteilsverzicht kann auch entgeltlich erfolgen. Dies bedeutet, dass der Erblasser dem Pflichtteilsberechtigten, für dessen Verzicht auf sein Pflichtteil, eine Kompensation meist in Geld gewährt.

II. Untersuchungsgegenstand

1. Bisheriger Kenntnisstand

Die Rechtsnatur des Erbverzichts- und des Pflichtteilsverzichtsvertrages wird von der h.M. jeweils als ein dinglicher Vertrag bzw. abstraktes Verfügungsgeschäft beschrieben.[21] Ein Verfügungsgeschäft ist definiert als jede Aufhebung, Übertragung, Belastung oder Veränderung eines bestehenden Rechts.[22] Durch den Erbverzicht wird das gesetzliche Erbrecht und das Pflichtteilsrecht, durch den Pflichtteilsverzicht nur das Pflichtteilsrecht aufgehoben. Diese Qualifikation verdient Zustimmung.

Umstritten ist dabei, worauf sich der Erbverzicht genau bezieht.[23]

Nach dem Wortlaut des § 2346 Abs. 1 S. 1 BGB ist Gegenstand des Erbverzichts das gesetzliche Erbrecht. Das Erbrecht als subjektives Recht entsteht allerdings erst mit dem Erbfall, d. h. dem Tod des Erblassers.[24] Der Verzicht auf etwas, das noch gar nicht entstanden ist,

21 BGH Urt. v. 7. Dezember 2011 – IV ZR 16/11 = NJW-RR 2012, 332 (333); BGH Urt. v. 4. Juli 1962 – V ZR 14/61 = NJW 1962, 1910 (1912); BeckOGK/*Everts*, § 2346 BGB, Rn. 3 f.; MüKoBGB/*Wegerhoff*, § 2346 BGB Rn. 2; ebenso Staudinger/*Schotten*, 2022, Einl. zu §§ 2346 ff., Rn. 15.

22 BGH, Urt. v. 24. Oktober 1979 – VIII ZR 289/78 (Bamberg) = BGH, NJW 1980, 175 (176); BGH, Urt. v. 15. März 1951 – IV ZR 9/50 (Hamm) = BGH, NJW 1951, 645 (647).

23 Umfassend hierzu auch Metzler, Ausschlagung und Erbverzicht, S. 79 ff.

24 MüKoBGB/*Leipold*, § 1922 BGB, Rn. 208.

gestaltet sich jedoch konstruktiv als schwierig. Konstruktiven Bedenken begegnen jedoch auch der Annahme, dass das Erbrecht zunächst mit dem Erbfall entsteht und durch den Verzicht unmittelbar nach der Entstehung – d. h. nach einer juristischen bzw. logischen Sekunde später – wieder entfällt.[25] Gegen ein solches Verständnis spricht bereits der Gesetzeswortlaut.[26] Das Gesetz stellt in § 2346 Abs. 1 S. 2 BGB klar, dass der Verzichtende von der gesetzlichen Erbfolge ausgeschlossen ist, wie wenn er zur Zeit des Erbfalls nicht mehr leben würde (Fiktion des Vorversterbens).[27]

Die Bestimmung des exakten Gegenstandes des Erbverzichts wird durch den Umstand erschwert, dass es vor dem Erbfall in höchstem Maße unsicher ist, ob das Erbrecht überhaupt entsteht. Zum einen muss der gesetzliche Erbe den Erblasser überleben, zum anderen darf der Erblasser den gesetzlichen Erben nicht enterbt haben. Nach § 1937 BGB steht es dem Erblasser nämlich frei, durch einseitige Verfügung von Todes wegen den Erben zu bestimmen. § 1937 BGB ist die einfachgesetzliche Normierung der in Art. 14 Abs. 1 S. 1 GG verfassungsrechtlich garantierten Testierfreiheit.[28] Zugleich wird durch die Norm der Vorrang der gewillkürten Erbfolge vor der gesetzlichen Erbfolge angeordnet.[29] Der gesetzliche Erbe hat vor dem Erbfall also keine gesicherte Rechtsposition.[30]

Vor diesem Hintergrund wird daher auch formuliert, Gegenstand des Erbverzichts nach § 2346 Abs. 1 BGB sei der Verzicht auf die bloße Chance mit dem Tod des Erblassers zu erben, nicht dagegen ein Anwartschaftsrecht oder die künftige Erbenstellung.[31] Dies ist in der Sache zutreffend, aber unpräzise. In dem das Gesetz in den §§ 1924 ff. BGB

---

25 Aufgeworfen etwa von Walsmann, Der Verzicht, S. 296 f.

26 Metzler, Ausschlagung und Erbverzicht, S. 80.

27 Burandt/Rojahn/*Große-Boymann*, § 2346 BGB, Rn. 14.

28 BeckOGK/*Tegelkamp*, § 1937 BGB, Rn. 1, 5; BeckOK/*Müller-Christmann*, § 1937 BGB, Rn. 1.

29 BeckOGK/*Tegelkamp*, § 1937 BGB, Rn. 1, 5; BeckOK/*Müller-Christmann*, § 1937 BGB, Rn. 1; MüKoBGB/*Leipold*, § 1937 BGB, Rn. 2.

30 BGH, Urt. v. 14. Dezember 1995 – IX ZR 242/94 (Frankfurt a.M.) = BGH, NJW 1996, 1062 (1063).

31 Statt vieler v. Proff, NJW 2016, 539 (540).

die gesetzlichen Erben bestimmt, schafft es bereits eine Rechtsposition.[32] Diese Rechtsstellung wird auch als „prämortale Rechtsposition“[33] bezeichnet. Die Regelungen in § 311b Abs. 5 BGB und § 1851 Nr. 2 BGB stützen die These, dass es sich dabei um eine gesetzlich normierte Rechtsposition handelt.[34] Die Aufhebung dieser Position erfüllt nach der Definition eines Verfügungsgeschäfts den Tatbestand der Verfügung.[35] Gegenstand des Erbverzichts nach § 2346 Abs. 1 BGB ist demnach die Aufhebung der durch die Vorschriften des §§ 1924 ff. BGB begründeten Rechtsposition, als Erbe berufen werden zu können. Insoweit sei noch angemerkt: Auch der Erblasser kann die Rechtsposition des künftigen Erben nur durch eine *Verfügung* von Todes wegen aufheben; auch unter diesem Aspekt ist daher die Annahme eines Verfügungsgeschäfts konsequent. Der h.M. ist daher zuzustimmen, dass die Rechtsnatur des Erbverzichts nach § 2346 Abs. 1 BGB ein Verfügungsgeschäft ist, konkret die Aufhebung der prämortalen Rechtsposition, als gesetzlicher Erbe berufen werden zu können.

Die Einordnung als abstrakt dingliches Verfügungsgeschäft gilt gleichfalls für den Pflichtteilsverzichtsvertrag.

Gegenstand des Pflichtteilsverzichts ist der Verzicht auf das gesetzlich normierte Pflichtteilsrecht in §§ 2303 ff. BGB. Beim Pflichtteilsrecht handelt es sich um ein konkretes Rechtsverhältnis zwischen dem Pflichtteilsberechtigten und dem Erblasser.[36] Das Pflichtteilsrecht ist verfassungsrechtlich verankert und in §§ 2303 ff. BGB einfachgesetz-

---

32 BGH, Beschl. v. 3. April 1951 – V BLw 5/50 = BGH, NJW 1951, 561 (563).

33 Metzler, Ausschlagung und Erbverzicht in der dogmatischen Analyse, S. 128 ff., 153 ff.

34 Kritisch Metzler, Ausschlagung und Erbverzicht in der dogmatischen Analyse, S. 98 ff.

35 Metzler, Ausschlagung und Erbverzicht in der dogmatischen Analyse, S. 131 ff. und 137.

36 BGH, Urt. v. 1. März 1974 – IV ZR 58/72 (Karlsruhe/Freiburg) = BGH, NJW 1974, 1084; BGH, Urt. v. 1. Oktober 1958 – V ZR 53/58 (München) = BGH, NJW 1958, 1964, (1965); BeckOGK/*Obergfell*, § 2303 BGB, Rn. 18; Burandt/Rojahn/*Horn*, § 2303 BGB, Rn. 15; Lange/Kuchinke, Erbrecht S. 870 f.; MüKoBGB/*Lange*, § 2303 BGB, Rn. 16; a. A. Gierse, Die Abschlussmöglichkeiten des Erb- und Pflichtteilsverzicht nach dem Tode des Erblassers, S. 64.

lich konkretisiert.[37] Das Rechtsverhältnis entsteht automatisch mit der Pflichtteilsberechtigung und kann daher als gesetzliches Rechtsverhältnis qualifiziert werden. Es ist – anders als die spätere Erbenstellung – schuldrechtlich geprägt. So ist etwa der Pflichtteilsanspruch nach § 2317 Abs. 1 BGB, der den Kern des Pflichtteilsrecht darstellt, schuldrechtlicher Natur. Durch den Pflichtteilsverzicht wird dieses Rechtsverhältnis aufgehoben, was *qua* Definition eine Verfügung darstellt.

Sowohl der Erb- als auch Pflichtteilsverzichts nach § 2346 Abs. 1 und Abs. 2 BGB sind daher beide in ihrer Rechtsnatur als Verfügungsgeschäft zu qualifizieren. Ob einem Erb- und Pflichtteilsverzichtsvertrag ein Rechtsgrund zugrunde liegen muss, war früher umstritten. Heute wird dies überwiegend bejaht.[38] Auf welche Begründung die früher gegenteilige h.M. gestützt wurde und weshalb die Notwendigkeit eines Rechtsgrundes überzeugt, wird im weiteren Verlauf dieser Arbeit dargestellt.[39]

Im Ergebnis können die Fragen nach der Rechtsnatur sowohl des Erbverzichts als auch des Pflichtteilsverzichts, ihr jeweiliger Verzichtsgegenstand und der Umstand, dass den beiden Rechtsinstituten als Verfügungsgeschäft ein Rechtsgrund zugrunde liegt, daher als beantwortet betrachtet werden.

Was die Rechtsnatur und Typisierung des zugrunde liegenden Rechtsgeschäfts sowohl des unentgeltlichen Erbverzichts- als auch des Pflichtteilsverzichtsvertrages betrifft, so kann ebenfalls als gesichert angesehen werden, dass es sich hierbei jeweils um einen unentgeltlichen Vertrag *sui generis* handelt, auf den die Regeln des allgemeinen Teils des BGB und die des allgemeinen Teils des Schuldrechts Anwendung finden.[40] Nur teilweise wird der Rechtsgrund richtigerweise als ein

---

37 In seiner Grundlagenentscheidung von 2005 führt das BVerfG aus, dass die *„grundsätzlich zwingende Nachlassteilhabe der Kinder des Erblassers"* in *„einem Spannungsverhältnis zur ebenfalls grundrechtlich geschützten Testierfreiheit des Erblassers"* stehe, vgl. BVerfG, Beschl. v. 19. April 2005 – 1 BvR 1644/00 = BVerfG, NJW 2005.

38 Statt vieler bereits Schotten, DNotZ 1998, 163; v. Proff, DNotZ 2017, 84 f.

39 Kapitel C.

40 BeckOGK/*Everts*, § 2346 BGB, Rn. 4.1; BeckOK/*Litzenburger*, § 2346 BGB, Rn. 34; Burandt/Rojahn/*Große-Boymann*, § 2346 BGB, Rn. 27; *Keller*, ZEV 2005, 229 (232); MüKoBGB/*Wegerhoff*, § 2346 BGB, Rn. 5; Schotten, DNotZ 1998, 163 (164);

einseitig verpflichtender Vertrag konkretisiert.[41] Ohne weitere Differenzierung zwischen einem unentgeltlichen Erbverzicht und einem unentgeltlichem Pflichtteilsverzicht wird in beiden Fällen nach allgemeiner Meinung ebenfalls davon ausgegangen, dass ihnen jeweils keine Schenkung (§§ 516 ff. BGB) als Rechtsgrund zugrunde liegt.[42] Argumentiert wird dabei mit § 517 BGB. Dieser regelt wie folgt:

> *„Eine Schenkung liegt nicht vor, wenn jemand zum Vorteil eines anderen einen Vermögenserwerb unterlässt oder auf ein angefallenes, noch nicht endgültig erworbenes Recht verzichtet oder eine Erbschaft oder ein Vermächtnis ausschlägt.“*

Ausgehend von diesem Wortlaut wird argumentiert, dass der Verzicht auf das gesetzliche Erbrecht und/oder Pflichtteilrecht im Wege eines Erb- bzw. Pflichtteilverzichtsvertrages daher keine Schenkung sei, denn dieser Verzicht mehre nicht das Vermögen des Erblassers, sondern stelle ein bloßes Unterlassen auf einen möglichen Vermögenserwerb – konkret das Erbe bzw. den Pflichtteilsanspruch – durch den Verzichtenden dar.[43]

Zwar ist zuzugeben, dass das Unterlassen eines künftigen Vermögenserwerbs bei wirtschaftlicher Betrachtung im Ergebnis einer Schenkung gleichkommt und im allgemeinen Sprachgebrauch ein solches Verhalten daher als Schenkung bezeichnet wird.[44] Dennoch verdient die vorstehende Argumentation Zustimmung. Im *„Interesse des praktischen Verständnisses“*[45] sind die in § 517 BGB genannten Sachverhalte

---

Staudinger/*Schotten*, 2022, § 2346 BGB, Rn. 225 f.; v. Lübtow, Erbrecht Bd. I, S. 532; v. Proff, DNotZ 2017, 84 (102).

41 v. Proff, DNotZ 2017, 84 (102).

42 BeckOGK/*Everts*, § 2346 BGB, Rn. 4.1; BeckOGK/*Harke*, § 517 BGB, Rn. 8; BeckOK/*Litzenburger*, § 2346 BGB, Rn. 34; Burandt/Rojahn/*Große-Boymann*, § 2346 BGB, Rn. 27; Damrau/Tanck/*Kurze*, § 2346 BGB, Rn. 7; Keller, ZEV 2005, 229 (232); ebenfalls MüKoBGB/*Koch*, § 517 BGB, Rn. 5; MüKoBGB/*Wegerhoff*, § 2346 BGB, Rn. 5; Schotten, DNotZ 1998, 163 (164); Staudinger/*Schotten*, 2022, § 2346 BGB, Rn. 225 f.; v. Proff, DNotZ 2017, 84 (102).

43 Kapp/Ebeling/*Curdt*, § 7 ErbStG, Rn. 116; Schotten, DNotZ 1998, 163 (164 f.).

44 MüKoBGB/*Koch*, § 517 BGB, Rn. 1.

45 Mot., Bd. II, S. 290 = Mugdan, Materialien zum BGB, Bd. II, S. 161; NK-BGB/*Dendorfer-Ditges/Wilhelm*, § 517 BGB, Rn. 1.

vom historischen Gesetzgeber als Schenkung ausgenommen worden. Liegt nämlich eine Schenkung vor, kann diese nach §§ 528 ff. BGB zurückgefordert werden. Telos des § 517 BGB ist aber eben diese Möglichkeit der Rückforderung, die mit der Qualifikation als Schenkung verbunden ist, auszuschließen.[46] Dadurch soll in den von § 517 BGB erfassten Fallgruppen Rechtssicherheit geschaffen werden, indem der Verzichtende das seinem Erb- bzw. Pflichtteilsverzicht zugrundeliegende Kausalgeschäft nicht z.B. wegen groben Undanks gem. § 530 BGB widerrufen kann.[47] Diese Möglichkeit würde andernfalls eine erhebliche Rechtsunsicherheit für den Erblasser darstellen. Indem die Schenkungsregeln aufgrund des Regelungsgehalts des § 517 BGB keine Anwendung finden, entfällt diese Rechtsunsicherheit. Aus den vorstehenden Gründen wird das einem unentgeltlichen Erb- und Pflichtteilsverzicht zugrundeliegenden Rechtsgeschäfts daher als unentgeltliches Geschäft *sui generis* und nicht als Schenkung qualifiziert.[48]

Bezüglich der rechtlichen Einordnung des Kausalgeschäfts eines entgeltlichen Erbverzichtsvertrags und eines entgeltlichen Pflichtteilsverzichtsvertrags, besteht weitgehend Einigkeit, dass die Rechtsgeschäfte jeweils als ein zweiseitiger, in der Regel sogar gegenseitiger Vertrag[49] zu qualifizieren sind. Hierbei ist auch eine konditionale oder kausale Verknüpfung denkbar.[50] Umstritten ist jedoch die juristische Einord-

---

46 BeckOGK/*Harke*, § 517 BGB, Rn. 5; MüKoBGB/*Koch*, § 517 BGB, Rn. 1.

47 Dieser Gedanke mit unterschiedlicher Argumentation auch bei BeckOGK/*Harke*, § 517 BGB, Rn. 4 f.; MüKoBGB/*Koch*, § 517 BGB, Rn. 1.

48 Keller, ZEV 2005, 229 (232), Schotten, DNotZ 1998, 163 (164); v. Lübtow, Erbrecht Bd. I, S. 532.

49 Für das Kausalgeschäft eines entgeltlichen Erbverzichts: OLG Düsseldorf, Urt. v. 20. Dezember 2013 – I-7 U 153/12 = ZEV 2014, 265 (266); OLG Celle, Urt. v. 26. Juli 2007 – 6 U 12/07 = ZEV 2008, 485; BeckOGK/*Everts*, § 2346 BGB, Rn. 38; Edenfeld, ZEV 1997, 134 (136); Holthaus, Leistungsstörungen beim entgeltlichen Erbverzicht, S. 11; Keller, ZEV 2005, 229; Kroiß, ErbR 2019, 466 (470); MüKoBGB/*Wegerhoff*, § 2346 BGB, Rn. 24; Zimmer, NJW 2017, 513 (515); als allgemeine Meinung bezeichnend und mit ausführlichen Nachweisen bereits Schotten, DNotZ 1998, 163 (165), kritisch: Degenhart, RPfleger 1969, 145 (148). Für das Kausalgeschäft eines entgeltlichen Pflichtteilsverzichts: Gerlach-Worch, ErbR 2022, 552 (555).

50 v. Proff, NJW 2016, 539 (540).

nung im Sinne einer vertragstypologischen Einordnung des jeweiligen Kausalgeschäfts.[51]

Hinsichtlich der vertragstypologischen Qualifikation des Kausalgeschäfts eines entgeltlichen Erbverzichts urteilte der BGH in einer Entscheidung aus dem Jahr 2016, dass der Verzicht auf das Erbrecht gegen Gewährung einer Kompensationsleistung dieser nicht den Charakter einer Schenkung nehme.[52] Auch wenn die Entscheidung die Maßgeblichkeit der Umstände des Einzelfalles betont, hat sich der BGH damit im Grundsatz für die Qualifikation des Kausalgeschäfts eines entgeltlichen Erbverzichts als Schenkung ausgesprochen.[53] An dieser Entscheidung gab es wiederholt Kritik in der Literatur.[54] Anstoß der Kritik ist insbesondere die mit dieser Entscheidung verbundenen Widersprüchlichkeit hinsichtlich vorangegangener Entscheidungen, insbesondere betreffend die Frage der Pflichtteilsergänzung nach §§ 2325 ff. BGB.[55] Die Rechtsprechungshistorie des BGH gibt demnach Anlass zu einer kritischen Analyse, die im weiteren Verlauf der Arbeit vorgenommen wird.[56]

Ob die vorgenannte BGH-Rechtsprechung auf das Kompensationsgeschäft eines entgeltlichen Pflichtteilsverzichts übertragbar ist,[57] und weitergehend, wie das Kausalgeschäft eines entgeltlichen Pflichtteilsverzichts vertragstypologisch zu qualifizieren ist, ist unklar. Die Klärung eben dieser Frage ist Gegenstand der vorliegenden Arbeit. Soweit im Folgenden von dem „*Kausalgeschäft*" gesprochen wird, ist damit – sofern nicht ausdrücklich etwas anderes bestimmt wird – stets das Kausalgeschäft eines entgeltlichen Pflichtteilsverzichts gemeint.

---

51 Schotten, DNotZ 1998, 163 (165), v. Proff, DNotZ 2017, 84 (102 f.).

52 BGH, Urt. v. 7. Juli 2015 – X ZR 59/13 = BGH NJW 2016, 324.

53 Lange, ErbR 2017, 305 (307); ebenso Staudinger/*Schotten*, 2022, § 2346 BGB, Rn. 229.

54 Grünewald, ZErb 2016, 117 (121); Lange, ErbR 2017, 305 (309); v. Proff, NJW 2016, 539 (542); ders. in DNotZ 2017, 83 (103).

55 BGH, Urt. v. 3. Dezember 2008 – IV ZR 58/07 = BGH, NJW 2009, 1143.

56 Hierzu unter D.

57 Bejahend BeckOGK/*Everts*, § 2346 BGB, Rn. 41; Keim, ZEV 2016, 94; Müller, ZNotP 2016, 82 (83); a. A. v. Proff, NJW 2016, 539 (540); Staudinger/*Herzog*, 2021, § 2325 Rn. 101.

Dieses kennzeichnet sich dabei einerseits durch das Versprechen des Erblassers gegenüber dem Verzichtenden, diesem eine Kompensationsleistung für den Verzicht zu gewähren und andererseits durch das Versprechen des Verzichtenden, gemeinsam mit dem Erblasser einen Pflichtteilsverzicht zu vereinbaren.

Obwohl bereits der zweiten Kommission bewusst war, dass ein Erb- und Pflichtteilverzichtsvertrag oft entgeltlich erfolgt, sahen sie keine Veranlassung für detailliertere Regelungen dieses Geschäfts, weil *„dies den Anschein hervorrufen* [könnte], *als sei der Erbverzicht und das nebenherlaufende, zum Theile unter besonderen Grundsätzen stehende Abfindungsgeschäft nicht genügend auseinandergehalten.*“[58] Welche besonderen Grundsätze dem Kausalgeschäft zugrunde liegen, hat der historische Gesetzgeber dabei leider ebenso wenig beantwortet wie die Frage nach der vertragstypologischen Einordnung des Kausalgeschäfts. Diese Lücke soll durch die Arbeit nunmehr geschlossen werden.

2. Problemstellung

Zur Veranschaulichung, welche Problemstellungen mit der vertragstypologischen Einordnung des Kausalgeschäfts verbunden sind, werden diese an folgendem Beispielsfall thematisiert.

Aufgegriffen wird der Grundbeispielsfall des V als Inhaber eines Familienunternehmens und Vater zweier Kinder. Unterstellt werden soll, dass es der Wunsch des V ist, wonach sein Unternehmen im Zeitpunkt seines Todes von seinem erstgeborenen Kind weitergeführt werden soll. Nach den Ausführungen in der Einleitung wird V bei dieser Ausgangslage gut beraten sein, das jüngere Kind zu einem Pflichtteilsverzichtsvertrag zu bewegen. In der Folge wird davon ausgegangen, dass sich das jüngere Kind tatsächlich zum Pflichtteilsverzicht bereit erklärt, allerdings nur gegen Zahlung einer Kompensationsleistung.

Dieser isolierte entgeltliche Pflichtteilsverzicht führt zu den nachfolgend dargestellten abstrakten Verfügungsgeschäften:

58 Mot., Bd. V, S. 480 = Mugdan, Materialien zum BGB, Bd. V, S. 256; Unterstreichung nicht im Original.

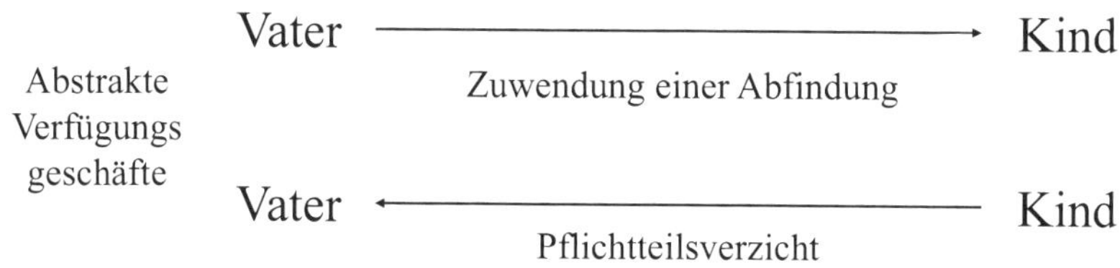

Zusammengefasst können die beiden abstrakten Verfügungsgeschäfte als isolierter entgeltlicher Pflichtteilsverzichtsvertrag bezeichnet werden. Wie bereits dargelegt, kann heute als geklärt angesehen werden, dass dem entgeltlichen Pflichtteilsverzichtsvertrag ein Rechtsgrund zugrunde liegen muss. Ebenfalls als geklärt betrachtet werden kann, dass es sich dabei um einen zweiseitigen, in der Regel sogar gegenseitigen Vertrag[59] handelt, wobei auch eine konditionale oder kausale Verknüpfung denkbar ist.[60] Ungeklärt ist allerdings die vertragstypologische Einordnung des Kausalgeschäfts,[61] die im Kontext der nachfolgenden Problemstellungen diskutiert wird:[62]

a) Problem 1: Rückforderung der Kompensationsleistung wegen Verarmung

Das Unternehmen geht noch zu Lebzeiten des V insolvent und V verarmt. V möchte daraufhin die Kompensationsleistung, die er dem verzichtenden Kind gewährt hat, zurückfordern.

---

59 OLG Düsseldorf, Urt. v. 20. Dezember 2013 – I-7 U 153/12 = ZEV 2014, 265 (266); OLG Celle, Urt. v. 26. Juli 2007 – 6 U 12/07 = ZEV 2008, 485; BeckOGK/*Everts*, § 2346 BGB, Rn. 38; Edenfeld, ZEV 1997, 134 (136); Holthaus, Leistungsstörungen beim entgeltlichen Erbverzicht, S. 11; Keller, ZEV 2005, 229; Kroiß, ErbR 2019, 466 (470); MüKoBGB/*Wegerhoff*, § 2346 BGB, Rn. 24; Zimmer, NJW 2017, 513 (515); als allgemeine Meinung bezeichnend und mit ausführlichen Nachweisen bereits Schotten, DNotZ 1998, 163 (165), kritisch: Degenhart, RPfleger 1969, 145 (148).

60 v. Proff, NJW 2016, 539 (540).

61 Bereits Schotten, DNotZ 1998, 163 (165); ebenso Lange, ErbR 2017, 305 (306).

62 BeckOGK/*Everts*, § 2346 BGB, Rn. 39; Darstellung des Streitstandes auch bei BeckOGK/*A. Schindler*, § 2325 BGB, Rn. 75–77; Damrau/Tanck/*Riedel*, § 2325 BGB, Rn. 19–22; Lange, ErbR 2017, 305 (306 ff.); Mauch, BWNotZ 1995, 88; MüKoBGB/*Lange*, § 2325 BGB, Rn. 30 f.

In dieser Variante geht es um die Frage, ob der Erblasser im Fall seiner Verarmung die gezahlte Kompensationsleistung von dem Verzichtenden zurückverlangen kann. Möglich wäre dies u.U. unter den Voraussetzungen des §§ 528, 812 ff. BGB.

b) Problem 2: Rückforderung der Kompensationsleistung wegen groben Undanks

V und das verzichtende Kind zerstreiten sich. Das verzichtende Kind erhebt unberechtigte Vorwürfe gegen den V, die zunächst zu strafrechtlichen Ermittlungen gegen diesen führen, sich in der Folge jedoch als unrichtig herausstellen. V fordert daraufhin die gezahlte Kompensationsleistung von dem verzichtenden Kind zurück.

Diese Variante wirft die Frage auf, ob das Entgelt/die Kompensationsleistung für den Pflichtteilsverzicht wegen groben Undanks nach § 530 BGB zurückgefordert werden kann.

c) Problem 3: Pflichtteilsergänzungsfestigkeit des Entgelts

V verstirbt. Der Wert des Unternehmens hat sich noch vor seinem Tod erheblich verschlechtert, sodass das verzichtende Kind mit seinem Entgelt den besseren „Deal" abgeschlossen hat. Das ältere Kind möchte nun das von V an sein Geschwisterkind gezahlte Entgelt jedenfalls anteilig zurückverlangen.

In dieser Konstellation ist fraglich, ob die Zahlung für einen Pflichtteilsverzicht einen Pflichtteilsergänzungsanspruch nach §§ 2325 ff. BGB auslösen kann.

d) Problem 4: Beeinträchtigung eines Erbvertrages

V hat einen Erbvertrag mit dem älteren seiner Kinder geschlossen und dieses darin als Alleinerbe bestimmt. V schließt nun einen entgeltlichen Pflichtteilsverzicht mit dem jüngeren seiner Kinder ab und gewährt diesem dafür eine Zahlung. Das ältere Kind fragt sich, ob es die Zahlung herausverlangen kann.

In dieser Konstellation ist fraglich, ob die Zahlung als eine den Vertragserben beeinträchtigende Schenkung i. S. d. § 2287 Abs. 1 BGB einzuordnen ist.

Von der vertragstypologischen Einordnung des Kausalgeschäfts hängt es ab, ob bei einem entgeltlichen Pflichtteilsverzicht die Ausgleichsleistung[63] wegen groben Undanks oder Verarmung zurückgefordert werden kann oder ob sie Pflichtteilsergänzungsansprüche auslöst. Nur unter der Annahme, dass dem entgeltlichen Pflichtteilsverzichtsvertrag eine Schenkung i.S.d. §§ 516 ff. BGB als Rechtsgrund zugrunde liegt, werden die vorstehenden Fragen zu bejahen sein.

3. Relevanz und Untersuchungsgang

Der entgeltliche Erbverzicht war in der Vergangenheit häufiger Gegenstand sowohl von höchstrichterlichen Entscheidungen[64] als auch von Monografien[65]. Mit diesem Forschungsstand geht jedoch nicht ein höheres Maß an Rechtsklarheit einher. Im Gegenteil: Es sind Widersprüche hinsichtlich der vertragstypologischen Einordnung des Kausalgeschäfts eines entgeltlichen Erbverzichts erkennbar. Im Kontext der Rückforderbarkeit nach §§ 528 ff. BGB wird die Kompensationsleistung als Schenkung eingeordnet, bezüglich der Frage der Pflichtteilsergänzung (§§ 2325 ff. BGB) dagegen nicht.[66] Ob der BGH an diesen sich

63 im Folgenden auch „Zahlung" oder „Kompensationsleistung" genannt.

64 BGH, Urt. v. 7. Juli 2015 – X ZR 59/13 = BGH NJW 2016, 324; BGH, Urt. v. 3. Dezember 2008 – IV ZR 58/07 = BGH, NJW 2009, 1143; BGH, Urt. v. 28. Februar 1991 – IX ZR 74/90 = BGH NJW 1991, 1610.

65 Zuletzt Höfling, Die Schenkung und die unentgeltliche Verfügung im Erbrecht; Kupka-Göll, Erbverzicht und Abfindung bei Störung der vorweggenommenen Erbfolge; Quantius, Die Aufhebung des Erbverzichts; *Zellmann*, Dogmatik und Systematik des Erbverzichts und seiner Aufhebung im Rahmen der Lehre von den Verfügungen von Todes wegen.

66 Vgl. etwa die sich scheinbar widersprechenden Urteile BGH, Urt. v. 3. Dezember 2008 – IV ZR 58/07 = BGH, NJW 2009, 1143 zum Pflichtteilsergänzungsrecht, in welchem die Kompensationsleistung nicht als Schenkung eingeordnet wird und

scheinbar widersprechenden Rechtsansichten festhält, bleibt abzuwarten. Es wäre jedenfalls nicht das erste Mal, dass sich der BGH in dieser Frage zu einer Korrektur veranlasst sieht.[67]

Im Übrigen ist ungeklärt, ob sich die Rechtsprechung des BGH auf den entgeltlichen Pflichtteilsverzicht übertragen lässt. Explizit wird diese Frage bisher – wenn überhaupt – nur als Randnotiz erörtert.[68] Höchstrichterliche Rechtsprechung, die sich ausdrücklich mit der Frage beschäftigt, existiert soweit ersichtlich jedenfalls zum Stand der Erstellung der Arbeit noch nicht. Es ist daher nur verständlich, dass seitens der Literatur teilweise konstatiert wird, dass „[i]*m Einzelnen (...) eine klare Systematisierung (...) noch nicht gelungen* [ist]."[69]

Die Relevanz der vertragstypologischen Einordnung des Kausalgeschäfts eines entgeltlichen Pflichtteilsverzichts ist vor diesem Hintergrund als hoch einzustufen. Verstärkt wird dies durch die erhebliche Praxisrelevanz von entgeltlichen Pflichtteilsverzichtsverträgen.[70] Die Arbeit soll ihren Beitrag zu der in der Literatur geforderten Systematisierung leisten.

Welche Bedeutung dem entgeltlichen Pflichtteilsverzicht und seinem Kausalgeschäft zukommen kann, zeigt dabei eindrucksvoll der Erbfall des im Februar 2021 verstorbenen Multimilliardärs Heinz Hermann Thiele. Dieser vereinbarte mit seinem Sohn Henrik Thiele einen Pflichtteilsverzicht und zahlte im Gegenzug 25 Millionen Euro an seinen Sohn. Das Vermögen von Heinz Hermann Thiele wurde zum Zeitpunkt seines Todes auf 17 Milliarden Euro geschätzt. Der Pflichtteilsanspruch seines Sohnes Henrik Thiele hätte sich ohne den Pflichtteilsverzicht somit auf 2,125 Milliarden Euro belaufen – ein Vielfaches

---

BGH, Urt. v. 7. Juli 2015 – X ZR 59/13 = BGH, NJW 2016, 324 zur Möglichkeit der Rückforderung im Kontext des Schenkungsrechts, in welchem die Kompensationsleistung als Schenkung eingeordnet wird.

67 Vgl. BGH, Urt. v. 3. Dezember 2008 – IV ZR 58/07 = BGH, NJW 2009, 1143.

68 Etwa BeckOGK/*Everts*, § 2346 BGB, Rn. 41; Keim, ZEV 2016, 94; Lange, ErbR 2017, 305 (309); Müller, ZNotP 2016, 82 (83); von Proff, NJW 2016, 539; ders. in DNotZ 2017, 84.

69 BeckOGK/*Everts*, § 2346 BGB, Rn. 41.

70 BeckOGK/*Everts*, § 2346 BGB, Rn. 77; Schotten, DNotZ 1998, 163 (164); vgl. hierzu auch B.IV.

der für den Pflichtteilsverzicht gezahlten Abfindung.[71] Es überrascht daher nicht, dass Henrik Thiele vor dem Landgericht München versucht, die Wirksamkeit des Pflichtteilsverzichts zu erschüttern – bislang ohne Erfolg.[72]

---

71 https://www.handelsblatt.com/finanzen/steuern-recht/steuern/pflichtteil-erbe-so-gehen-missliebige-verwandte-beim-erbe-leer-aus/28987910.html; zuletzt abgerufen am 14. Dezember 2024.

72 https://www.businessinsider.de/wirtschaft/handel/erbstreit-um-thiele-milliarden-sohn-henrik-scheitert-mit-erster-klage-vor-gericht-a/ zuletzt abgerufen am 14. Dezember 2024.

B. Grundlagen

I. Definitionen

Bereits mehrfach wurden in dieser Arbeit die Begriffe des entgeltlichen und unentgeltlichen Erb- und Pflichtteilsverzichtsvertrag angesprochen, ebenso wie die Begriffe der Abfindung und der Zuwendung. Es ist daher angezeigt, diese Begrifflichkeiten sowie weitere Termini zu definieren.

1. Erbverzichtsvertrag

Der Erbverzichtsvertrag hat im Grundsatz sowohl den Verzicht auf das gesetzliche Erbrecht als auch den Verzicht auf das Pflichtteilsrecht zum Gegenstand, vgl. § 2346 Abs. 1 S. 1 und S. 2 BGB.[73] Dabei ist es nicht nur möglich, den Verzicht auf das Pflichtteilsrecht zu beschränken, sondern es ist genauso möglich, den Verzicht allein auf die gesetzliche Erbfolge zu beschränken.[74] Letzteres lässt sich auch als „isolierter“ bzw. „reiner“[75] Erbverzichtsvertrag oder als Erbverzicht „im engen Sinne“[76] bezeichnen.

---

73 § 2346 Abs. 1 BGB: „*Verwandte sowie der Ehegatte des Erblassers können durch Vertrag mit dem Erblasser auf ihr gesetzliches Erbrecht verzichten. Der Verzichtende ist von der gesetzlichen Erbfolge ausgeschlossen, wie wenn er zur Zeit des Erbfalls nicht mehr lebte; er hat kein Pflichtteilsrecht.*“; BeckOK/*Litzenburger*, § 2346 BGB, Rn. 10; Brox/Walker, ErbR, § 21 Rn. 295; Burandt/Rojahn/*Große-Boymann*, § 2346 BGB, Rn. 8; MüKoBGB/*Wegerhoff*, § 2346 BGB, Rn. 13.

74 Reul, MittRhNotK 1997, 373 (378).

75 Rheinbay, Erbverzicht, S. 119.

76 BeckOGK/*Everts*, § 2346 BGB, Rn. 1 f.; Gierse, Abschlussmöglichkeiten eines Erb- und Pflichtteilsverzichts, S. 35 f.

Bildlich kann man sich den Erbverzicht daher als Kombination aus den zwei Bausteinen einerseits des Pflichtteilsverzichts und anderseits des Erbverzichts i.e.S. vorstellen. Der umfassende Erbverzicht schließt dabei sowohl die gesetzliche Erbfolge als auch das Pflichtteilsrecht aus und wird daher nachfolgend auch als Erbverzicht i.w.S. bezeichnet. Der Erbverzichtsvertrag i.e.S. beschränkt den Verzicht hingegen nur auf die gesetzliche Erbfolge, nicht aber auf das Pflichtteilsrecht. Der Pflichtteilsverzicht umfasst schließlich nur den Verzicht auf das Pflichtteilsrecht.

Gegenstand des Erbverzichts i.e.S. ist also nur der Verzicht auf die gesetzliche Erbrechtsposition ist. Bei dieser handelt es sich, wie bereits dargestellt, um eine prämortale Rechtsposition, die das Gesetz in §§ 1924 ff., 1931 BGB zugunsten der dort genannten Personen aufgrund familiärer Banden schafft.[77] Damit ist zugleich erklärt, warum nach dem Wortlaut des § 2346 Abs. 1 S. 1 BGB der Erbverzicht nur von Verwandten oder dem Ehegatten des Erblassers erklärt werden kann. Diese Einschränkung in persönlicher Hinsicht lässt sich auf den Umstand zurückführen, dass nur diese Personen als gesetzliche Erben benannt sind, vgl. §§ 1924 ff., 1931 BGB. Durch den Verzicht wird diese Rechtsposition der Genannten aufgehoben. Die Rechtsnatur des Erbverzichts ist daher verfügender Art.[78]

Der Erbverzicht kann entgeltlich oder unentgeltlich erfolgen.[79] Entgeltlich bedeutet in diesem Zusammenhang, dass der Erblasser dem Verzichtenden eine Gegenleistung für den Verzicht verspricht. Einem

77 BGH, Beschl. v. 6. Juni 1957 – IV ZB 53/57 = BGH, NJW 1957, 1187 (1188) sieht das Wesen des Erbverzichts darin, *„daß er in die aus dem Familienband sich ergebenden erbrechtlichen Beziehungen eingreift."*; in diese Richtung auch Metzler, Ausschlagung und Erbverzicht in der dogmatischen Analyse, S. 128 ff., 153 ff. der dies als prämortale Rechtsposition bezeichnet.

78 Ohne weitere Differenzierung für den Erb- und den Pflichtteilsverzichtsvertrag BGH Urt. v. 7. Dezember 2011 – IV ZR 16/11 = BGH NJW-RR 2012, 332 (333); BGH Besch. v. 29. November 1996 – BLw 16/96 = BGH, NJW 1997, 653; BGH Urt. v. 4. Juli 1962 – V ZR 14/61 = BGH NJW 1962, 1910 (1912); BeckOGK/*Everts*, § 2346 BGB, Rn. 3 f; BeckOK/*Litzenburger*, § 2346 BGB, Rn. 2 und 33; Burandt/Rojahn/*Große-Boymann*, § 2346 BGB, Rn. 3.

79 *Kipp/Coing*, ErbR, § 82 VI; Staudinger/*Schotten*, 2022, § 2346 BGB, Rn. 224, 227.

entgeltlichen Erbverzichtsvertrag liegt ein sog. „Abfindungsvertrag für einen Erbverzicht“[80] als Kausalgeschäft zugrunde, wobei die Kompensationsleistung nach Ansicht des BGH schenkweise erfolgt.[81] Dieser Abfindungsvertrag beinhaltet zum einen das Versprechen des Verzichtenden, einen Erbverzicht zu erklären und zum anderen das Versprechen des Erblassers, diesen Verzicht anzunehmen und dafür dem Verzichtenden eine Kompensationsleistung zu gewähren.

Die gewillkürte Erbfolge lässt der Erbverzicht unberührt.[82] Soll auch die Möglichkeit ausgeschlossen werden, als Erbe im Wege der gewillkürten Erbfolge berufen zu werden, dann bedarf es insoweit eines Zuwendungsverzichts gem. § 2352 BGB.

2. Pflichtteilsverzichtsvertrag

Der Pflichtteilsverzichtsvertrag wird auch als „eingeschränkter Erbverzicht“[83] bezeichnet. Diese Bezeichnung ergibt sich aus dem Gesetzeswortlaut selbst.[84] In § 2346 Abs. 2 BGB ist die Möglichkeit eröffnet, den Verzicht auf das Pflichtteilsrecht zu beschränken. Aus der Gesetzessystematik des § 2346 BGB folgt zudem, dass der Pflichtteilsverzichtsvertrag ein Unterfall des Erbverzichtsvertrages nach § 2346 Abs. 1 BGB ist. Wird der Erbverzicht beschränkt auf den Verzicht auf das Pflichtteilsrecht gem. § 2346 Abs. 2 BGB, kann zur Betonung dieser Beschränkung auch von einem „isolierten“, „bloßen“ oder auch „reinen“ Pflichtteilsverzicht gesprochen werden.[85]

---

80 Zum Begriff Löwenstein-Wertheim-Rosenberg, Erbverzicht und Abfindungsvertrag, S. 37 f.

81 BGH, Urt. v. 7. Juli 2015 – X ZR 59/13 = BGH, NJW 2016, 324.

82 BeckOGK/*Everts*, § 2346 BGB, Rn. 2; Burandt/Rojahn/*Große-Boymann*, § 2346 BGB, Rn. 8 f.

83 BeckOGK/*Everts*, § 2346 BGB, Rn. 77.

84 § 2346 Abs. 2 BGB: „*Der Verzicht* [Anm.: Gemeint ist der Erbverzicht] *kann auf das Pflichtteilsrecht beschränkt werden.*“; nicht amtliche Überschrift des § 2346 BGB: „*Wirkung des Erbverzichts, Beschränkungsmöglichkeit*“.

85 BeckOGK/*Everts*, § 2346 BGB, Rn. 1; Herrler/*Otto*, Vertragshandbuch, XVI.1 Anm. 3; Lange, ErbR 2017, 250 (253); Zimmermann, Der Verlust der Erbschaft, Rn. 85.

Gegenstand des Pflichtteilsverzichts ist der Verzicht auf das gesetzliche Pflichtteilsrecht nach den §§ 2303 ff. BGB.[86] Das Pflichtteilsrecht ist ein zu Lebzeiten zwischen dem Erblasser und den Pflichtteilsberechtigten begründetes konkretes Rechtsverhältnis, das den Tod des Erblassers überdauert und mit den Erben fortgesetzt wird.[87] Es entfaltet bereits zu Lebzeiten des Erblassers rechtliche Wirkung[88] und sichert nach Auffassung des BVerfG die *„grundsätzlich zwingende Nachlassteilhabe der Kinder des Erblassers"*[89] ab.

Die Aufhebung dieses Rechtsverhältnisses ist Gegenstand des Pflichtteilsverzichts. Der Pflichtteilsverzicht, wie er in § 2346 BGB beschrieben wird, ist folglich ein abstraktes Rechtsgeschäft unter Lebenden auf den Todesfall mit dinglicher Wirkung.[90]

Durch den Pflichtteilsverzicht bleibt die gesetzliche Erbfolge unberührt – dies unterscheidet ihn vom Erbverzicht.[91] Der Verzichtende kann also weiterhin nach den Regeln der gesetzlichen Erbfolge gem. §§ 1924 ff. BGB als Erbe berufen werden. Ebenfalls unberührt von einem Pflichtteilsverzicht bleibt die Möglichkeit, aufgrund letztwilliger Verfügung von Todes wegen als Erbe berufen zu werden.

Das Pflichtteilsrecht, dessen Kern der Pflichtteilsanspruch nach § 2317 Abs. 1 BGB bildet, ist schuldrechtlich ausgestaltet. Aus diesem Grund besteht die Möglichkeit, den Pflichtteilsverzicht umfassend zu modifizieren.[92]

---

86 BGH, Urt. v. 13. November 1996 – IV ZR 62/96 (München) = BGH, NJW 1997, 521 (522).

87 BGH, Urt. v. 1. März 1974 – IV ZR 58/72 (Karlsruhe/Freiburg) = BGH, NJW 1974, 1084; BGH, Urt. v. 1. Oktober 1958 – V ZR 53/58 (München) = BGH, NJW 1958, 1964, (1965); BeckOGK/*Obergfell*, § 2303 BGB, Rn. 18; Burandt/Rojahn/*Horn*, § 2303 BGB, Rn. 15; Lange/Kuchinke, Erbrecht S. 870 f.; MüKoBGB/*Lange*, § 2303 BGB, Rn. 16; a. A. Gierse, Die Abschlussmöglichkeiten des Erb- und Pflichtteilsverzicht nach dem Tode des Erblassers, S. 64; v. Lübtow, Erbrecht Bd. I, S. 549.

88 BGH, Urt. v. 1. Oktober 1958 – V ZR 53/58 (München) = BGH, NJW 1958, 1964 (1965); Burandt/Rojahn/*Horn*, § 2303 BGB, Rn. 15.

89 BVerfG, Beschl. v. 19. April 2005 – 1 BvR 1644/00 = BVerfG, NJW 2005.

90 Statt vieler Damrau/Tanck/Kurze, § 2346 BGB, Rn. 5.

91 MüKoBGB/*Wegerhoff*, § 2346 BGB, Rn. 21.

92 BeckOGK/*Everts*, § 2346 BGB, Rn. 79.

Vertragsparteien des Pflichtteilsverzichtsvertrages sind der Erblasser und der Pflichtteilsberechtigte. Gewährt der Erblasser dem Verzichtenden ein Entgelt, damit dieser auf sein Pflichtteilsrecht verzichtet, handelt es sich um einen entgeltlichen Pflichtteilsverzicht.[93] Andernfalls wird von einem unentgeltlichen Pflichtteilsverzicht gesprochen.

Der Schwerpunkt der Untersuchung dieser Arbeit betrifft die vertragstypologische Einordnung des Vertrags, der als Kausalgeschäft einem isolierten, entgeltlichen Pflichtteilsverzicht zugrunde liegt. Gegenstand dieses schuldrechtlichen Kausalgeschäfts ist das Versprechen des Verzichtenden gegenüber dem Erblasser, auf das Pflichtteilsrecht insgesamt zu verzichten. Der Erblasser verspricht dem Verzichtenden dafür die Zahlung eines Entgelts bzw. die Gewährung einer wie auch immer gearteten Kompensationsleistung.

3. „Zuwendung" und „Abfindung"

Im Rahmen eines entgeltlichen Erb- und Pflichtteilsverzichtsvertrages gewährt der Erblasser dem Verzichtenden eine Kompensation. Regelmäßig dürfte dies in Form einer Geldzahlung erfolgen. Denkbar ist auch die Gewährung anderer vermögenswerter Positionen, z.B. die Übereignung eines Grundstücks, die Übertragung von Gesellschaftsanteilen oder der Erlass einer Forderung.

Der BGH verwendet im Rahmen der Thematik des entgeltlichen Erb- und Pflichtteilsverzichtsvertrages bzgl. dieser Vorteilsgewährung neben dem Begriff der „Zuwendung" auch den Begriff der „Abfindung".[94] Die Begrifflichkeit der „Abfindung" taucht im BGB an mehreren Stellen auf.[95] Die Abfindung lässt sich als eine einmalige Vorteilsgewährung eines Rechtssubjekts an ein anderes Rechtssubjekt, i.d.R. in Form von Geld, im Gegenzug für den Verzicht auf ein Recht bzw.

---

93 Bamberger/Roth/*Litzenburger*, § 2346 BGB, Rn. 35; HK-Pflichtteilsrecht/*v. Proff*, § 2346 BGB, Rn. 40.

94 BGH, Urt. v. 7. Juli 2015 – X ZR 59/13 = BGH, NJW 2016, 324 (325); BGH, Urt. v. 3. Dezember 2008 – IV ZR 58/07 (OLG München) = BGH, NJW 2009, 1143 (1144 ff.).

95 §§ 330, 843 Abs. 3, 1501 Abs. 1, 1585 Abs. 2 BGB.

für die Beendigung eines Rechtsverhältnisses beschreiben. Sie steht daher in einem Austauschverhältnis und erfolgt nicht aus Gründen der Freigiebigkeit.

Der Begriff der „Zuwendung" wird ebenfalls an verschiedenen Stellen im BGB verwendet.[96] Definiert ist die Zuwendung als freigiebige Verschaffung eines vermögenswerten Vorteils bzw. Vermögensbestandteils.[97] Gegenstand einer Zuwendung kann nur sein, was auch Gegenstand eines Kaufvertrages sein kann.[98] Es muss sich folglich um eine vermögenswerte Position handeln, weshalb ideelle Güter nicht zugewendet werden können.[99] Freigiebigkeit bedeutet, dass keine Pflicht zur Vornahme besteht, die Leistung also freiwillig erfolgt.[100] Die „freiwillig" eingegangene Verpflichtung etwas zu geben, um dafür etwas zu nehmen, beruht hingegen nicht auf Freigiebigkeit, sondern auf dem Austauschgedanken.

Betrachtet man den Pflichtteilsverzicht oder den Erbverzicht als Gegenleistung des Verzichtenden für die vom Erblasser erhaltene Kompensation, wäre diese nach den vorstehenden Definitionen als Abfindung zu bezeichnen. Nimmt man hingegen an, dass der Verzicht und das Entgelt in keinem Austauschverhältnis zueinanderstehen, sondern die Zahlung des Erblassers auf Freigiebigkeit beruht, wäre die vom Erblasser gewährte Kompensation nach dem Vorstehenden als Zuwendung zu bezeichnen.

---

96 U.a. in §§ 84, 330, 516 Abs. 1, 822, § 1375 Abs. 2 Nr. 1, 1638, 1803 Abs, 1, 2050 Abs. 3, 2315 Abs. 2, 2331 Abs. 1 BGB.

97 OLG Oldenburg, Urt. v. 5. November 2013 – 12 U 94/13 = OLG Oldenburg, NJOZ 2014, 1164; Staudinger/*Chiusi*, 2021, § 516 BGB, Rn. 10 ff. m. w. N.

98 BeckOK/*Gehrlein*, § 516 BGB, Rn. 3; BeckOGK/*Harke*, § 516 BGB, Rn. 16; a. A. Staudinger/*Chiusi*, 2021, § 516 BGB, Rn. 11.

99 Mugdan, Materialien zum BGB, Bd. II, S. 736 f. = Prot., Bd. II, S. 3; MüKoBGB/*Koch*, § 516 BGB, Rn. 5.

100 BeckOGK/*Rißmann*, § 2050 BGB, Rn. 26; Peter, BWNotZ 1986, 28 (31).

II. Regelungen zur Systematik des Verzichts im BGB

Der BGB-Gesetzgeber hat es – wie bereits auch das römische Recht – unterlassen, eine allgemeine Theorie zum Verzicht herauszubilden.[101] Stattdessen beschränkte sich der historische Gesetzgeber darauf, fragmentarische Regelungen zum Verzicht in den einzelnen Büchern des BGB zu normieren.

Für das Schuldrecht lässt sich feststellen, dass der einseitige Verzicht auf Gestaltungsrechte (z.B. §§ 376 Abs. 2 Nr. 1, 533 BGB u.a.) und auf Einreden (§§ 768 Abs. 2, 1137 Abs. 2, 1211 Abs. 2 BGB) allgemein anerkannt ist. Daneben besteht die Möglichkeit, zweiseitig im Wege des Erlasses gem. § 397 BGB auf Forderungen, d.h. Schuldverhältnisse im engen Sinn, oder im Wege des Aufhebungsvertrages auf Schuldverhältnisse im weiten Sinn zu verzichten.

Im Sachenrecht ist ein einseitiger Verzicht auf die Eigentumsposition im Wege der Dereliktion sowohl für Mobilien (§ 959 BGB) als auch für Immobilien (§ 928 BGB) möglich. Auf andere dingliche Rechte wie z.B. den Nießbrauch oder die Hypothek kann gleichfalls einseitig verzichtet werden (vgl. §§ 1064, 1165, 1168, 1175, 1178 Abs. 2 BGB).

Im Erbrecht wird die Ausschlagung der Erbschaft gem. § 1942 BGB und des Vermächtnisses gem. § 2180 BGB als einseitiger Verzicht angesehen.[102] Der Erbverzichtsvertrag und der Pflichtteilsverzichtsvertrag sind hingegen als (zweiseitige) Verzichtsverträge ausgestaltet. Angemerkt sei an dieser Stelle noch das Folgende: Der zweiten Kommission war nicht nur bewusst, dass das römische Recht weder eine Theorie zum Verzicht allgemein kannte, sondern – wie im Übrigen auch der französische *code civil* – auch einen Erbverzicht nicht kannte bzw. zuließ.[103] Dennoch wollte man nicht auf die Kodifikation des Erbverzichts als Rechtsinstitut verzichten, da dieses *„dem deutschen Rechtsleben geläufig, in Gewohnheit und Sitte (...) tief eingewurzelt“* sei.[104]

---

101 Kornexl, Der Zuwendungsverzicht, 1998, Rn. 16.

102 MüKoBGB/*Schlüter*, § 397 BGB, Rn. 19.

103 Mot., Bd. V, S. 470 = Mugdan, Materialien zum BGB, Bd. V, S. 250.

104 Mot., Bd. V, S. 471 = Mugdan, Materialien zum BGB, Bd. V, S. 251.

Obwohl das BGB also keine allgemeingültigen Regelungen für den Verzicht vorhält, sondern diesen fragmentarisch an verschiedenen Stellen regelt, lassen sich einzelne Grundsätze zum Verzicht ableiten. Ein Verzicht kann demnach sowohl einseitig als auch zweiseitig ausgestaltet sein. Unabhängig davon, ob der Verzicht einseitig oder zweiseitig erfolgt, ist die Rechtsnatur des Verzichts ein Verfügungsgeschäft.[105] Ob einem einseitigen Verzicht, etwa auf ein Gestaltungsrecht oder im Rahmen der Dereliktion, ein Kausalgeschäft als Rechtsgrund zugrunde liegt, ist bisher nicht erforscht. Insoweit liegt das Ergebnis nahe, dass kein Kausalgeschäft als Rechtsgrund zwingend erforderlich ist. Zweck des Kausalgeschäfts ist es, einen Rechtsgrund zu schaffen, durch welchen die Verfügung kondiktionssicher wird. Die Kondiktion ist allerdings nach § 814 BGB bereits dann ausgeschlossen, wenn der Leistende gewusst hat, dass er zur Leistung nicht verpflichtet ist. Dies gilt auch für einen Verzichtsvertrag wie z.B. einen Aufhebungsvertrag oder einen Erbverzichtsvertrag.[106] Aufgrund des zweiseitigen Charakters dieser Geschäfte, der die Mitwirkung einer anderen Person erforderlich macht, werden die Parteien regelmäßig eine Rechtsgrundabrede aus Gründen der Rechtssicherheit treffen.[107]

Aufgrund des Fehlens einer allgemeinen Theorie zum Verzicht lassen sich aus der Gesetzessystematik zum Verzicht keine Rückschlüsse ziehen, die für die vertragstypologische Einordnung des einem entgeltlichen Pflichtteilsverzichtsvertrags zugrunde liegenden Kausalgeschäfts dienlich sind.

---

105 Etwa für den einseitigen „Verzicht auf das Eigentum“, d.h. die Dereliktion nach § 959 BGB BeckOGK/*Schermaier*, § 959 BGB, Rn. 2 m. w. N.; MüKoBGB/*Oechsler*, § 959 BGB, Rn. 1; Enneccerus/Wolff/Raiser, Sachenrecht, § 78 II 1b, S. 290.

106 BeckOGK/*Wolber*, § 397 BGB, Rn. 12.

107 BeckOK/*Dennhardt*, § 397 BGB, Rn. 3 m. w. N.

III. Abgrenzung des isolierten Pflichtteilsverzichts

Zum Zwecke eines besseren Verständnisses ist das Rechtsinstitut des isolierten Pflichtteilsverzichts von anderen – ähnlichen – Rechtsinstituten abzugrenzen.

1. Abgrenzung zum Erbverzicht

Ein Unterschied zwischen dem Erb- und dem Pflichtteilsverzicht besteht darin, dass sich der Pflichtteilsverzicht umfassend modifizieren lässt. So können bspw. einzelne Vermögensgegenstände wie ein Unternehmen für die Berechnung des Pflichtteils ausgenommen werden. Der Erbverzichtsvertrag kann hingegen nur sehr begrenzt verändert werden. Ursache für diesen Unterschied ist, dass das Pflichtteilsrecht im Kern schuldrechtlich geprägt ist, weshalb es umfangreichen Modifikationen zugänglich ist. Das Erbrecht wird hingegen durch den Gedanken der Universalsukzession nach § 1922 Abs. 1 BGB bestimmt, welcher nur sehr begrenzt verändert werden kann.[108]

Darüber hinaus unterscheidet sich der Pflichtteilsverzicht vom Erbverzicht dadurch, dass durch den Erbverzicht unmittelbar in die gesetzliche Erbfolge eingegriffen wird. Der Verzichtende kann nicht mehr nach den gesetzlichen Regeln der §§ 1924 ff. BGB Erbe werden, vgl. § 2346 Abs. 1 Satz 2 BGB. Der Pflichtteilsverzicht lässt dagegen die Möglichkeit, Erbe zu werden, unberührt.

Schließlich führt bei einem Erbverzicht die in § 2346 Abs. 1 S. 2 BGB vorgesehene Fiktion („*Der Verzichtende ist ausgeschlossen, wie wenn er zur Zeit des Erbfalls nicht mehr lebte*"), wenn der Verzichtende zugleich pflichtteilsberechtigt ist, in Zusammenspiel mit der Regelung des § 2310 S. 2 BGB zu einer Erhöhung der Pflichtteilsansprüche der übrigen Pflichtteilsberechtigten.[109] Dies ist bei einem Pflichtteilsver-

108 Zu diesem Absatz im Ganzen BeckOGK/*Everts*, § 2346 BGB, Rn. 74 und 79.
109 BeckOGK/*Everts*, § 2346 BGB, Rn. 82.

zicht nach der bisher h.M. nicht der Fall.[110] Dieser erweitert stattdessen, jedenfalls nach der bisher h.M., die Testierfreiheit des Erblassers.[111]

2. Abgrenzung zur Ausschlagung, §§ 1942 ff. BGB

Ferner kann der isolierte Pflichtteilsverzicht von der Ausschlagung nach §§ 1942 ff. BGB abgegrenzt werden. Die beiden Rechtsinstitute unterscheiden sich hinsichtlich ihrer Rechtsnatur, des Zeitpunkts ihrer Vornahme, ihres Gegenstands und ihrer Rechtsfolgen.

Der Pflichtteilsverzicht ist als Vertrag ein zweiseitiges Rechtsgeschäft, der nur den Verzicht auf das gesetzliche Pflichtteilsrecht zum Gegenstand hat und zu Lebzeiten des Erblassers mit diesem vereinbart wird. Die Ausschlagung ist dagegen ein einseitiges Rechtsgeschäft,[112] welches erst nach dem Erbfall erfolgen kann und durch Erklärung des Erben gegenüber dem Nachlassgericht ausgeübt wird, vgl. § 1945 Abs. 1 BGB. Sie wird daher auch als einseitiger Verzicht angesehen.[113]

Die Ausschlagung erfasst die Erbschaft im Ganzen und nicht bloß den Verzicht auf das Pflichtteilsrecht. Wer die Erbschaft ausschlägt, erlangt grds. auch kein Pflichtteilsrecht, vgl. §§ 2303, 2306 BGB. Die Ausschlagung kann auch nicht auf einen Teil beschränkt werden, vgl.

---

110 BGH, Urt. v. 17. März 1982 – IV a ZR 27/81 (Frankfurt) = BGH, NJW 1982, 2497 jedoch ohne Begründung; BeckOGK/*Szalai*, § 2310 BGB, Rn. 16 ff.; BeckOK/*Müller-Engels*, § 2310 BGB, Rn. 9; Burandt/Rojahn/*Horn*, § 2310 BGB, Rn. 17; DNotI-Report 2019, 83 f.; Meyer, ZEV 2007, 556; MüKoBGB/*Lange*, § 2310 BGB, Rn. 8; Schotten, RNotZ 2015, 412 (413 f.); ders. in Staudinger/*Schotten*, 2022, § 2346 BGB, Rn. 126; v. Proff, ZEV 2016, 173; a. A. Michalski, BGB-Erbrecht, Rn. 484; in der Folgeauflage wird diese Ansicht nicht mehr vertreten, vgl. Michalski/Schmidt, BGB-Erbrecht, Rn. 536, 628; Rheinbay, Erbverzicht, S. 161 ff.; Staudinger/*Otte*, 2021, § 2310 BGB, Rn. 22.

111 BGH, Urt. v. 17. März 1982 – IV a ZR 27/81 (Frankfurt) = BGH, NJW 1982, 2497 jedoch ohne Begründung; BeckOGK/*Szalai*, § 2310 BGB, Rn. 16; BeckOK/*Müller-Engels*, § 2310 BGB, Rn. 9; Burandt/Rojahn/*Horn*, § 2310 BGB, Rn. 17; DNotI-Report 2019, 83 f.; Meyer, ZEV 2007, 556; MüKoBGB/*Lange*, § 2310 BGB, Rn. 8; Schotten, RNotZ 2015, 412 (413 f.); ders. in Staudinger/*Schotten*, 2022, § 2346 BGB, Rn. 126; v. Proff, ZEV 2016, 173.

112 BeckOGK/*Everts*, § 2346 BGB, Rn. 23, 23.1.

113 MüKoBGB/*Schlüter*, § 397 BGB, Rn. 19.

§ 1950 BGB. In Folge der Ausschlagung wird der Ausschlagende so behandelt, als hätte er zur Zeit des Erbfalls nicht mehr gelebt. Dies führt in der Folge dazu, dass dem gesetzlichen Erben des Ausschlagenden – i.d.R. seinen Abkömmlingen – die Erbschaft anfällt, vgl. § 1953 Abs. 2 BGB. Im Unterschied hierzu erstreckt sich der Pflichtteilsverzichtsvertrag gem. § 2349 BGB auch auf die Abkömmlinge des Verzichtenden, soweit nicht ein anderes bestimmt wurde.[114]

3. Abgrenzung zum Erlassvertrag, § 397 BGB

Des Weiteren kann der isolierte Pflichtteilsverzicht gegenüber dem Erlassvertrag gem. § 397 BGB abgegrenzt werden. Gemeinsam ist beiden Rechtsinstituten zunächst, dass es sich jeweils um zweiseitige Rechtsgeschäfte handelt. Abzugrenzen sind sie hinsichtlich ihres Gegenstands, der Vertragsparteien und des Zeitpunkts des Vertragsschlusses.

Der Pflichtteilsverzicht wird noch zu Lebzeiten des Erblassers mit diesem vereinbart. Der Verzicht schließt nicht nur den Pflichtteilsanspruch gem. § 2317 BGB aus, sondern er hebt das Pflichtteilsrecht grds. insgesamt auf. Im Unterschied hierzu wird der Erlassvertrag regelmäßig erst nach dem Tod des Erblassers mit dessen Erben geschlossen. Allerdings hält die h. L. – jedenfalls mit Blick auf den Pflichtteilsanspruch – auch den Abschluss eines antizipierten Erlassvertrages für zulässig.[115] Dies ist jedoch höchstrichterlich bisher noch nicht bestätigt worden.

Im Rahmen des Erlassvertrages erlässt der Pflichtteilsberechtigte dem Erben den mit dem Erbfall nach § 2317 Abs. 1 BGB entstandenen Pflichtteilsanspruch.[116] Das darüberhinausgehende Pflichtteilsrecht bleibt hingegen bestehen.[117] Es handelt sich also nur um eine Aufhe-

---

114 MüKoBGB/*Wegerhoff*, § 2349 BGB, Rn. 4 f.; Staudinger/*Schotten*, 2022, § 2349 BGB, Rn. 18.

115 BeckOGK/*Schreindorfer*, § 311b BGB, Rn. 438.1; Henssler, RNotZ 2010, 221 (237); Limmer, DNotZ 1998, 927 (929 ff.); MüKoBGB/*Ruhwinkel*, § 311b BGB, Rn. 143 f. jeweils m. w. N.; a. A. für den Erbteil BGH, Urt. v. 11. Mai 1988 – Iva ZR 325/86 (Hamm)= BGH, NJW 1988, 2726.

116 v. Proff, ErbR 2021, 994.

117 Henssler, RNotZ 2010, 221 (237).

bung des Schuldverhältnisses i.e.S. – nämlich des Pflichtteilsanspruches. Das Schuldverhältnis i.w.S., d.h. das Pflichtteilsrecht insgesamt, wird nicht aufgehoben. Da der Erlassvertrag regelmäßig erst nach dem Tod des Erblassers geschlossen wird und Wirkung entfaltet, wird er auch als *postmortaler* Verzicht bezeichnet.[118]

4. Abgrenzung zum Erbschaftsvertrag

Schließlich ist der isolierte Pflichtteilsverzicht vom Erbschaftsvertrag gem. § 311b Abs. 5 BGB abzugrenzen.

Vertragsparteien sind hier nur die künftigen gesetzlichen Erben untereinander. Den Erblasser sieht das Gesetz hingegen nicht als Vertragspartei vor. Die Erben können sich schuldrechtlich zu einer Verfügung über ihren zukünftigen Erb- oder Pflichtteil verpflichten.[119] In Bezug auf den Pflichtteil können etwa u.a. die Verpflichtung zur Abtretung oder zum Erlass des Pflichtteilsanspruchs oder von Pflichtteilsergänzungsansprüchen vereinbart werden.[120]

Wird der Verzicht auf den Pflichtteilsanspruch in einem Erbschaftsvertrag versprochen, verhindert dieses Versprechen allein jedoch nicht die Entstehung des Pflichtteilsanspruchs im Erbfall. Erst der Vollzug des Erbschaftsvertrages, z.B. durch einen Erlass nach § 397 BGB, führt dazu, dass die jeweiligen Pflichtteilsansprüche entfallen.[121] Mit Blick auf den Pflichtteilsanspruch hält die h.L. allerdings sowohl die antizipierte Abtretung als auch den antizipierten Erlass für möglich.[122] Es existiert diesbezüglich bislang jedoch keine höchstrichterliche Rechtsprechung, weshalb stets auch die entsprechende Verpflichtung in Form des Erb-

---

118 BeckOGK/*Everts*, § 2346 BGB, Rn. 24.

119 BeckOGK/*Everts*, § 2346 BGB, Rn. 26; Metzler, Ausschlagung und Erbverzicht, S. 99.

120 Umfassend zu den denkbaren Verpflichtungen Henssler, RNotZ 2010, 221 (234 ff.).

121 Weidlich, NotBZ 2009, 149.

122 BeckOGK/*Schreindorfer*, § 311b BGB, Rn. 438.1; Henssler, RNotZ 2010, 221 (237); Limmer, DNotZ 1998, 927 (929 ff.); MüKoBGB/*Ruhwinkel*, § 311b BGB, Rn. 143 f.; a. A. für den Erbteil BGH, Urt. v. 11. Mai 1988 – Iva ZR 325/86 (Hamm)= BGH, NJW 1988, 2726.

schaftsvertrags vereinbart werden sollte.[123] Der Erbschaftsvertrag kann in einer solchen Fallkonstellation als Kausalgeschäft eines *ante mortem* Verzichts bezeichnet werden.

IV. Bedeutung des isolierten Pflichtteilsverzichts

Bereits in der Einleitung wurde darauf hingewiesen, dass die Erforderlichkeit eines Erbverzichts von Beginn an nicht unumstritten war. Aufgrund der Möglichkeit durch letztwillige Verfügung die gesetzlichen Erben zu enterben, stellte sich bereits die erste Kommission bei der Ausarbeitung der Regelungen des BGB die Frage, ob *„nur derjenige Vertrag (...) noch zu regeln* [sei], *durch welchen das Pflichttheilsrecht ausgeschlossen wird.*“[124]

In der Historie der Entstehung des BGB ist also bereits angelegt, dass die Bedeutung des Pflichtteilsverzichtsvertrages im Vergleich zu seinem „großen Bruder“ – dem Erbverzichtsvertrag – als höher anzusehen ist. An dieser Einschätzung hat sich bis heute nichts geändert.[125]

Der isolierte Pflichtteilsverzicht wird als ein wichtiges Mittel der vorsorgenden Rechtspflege,[126] bzw. als eine *„Allzweckwaffe“*[127] angesehen. Zunächst verhindert der isolierte Pflichtteilsverzicht die Zersplitterung großer und unteilbarer Vermögenswerte wie z.B. eines Unternehmens, eines landwirtschaftlichen Betriebes, aber auch einer Immobilie und stellt sicher, dass im Erbfall kein Liquiditätsproblem für die Erben durch die Geltendmachung von Pflichtteilsansprüchen entsteht.[128]

Anders als beim Erbverzicht wird dabei kein Einfluss auf die Erbfolge genommen. Vorteilhaft gegenüber dem Erbverzicht ist auch, dass es beim Pflichtteilsverzicht nach dem bisher geltenden Auslegungs-

---

123 Umfassend hierzu DNotI-Report 1996, 141 (143).

124 Mot., Bd. V, S. 471 = Mugdan, Materialien zum BGB, Bd. V, S. 251.

125 Ebenso Gierse, Abschlussmöglichkeiten eines Erb- und Pflichtteilsverzichts, S. 108 ff; Gerlach-Worch, ErbR 2022, 552 (553).

126 Reul, MittRhNotK 1997, 373.

127 Zimmer, NJW 2017, 513.

128 Klingelhöffer, Pflichtteilsrecht, Rn. 623.

verständnis der h.M. zu § 2310 S. 2 BGB nicht zu einer Erhöhung der Pflichtteilsansprüche der übrigen Pflichtteilsberechtigten kommt. Konsequenz dessen ist, dass der Pflichtteilsverzicht nach diesem Auslegungsverständnis die Testierfreiheit des Erblassers erweitert. Die Erweiterung der Testierfreiheit des Erblassers ist ein in der Beratungspraxis oft erwünschtes Ergebnis. Daher rät die Literatur von dem Abschluss eines Erbverzichtes ab und empfiehlt stattdessen einen Pflichtteilsverzicht.[129]

Ein Pflichtteilsverzichtsvertrag lässt also nach bisher h.M. die Pflichtteilsansprüche der übrigen Berechtigten unverändert und führt letztlich nur zu einer Erweiterung der Testierfreiheit, während die gesetzliche Erbfolge unberührt bleibt. Sowohl der Notar als auch ein eventueller zusätzlicher Rechtsberater sollten bei der Gestaltung eines Erbverzichts daher bisher immer die Möglichkeit eines Pflichtteilsverzichtsvertrages prüfen,[130] andernfalls begehen sie eine Amtspflichtverletzung.[131]

Vor diesem historischen und gesetzgeberischen Hintergrund lässt sich die Bedeutung des isolierten Pflichtteilsverzichts gegenüber dem Erbverzichtsvertrag verstehen und einordnen. An der Relevanz des Pflichtteilsverzichts dürfte sich – jedenfalls solange dem Auslegungsverständnis der bisher h.M. gefolgt wird – auch in Zukunft nichts ändern. Allein die Tatsache, dass in dem Zeitraum von 2022 bis 2026 geschätzt 190.000 Unternehmensnachfolgen anstehen,[132] unterstreicht die Bedeutung und Notwendigkeit von rechts- und planungssicheren Nachfolgelösungen.

---

129 Lange, ErbR 2017, 250 (252 ff.); Mayer/Tanck/*Mayer*, Handbuch Pflichtteilsrecht, § 11 Rn. 52; Scherer/*Spall*, Anwaltshandbuch, § 31 Rn. 51 f.; krit. Mayer, ZEV 2007, 556 ff.

130 Reul, MittRhNotK 1997, 373 (378).

131 BGH, Urt. v. 4. April 1990 – IV ZR 344/88 = BGH, DNotZ 1991, 539 ff.

132 Fels, Unternehmensnachfolgen in Deutschland 2022–2026, S. 19.

V. Motive für einen entgeltlichen, isolierten Pflichtteilsverzicht

Eine im ersten Moment sehr naheliegende Frage wurde bisher noch nicht diskutiert: Warum sollte überhaupt jemand bereit sein, auf sein gesetzliches Pflichtteilsrecht zu verzichten? Durch die Untersuchung der Motive bei Abschluss eines Pflichtteilsverzichtsvertrages kann die Interessenlage der Parteien nachvollzogen werden. Diese wiederum kann ein wichtiges Kriterium für die vertragstypologische Einordnung des zugrundeliegenden Kausalgeschäfts eines entgeltlichen Pflichtteilsverzichts darstellen.[133]

Rückschlüsse auf die Motivlage in Zusammenhang mit einem Pflichtteilsverzicht können aus einer Untersuchung von *Bengel* für den Deutschen Juristentag 2002 gezogen werden.[134] Ein Pflichtteilsverzicht wird dabei regelmäßig im Zusammenhang mit der vorweggenommenen Erbfolge vereinbart. Motive für die Übertragung von Vermögensgegenständen im Rahmen der vorweggenommenen Erbfolge sind demnach:

1. Erbschaftssteuerliche Überlegungen (54,78%),
2. Verteilungsfunktion zur Vermeidung von Streit unter den Kindern (48,96%),
3. Existenzsicherung des Erwerbers (21,9%),
4. Versorgung des Übergebers im Alter durch den Erwerber (20,5%).

Bemerkenswert sind insoweit auch die Ergebnisse von *Bengels* Untersuchung zur Akzeptanz des Pflichtteilsrechts allgemein:

Von den befragten Juristen bejahten nur 28,1% die Frage, ob bei Belehrung ihrer Mandanten in Zusammenhang mit Rechtsgeschäften unter Lebenden oder bei Verfügungen von Todes wegen hinsichtlich des Pflichtteils festgestellt werden könne, dass das Pflichtteilsrecht in all seinen Auswirkungen generell vom Schenker bzw. Erblasser akzeptiert bzw. als gerecht empfunden wird. Noch geringer ist die Akzeptanz des

---

133 Eiden, JuS 2014, 496; Teichmann, JuS 2001, 973 (977).

134 Insgesamt hierzu auch für das Nachfolgende: Bengel, MittBayNot 2003, 270 (276 ff.).

Pflichtteilsrechts der Abkömmlinge beim Tode des erstversterbenden Elternteils mit 13,2%. Dies kann nur noch von der fehlenden Akzeptanz der Kinder hinsichtlich des Pflichtteilsrechts der Eltern übertroffen werden, die mit 8,7% am geringsten ausfällt. Nicht verwunderlich ist daher, dass 76,5% der befragten Juristen die Frage, ob sie mandantenseitig bereits Vermeidungs- bzw. Verringerungsmöglichkeiten bzgl. des Pflichtteilsrechts aufzeigen sollten, bejaht haben.

Mehr als 20 Jahre nach der Untersuchung dürften die daraus gewonnenen Erkenntnisse jedoch immer noch Bestand haben. Dies spiegelt sich z.B. in entsprechenden Beiträgen in der Literatur wider, die seitdem veröffentlicht wurden.[135]

1. Motive Erblasser

Zunächst ist es wichtig, sich zu vergegenwärtigen, dass nicht der Erblasser, sondern dessen Erben mit dem Pflichtteilsanspruch belastet sind.

Allerdings erweitert der Erblasser nach Ansicht der h.M. zu § 2310 S. 2 BGB seine Testierfreiheit bezüglich seiner Nachlassgestaltung durch die Vereinbarung eines Pflichtteilsverzichts.[136] Das Pflichtteilsrecht, das eine verfassungsmäßige Einschränkung der grundgesetzlich garantierten Testierfreiheit darstellt,[137] wird durch den Verzicht beseitigt. Für den Erblasser ist dies insbesondere bei einzelnen, wertvollen und zugleich unteilbaren Vermögensgegenständen von Vorteil (z.B. Im-

135 Vgl. etwa Burandt, FuR 2012, 246 ff.; Damrau, ZEV 2022, 377; Keim, NJW 2008, 2072 ff.; Scherer/*Scherer*, Unternehmensnachfolge, § 16.

136 Statt vieler Herrler, JA 2007, 120 (121).

137 In seiner Grundlagenentscheidung von 2005 benennt das BVerfG die Testierfreiheit als ein bestimmendes Element der Erbrechtsgarantie und führt weiter aus, dass *„[d]er Gedanke des Pflichtteilsrechts im Sinne einer Beschränkung des Erblasserwillens“ seinen Ursprung im römischen Recht habe und führt weiter aus, dass die „grundsätzlich zwingende Nachlassteilhabe der Kinder des Erblassers“* in *„einem Spannungsverhältnis zur ebenfalls grundrechtlich geschützten Testierfreiheit des Erblassers“* steht, vgl. BVerfG, Beschl. v. 19. April 2005 – 1 BvR 1644/00 = BVerfG, NJW 2005, 1561 (1563 f.), siehe auch Hennerkes/Kirchdörfer, Die Familie und ihr Unternehmen, S. 199.

mobilie, Unternehmen, Hof etc.). Immer wenn es dem Wunsch des Erblassers entspricht, solche Wertgegenstände ungeteilt in die nächste Generation zu übertragen, ist ein Pflichtteilsverzicht ein wichtiges Instrument. Da sich der Pflichtteilsanspruch in Summe insgesamt auf die Hälfte des Nachlasswertes beläuft, besteht wie oben dargestellt das Risiko, dass im Fall einer Geltendmachung dieser Ansprüche durch die Pflichtteilsberechtigten die Liquidität der Erben bedroht wird.[138] Damit verbunden ist stets das Risiko der Vermögenszersplitterung bzw. der Veräußerung von unteilbaren Vermögensgegenständen zur Beschaffung der erforderlichen Liquidität.

Außerdem macht ein Pflichtteilsverzicht die Vermögensnachfolge für den Erblasser planbarer. Ein Motiv für den Erblassers einen Pflichtteilsberechtigten von einem Pflichtteilsverzicht zu überzeugen, kann daher die damit verbundene Planungssicherheit sein.

Neben den bereits genannten Motiven wird ein Pflichtteilsverzicht auch zur Absicherung eingesetzt. Insbesondere der überlebende Ehegatte kann durch den Pflichtteilsverzicht vor Ansprüchen der pflichtteilsberechtigten Kinder geschützt werden. Dies kann z.B. in Konstellationen des sog. „Berliner Testaments“ von Bedeutung sein.

Weiteres Motiv für den Erblasser ist außerdem die Sicherstellung der Gleichbehandlung, insbesondere bei „Patchworkfamilien“ mit Kindern aus früheren Beziehungen.[139]

Schließlich kann es dem Wunsch des Erblassers entsprechen, dass er oder die von ihm eingesetzten Erben sich nicht mehr mit einem weiteren Pflichtteilsberechtigten auseinandersetzen müssen und dadurch Streitigkeiten vermieden werden. Dies gilt besonders, wenn familiäre Spannungen zwischen verschiedenen Familienmitgliedern z.B. aus verschiedenen vorangegangenen Beziehungen vorliegen.

Regelmäßig sehen die Satzungen von Familiengesellschaften außerdem den Abschluss eines (gegenständlich beschränkten) Pflichtteilsverzichtsvertrages in Bezug auf „neue“ Familienmitglieder, d.h. insbe-

---

138 Hennerkes/Kirchdörfer, Die Familie und ihr Unternehmen, S. 200; Klingelhöffer, Pflichtteilsrecht, Rn. 623.

139 So auch Zimmer, NJW 2017, 513 (514).

sondere eingeheirateten Personen, vor. Bei solchen Regeln verhindert der Abschluss eines Pflichtteilsverzichts den Ausschluss aus der Gesellschaft.

Ruft man sich die zuvor dargestellten Umfrageergebnisse in Erinnerung, kann ein Motiv auch schlicht die Vermeidung bzw. der Reduzierung von Pflichtteilsansprüchen sein.

Die möglichen Motive für einen isolierten Pflichtteilsverzicht aus der Perspektive des Erblassers sind daher überaus vielfältig. Sie reichen von der Erweiterung der Testierfreiheit, über die Verhinderung der Zersplitterung von Vermögensgegenständen, Verbesserung der Planbarkeit der Nachfolge, Absicherung der Erben, Sicherstellung der Gleichbehandlung von Erben bis hin zur Streitvermeidung oder der Verhinderung des Ausschlusses aus einer Gesellschaft.

2. Motive Verzichtender

Infolge des isolierten Pflichtteilsverzichts gibt der Pflichtteilsberechtigte sein Pflichtteil auf. Zum Teil erfolgt dies aus altruistischen Gründen. Dies kann etwa der Fall sein, wenn der Verzichtende ebenfalls vermeiden möchte, dass ein unteilbarer Vermögensgegenstand durch Pflichtteilsansprüche gefährdet wird. In einer Vielzahl von Fällen ist Motiv für die Bereitschaft des Verzichts jedoch das Versprechen einer Kompensationsleistung – häufig in Form von Geld.[140]

Der Verzichtende erhält die Kompensationsleistung dabei oftmals zeitnah und kann ab diesem Moment frei darüber verfügen. Dieser Zufluss gerade in einem frühen Lebensstadium kann für den Verzichtenden aufgrund des Zinseffekts oftmals finanziell attraktiv sein und ist für diesen zugleich deutlich besser planbarer als der Pflichtteilsanspruch. Letzterer entsteht nämlich gem. § 2317 Abs. 1 BGB erst mit dem Erbfall, wobei nicht vorhersehbar ist, wann der Erbfall eintritt und wie sich das Vermögen des Erblassers im Erbfall gestaltet. Bis zum Tod des Erblassers unterliegt dessen Vermögen Schwankungen. Die zukünftige

140 Uricher/*Riedel*, Erbrecht, § 8 Rn. 134.

Entwicklung ist weder für den Erblasser noch für den Verzichtenden vorhersehbar. Im Ergebnis schafft der entgeltliche Pflichtteilsverzicht daher auch für den Verzichtenden Planungssicherheit. Dieser kann genau abschätzen, wann und in welcher Höhe er eine Kompensationsleistung erhält. Die Kompensationsleistung für einen Pflichtteilsverzicht ist insoweit oftmals eine „sichere Bank". Als Motive für den Pflichtteilsverzicht aus Sicht des Verzichtenden kommen daher die bessere Planbarkeit und Verlässlichkeit des Mittelzuflusses in Betracht.

Die Bedeutung eines frühen Mittelzufluss bei einem entgeltlichen Pflichtteilsverzicht sollte nicht unterschätzt werden. Oftmals erfolgt der Zufluss dann nämlich zu einer Zeit, in der sich der Verzichtende einerseits noch in der Vermögensaufbauphase befindet und er anderseits zugleich einen höheren Finanzbedarf hat. Selbst wenn die Kompensation daher nicht dem abgezinsten Pflichtteilsanspruch entsprechen sollte, hat sie für den Verzichtenden aufgrund dieser beiden Faktoren regelmäßig einen größeren Wert.

Weiterer Vorteil für den Verzichtenden ist außerdem, dass er keine Streitigkeiten sowohl über seine Pflichtteilsberechtigung oder über die Höhe des Pflichtteilsanspruchs führen muss. Der Verzichtende kappt die gesetzlich vorgesehenen Banden des Pflichtteilsrecht und sagt sich damit auch in diesem Punkt von dem Erblasser und dessen Erben los. Im Hinblick auf das Eltern-Kind-Verhältnis kann dies auch als ein Schritt der Emanzipation des verzichtenden Kindes gegenüber den Eltern betrachtet werden. Zugleich muss sich der Verzichtende durch den Verzicht nicht mehr mit der oft streitanfälligen Frage der Nachlassplanung mit seinen Eltern und Geschwistern auseinandersetzen. Schließlich kann auch das Bedürfnis eine Rolle spielen, sich von der Vermögensentwicklung des Erblassers abzukoppeln und damit insgesamt eigene Wege zu gehen.

Neben dem monetären Motiv und der Streitvermeidung sind die Rechtssicherheit und Planbarkeit wesentliche Beweggründe für den Verzichtenden, einen Pflichtteilsverzicht zu erklären. Der Verzichtende „emanzipiert" bzw. sagt sich durch den Pflichtteilsverzicht von dem Erblasser los.

VI. Verständnis von § 2310 S. 2 BGB

Zum Status des Pflichtteilsverzichts als „Allzweckwaffe“[141] hat vor allem das Auslegungsverständnis der h.M. zu § 2310 S. 2 BGB beigetragen. Dieses führt im Fall eines Pflichtteilsverzichts im Ergebnis zu einer Erweiterung der Testierfreiheit für den Erblasser.[142] Bereits in der Einleitung wurde dies anhand eines Beispielfalls dargelegt, der hier nur kurz in Erinnerung gerufen sei.

V ist verwitwet und hat zwei Kinder. Jedes Kind ist grundsätzlich zur Hälfte als gesetzlicher Erbe berufen und hat daher einen Pflichtteilsanspruch in Höhe der Hälfte seines gesetzlichen Erbteils[143], also in Höhe von einem Viertel des Nachlasswertes.

Vereinbart ein Kind mit V einen Erbverzicht, fingiert § 2310 S. 2 BGB die Nichtexistenz dieses verzichtenden Kindes. Das andere Kind wäre in diesem Fall Alleinerbe und seine Pflichtteilsquote würde sich auf die Hälfte des Nachlasswertes erhöhen.

Vereinbart V mit dem Kind stattdessen einen Pflichtteilsverzicht, so wird das verzichtende Kind nach der h.M. bei der Ermittlung der Erbquote für die Berechnung des Pflichtteils berücksichtigt, da § 2310 S. 2 BGB nach h.M. nicht auf den Pflichtteilsverzicht, sondern nur auf den Erbverzicht im weiteren Sinne anwendbar ist. In der Folge bleibt die Pflichtteilsquote des nicht verzichtenden Kindes unverändert. Der Erblasser hat durch den Pflichtteilsverzicht nach dem Verständnis der h.M. seine Testierfreiheit also erweitert. Dies gilt selbst dann, wenn V das Kind zusätzlich enterbt, obwohl diese Kombination aus Pflichtteilsverzicht und Enterbung, wie die Literatur selbst zugibt, *„einem Erbverzicht nahekommt“*[144].

141 Zimmer, NJW 2017, 513.

142 Statt vieler Soergel/*Beck*, 14. Aufl., § 2310 BGB, Rn. 11.

143 vgl. § 2303 Abs. 1 S. 2 BGB.

144 Soergel/*Beck*, 14. Aufl., § 2310 BGB, Rn. 11.

Anlass genug, sich die Regelung in § 2310 BGB näher anzuschauen – diese lautet wie folgt:

> *„Bei der Feststellung des für die Berechnung des Pflichtteils maßgebenden Erbteils werden diejenigen mitgezählt, welche durch letztwillige Verfügung von der Erbfolge ausgeschlossen sind oder die Erbschaft ausgeschlagen haben oder für erbunwürdig erklärt sind. Wer durch Erbverzicht von der gesetzlichen Erbfolge ausgeschlossen ist, wird nicht mitgezählt."*

Nach den Motiven des historischen Gesetzgebers liegt § 2310 BGB der Gedanke zugrunde, wonach für den Erblasser im Zeitpunkt der Errichtung seiner letztwilligen Verfügung absehbar sein soll, mit welchen Pflichtteilsansprüchen sein Nachlass später belastet sein wird. Da aber Ausschlagung und Erbunwürdigkeit für den Erblasser nicht vorhersehbar sind, müssen sie bei der Berechnung der Pflichtteilsquote außer Betracht bleiben.[145] Aus diesem Grund ordnet das Gesetz in den beiden genannten Fällen an, dass der Betroffene gemäß § 2310 S. 1 BGB trotz Ausschlagung bzw. Erbunwürdigkeit für die Berechnung des Pflichtteils mitgezählt wird. Mit dieser Anordnung verhindert das Gesetz, dass sich die Pflichtteilsquoten nachträglich ändern, ohne dass dies dem Erblasser bekannt gewesen sein konnte. Ausschlagung und Erbunwürdigkeit erhöhen demnach nicht die Pflichtteilsquoten der übrigen Pflichtteilsberechtigten. Dies gilt auch für den Fall der Enterbung.

Anders dagegen für den Fall des Erbverzichts: Der Verzichtende ist für die Berechnung der Pflichtteilsquote nicht mitzuzählen. Diese Zählregel verbessert die Pflichtteilserwartung anderer Pflichtteilsberechtigter,[146] weshalb sich der Pflichtteilsanspruch der übrigen Pflichtteilsberechtigten quotenmäßig erhöht. Systematisch deckt sich dies mit der

---

145 Vgl. Mot., Bd. V, S. 404 = Mugdan, Materialien zum BGB, Bd. V, S. 214: *„Es kommt darauf an, daß jedem Erblasser erkennbar wird, wie weit er in seiner Verfügung gehen kann, ohne die ihm nach dem § 1975 obliegende Pflicht zu verletzen. Dieser Umstand spricht entschieden gegen die Nichtmitzählung des Ausschlagen, Erbunwürdigen u. s. w. Denn der Erblasser kann nicht immer voraussehen, welche Modifikationen im einzelnen Falle eintreten werden…."*

146 Soergel/*Beck*, 14. Aufl., § 2310 BGB, Rn. 3.

in § 2346 Abs. 1 S. 2 BGB angeordneten Vorversterbensfiktion in Falle eines Erbverzichts.[147]

Insoweit ist der Inhalt des § 2310 BGB im Ergebnis klar und unstrittig. Dies gilt jedoch nicht für das Verständnis des § 2310 S. 2 BGB in Bezug auf den Pflichtteilsverzicht.

Die Anordnung in § 2310 S. 2 BGB, dass „*wer durch Erbverzicht von der gesetzlichen Erbfolge ausgeschlossen ist, (…) nicht mitgezählt* [wird]", wendet die h.M. nämlich nur für den Erbverzicht i.w.S. an. Keine Geltung soll diese Anordnung dagegen für den Pflichtteilsverzicht haben. In der Konsequenz bedeutet dies, dass der Erbverzicht i.w.S. zu einer Erhöhung der Pflichtteilsquote der verbleibenden Pflichtteilsberechtigten führt, während der Pflichtteilsverzicht[148] und der Erbverzicht i.e.S.[149] die Pflichtteilsquoten der übrigen Pflichtteilsberechtigten unberührt lassen. Ursache hierfür ist die Regelung zur Zählweise in § 2310 BGB, die in der Literatur als „*einigermaßen problematisch und wenig ausgewogen*"[150] bezeichnet wird:

Wird der Verzichtende nicht mitgezählt, sind im Ergebnis weniger Köpfe vorhanden, auf die sich der Pflichtteil verteilt. Da der Pflichtteil stets die Hälfte des gesetzlichen Erbteils beträgt (vgl. § 2303 Abs. 1 S. 2 BGB) verteilt sich der Pflichtteil auf weniger Köpfe, was die Pflichtteilsquote jedes Einzelnen Berechtigten erhöht. Wird hingegen der Verzichtende kopfmäßig weiterhin mitgezählt, obwohl ihm kein Pflichtteil mehr zufällt, bleibt die Quote der übrigen Pflichtteilsberechtigten unverändert. Da dem Verzichtenden in diesem Fall kein Pflichtteil zufällt, ist der Nachlass faktisch mit weniger als die Hälfte des Nachlasswertes mit Pflichtteilsansprüchen belastet. Die Testierfreiheit des Erblassers erweitert sich damit.

---

147 Hierzu im Ganzen v. Proff, ZEV 2016, 173 (175).

148 BGH, Urt. v. 17. März 1982 – IV a ZR 27/81 (Frankfurt) = BGH, NJW 1982, 2497 jedoch ohne Begründung; BeckOGK/*Szalai*, § 2310 BGB, Rn. 16; Burandt/Rojahn/*Horn*, § 2310 BGB, Rn. 17; DNotI-Report 2019, 83 f.; Schotten, RNotZ 2015, 412 (413 f.); a. A. Staudinger/*Otte*, 2021, § 2310 BGB, Rn. 20 ff.

149 BeckOGK/*Szalai*, § 2310 BGB, Rn. 17 f.; BeckOK/*Müller-Engels*, § 2310 BGB, Rn. 8; MüKoBGB/*Lange*, § 2310 BGB, Rn. 8; Staudinger/*Otte*, 2021, § 2310 BGB, Rn. 18; v. Proff, ZEV 2016, 173.

150 Soergel/*Dieckmann*, 13. Aufl., § 2310 BGB, Rn. 3.

Das Auslegungsverständnis zu § 2310 S. 2 BGB ist aus zwei Gründen für den weiteren Fortgang der Untersuchung klärungsbedürftig.

Zum einen führt das oben dargestellte Verständnis der h.M. zu § 2310 S. 2 BGB in Bezug auf den Pflichtteilsverzicht zu einer Erweiterung der Testierfreiheit des Erblassers. Dieses „Mehr" an Testierfreiheit durch den Pflichtteilsverzicht könnte als eine objektiv entgeltliche Gegenleistung qualifiziert werden. Insbesondere *Rheinbay* sieht hierdurch für den Erblasser *„die Möglichkeit eröffnet, in erweitertem Umfang entgeltliche Erbverträge zu schließen"*,[151] da sich die Pflichtteilslast für den Nachlass insoweit verringere. Daraus folgert *Rheinbay*, dass der Pflichtteilsverzicht für den Erblasser einen Vermögenswert hat.[152] Wäre der Pflichtteilsverzicht eine objektiv entgeltliche Gegenleistung, könnte das Kausalgeschäft des entgeltlichen Pflichtteilsverzichts schon aus diesen Gründen nicht als Schenkung typologisiert werden.

Zum anderen ist das Auslegungsverständnis der h.M. zu § 2310 S. 2 BGB ursächlich für Widersprüche hinsichtlich der vertragstypologischen Einordnung des Kausalgeschäfts des entgeltlichen Erb- und Pflichtteilsverzichts. So stellt etwa *Dieckmann* fest, dass „[d]*ie Zählweise für den Erbverzicht (...) aber – auch im Hinblick auf das Ergänzungsrecht – einigermaßen problematisch und wenig ausgewogen* [ist]"[153].

Nach der h.M. ist die Kompensation im Rahmen eines entgeltlichen Erbverzichtsvertrages im Zusammenhang mit den Rückforderungsrechte der §§ 528 ff. BGB einerseits als Schenkung zu typologisieren.[154] Anderseits wird gerade diese Kompensation bei der Frage nach einer Pflichtteilsergänzung nach § 2325 BGB nicht als Schenkung i.S.d. § 2325 BGB eingeordnet.[155] Letzteres wird damit begründet, dass ansonsten die Pflichtteilsberechtigten bei einem entgeltlichen Erbverzicht doppelt profitieren würden: Erstens durch die Erhöhung ihrer Pflichtteilsansprüchen aufgrund des § 2310 S. 2 BGB und zweitens durch die

151 Insgesamt hierzu Rheinbay, Erbverzicht, S. 112.

152 Rheinbay, Erbverzicht, S. 112.

153 Soergel/*Dieckmann*, 13. Aufl., § 2310 BGB, Rn. 3.

154 Statt vieler BGH, Urt. v. 7. Juli 2015 – X ZR 59/13 = BGH, NJW 2016, 324.

155 Statt vieler BGH, Urt. v. 3. Dezember 2008 – IV ZR 58/07 = BGH, NJW 2009, 1143.

Möglichkeit, die Kompensation für den entgeltlichen Erbverzicht im Rahmen eines Pflichtteilsergänzungsanspruchs teilweise zurückzufordern.[156]

Für den Pflichtteilsverzicht wird in der Literatur anerkannt, dass die vorstehende Argumentation zu § 2325 BGB nicht übertragbar ist.[157] Dies liegt an der unterschiedlichen Auslegung des § 2310 S. 2 BGB bei einem Erbverzicht i.w.S. und einem Pflichtteilsverzicht. Wie aber das Kausalgeschäft des entgeltlichen Pflichtteilsverzichts vertragstypologisch einzuordnen ist, ist in der Literatur umstritten.[158] Je nach Ansicht ergeben sich weitere Widersprüche zur Typisierung des Kausalgeschäfts des entgeltlichen Erbverzichts i.w.S. Dies überrascht, da der Pflichtteilsverzicht letztlich ein beschränkter Erbverzicht ist. Konsequenterweise müsste daher die gesetzliche Behandlung der beiden Rechtsinstitute parallel laufen.

Die dargestellten Widersprüchlichkeiten werden zum Anlass genommen, das Auslegungsverständnis der h.M. zu § 2310 S. 2 BGB einer kritischen Würdigung zu unterziehen. Für ein besseres Hintergrundverständnis wird hierfür zunächst die Historie zu § 2310 BGB dargestellt.

1. Historie zu § 2310 BGB

a) Erste Kommission: Verzichtenden stets mitzählen

Anfänglich war geplant, für die Berechnung der individuellen Pflichtteilsquoten auch denjenigen mitzuzählen, der auf sein Erbrecht verzichtet hat.[159] Zwar war dieser Vorschlag innerhalb der ersten Kom-

---

156 BGH, Urt. v. 3. Dezember 2008 – IV ZR 58/07 = BGH, NJW 2009, 1143 (1145).

157 Statt vieler BeckOGK/*A. Schindler*, § 2325 BGB, Rn. 78.

158 Im Überblick MüKoBGB/*Lange*, § 2325 BGB, Rn. 34.

159 Entwurf der ersten Lesung, S. 473 § 1984: „*Bei der Feststellung der Größe des Pflichttheiles werden diejenigen Personen mitgezählt, welche die Erbschaft ausgeschlagen haben oder durch letztwillige Verfügung des Erblassers oder durch Erbverzicht von der Erbfolge ausgeschlossen oder für erbunwürdig erklärt sind.*“; vgl. auch: Jakobs/Schubert, Beratung des BGB – Erbrecht, 2. Teilband, § 2310 BGB, S. 1868;

mission keineswegs unumstritten; allerdings hielt man es für naheliegend, den Erbverzicht ebenso zu behandeln wie die Ausschlagung.[160] Konsequenz dessen wäre gewesen, dass sich durch den Erbverzicht die Testierfreiheit des Erblassers erweitert hätte. Außerdem wäre der Erbverzicht in diesem Fall ebenso wie die Ausschlagung oder die Erbunwürdigkeit behandelt worden.[161]

Des Weiteren wurden bei den Beratungen der ersten Kommission auch die Vorschriften der §§ 2571, 2572 BGB für das Königreich Sachsen erörtert. Diese differenzierten danach, ob für den Erbverzicht eine Abfindung gezahlt wurde oder nicht: Für den Fall, dass eine Abfindung gewährt wurde, ordnete § 2571 sächs. G.B. an, dass der Verzichtende bei der Pflichtteilsberechnung mitzuzählen sei. Für den Fall, dass keine Abfindung gewährt wurde, ordnete § 2572 sächs. G.B. an, dass der Verzichtende nicht mitzuzählen sei. Hintergrund dieser differenzierten Regelung nach sächsischem Recht war die Überlegung, dass der entgeltliche Erbverzicht eine vorweggenommene Erbfolge darstelle und sich der Erblasser durch die Abfindung gewissermaßen Testierfreiheit erkaufe. Aus diesem Grund sollte im Falle einer Abfindung der Verzichtende mitgezählt werden, damit sich die Pflichtteilsquote der übrigen

---

Prot., Bd. V, S. 605, entsprechend des Gedankens der ersten Kommission bei ihrer 626. Sitzung am 31. Januar 1887, S. 10270 der Protokolle der ersten Kommission: *„Bei der Feststellung des Pflichttheiles werden diejenigen Personen mitgezählt, welche von der gesetzlichen Erbfolge in Folge Ausschlagung, Erbverzichtes, Enterbung oder Erbunwürdigkeit ausgeschlossen sind.“*; Mertens, Entstehung der Vorschriften über das Pflichtteilsrecht, S. 107.

160 Mot., Bd. V, S. 404 = Mugdan, Materialien zum BGB, Bd. V, S. 214: *„Zweifel kann der Fall des vertragsmäßigen Erbverzichtes hervorrufen. Am nächsten liegt es jedoch, den vorausgehenden Erbverzicht ebenso zu behandeln, wie die nachfolgende Ausschlagung.“*; ebenso Jakobs/Schubert, Beratung des BGB – Erbrecht, 2. Teilband, § 2310 BGB, S. 1867 mit Verweis auf Prot. I 10195.

161 Hierzu im Ganzen auch Mertens, Entstehung der Vorschriften über das Pflichtteilsrecht, S. 107 f.

Berechtigten gerade nicht erhöhte.[162] Die erste Kommission verwarf diesen Regelungsgedanken jedoch aus Praktikabilitätsgründen.[163]

b) Zweite Kommission

Bei der zweiten Lesung des § 1984 BGB a.F. (jetzt § 2310 BGB) wurden mehrere Änderungsanträge gestellt.[164] Mehrere Anträge wollten im Grundsatz an dem Vorschlag der ersten Kommission, den Verzichtenden mitzuzählen, festhalten, diesen jedoch in verschiedener Weise modifizieren. Ein Modifikationsvorschlag sah vor, dass der Verzichtende nur dann nicht mitzuzählen sei, wenn der Verzicht gegen Gewährung einer Kompensation erfolge. Nach einem anderen Vorschlag sollte der Verzichtende stets mitgezählt werden. Soweit der Verzichtende jedoch eine Kompensationsleistung erhielt, sollte diese dem Nachlass hinzugerechnet werden.[165] Schließlich gab es noch den Antrag, *„der durch Erbverzicht ausgeschlossene, soll nicht mitgezählt werden."*[166]

aa) Keine Gleichbehandlung von Erbverzicht und Ausschlagung

Im Ausgangspunkt widersprach die zweite Kommission zunächst der Grundannahme ihrer Vorgängerin, wonach der Erbverzicht wie die

---

162 v. Proff, ZEV 2016, 173 (176) mit Verweis auf Wengler/Brachmann, Das Bürgerliche Gesetzbuch für das Königreich Sachsen nach den hierzu ergangenen Entscheidungen der Spruchbehörden, Bd. 2, Leipzig, Roßberg'sche Buchhandlung, 1878; angedeutet auch bei Jakobs/Schubert, Beratung des BGB – Erbrecht, 2. Teilband, § 2310 BGB, S. 1867.

163 Mot., Bd. V, S. 404 = Mugdan, Materialien zum BGB, Bd. V, S. 214: *„Würde für den Verzicht gegen Entgelt mit dem sächs. G. B. § 2572 ein Anderes bestimmt, so würde die Einfachheit des Gesetzes gestört und Anlaß gegeben zu Streitigkeiten. (...) Dazu kommt, daß nicht immer feststehen wird, ob ein entgeltlicher Verzicht vorliegt, noch weniger, ob die Gegenleistung eine angemessene ist und in welcher Höhe eine solche versprochen oder erfolgt ist."*

164 Jakobs/Schubert, Beratung des BGB – Erbrecht, 2. Teilband, § 2310 BGB, S. 1870; Mertens, Entstehung der Vorschriften über das Pflichtteilsrecht, S. 107 f.

165 Ebd.

166 Mugdan, Materialien zum BGB, Bd. V, S. 778 = Prot., Bd. V, S. 612.

Ausschlagung zu behandeln sei, „*denn einmal werde beim Erbverzichte (...) der ganze Stamm des Verzichtenden von der Erbfolge ausgeschlossen, während die Ausschlagung oder Ausschließung immer nur Wirkung für die einzelne Persönlichkeit habe, und sodann werde der Verzicht regelmäßig nur gegen Gewährung eine Aequivalents ausgesprochen, das der Verzichtende bereits vorher erhalten habe oder das ihm beim Abschlusse des Vertrags als Abfindung zugebilligt werde.*“[167]

Daraus zog die zweite Kommission den Schluss, „*es würde zu einer Unbilligkeit gegen die anderen Pflichttheilsberechtigten führen, wenn sie sich gefallen lassen müßten, daß einerseits das Vermögen des Erblassers durch die Auszahlung der Abfindung vermindert und doch anderseits die Quote ihres Pflichttheiles so berechnet werde, als wenn der Verzichtende Erbe geblieben wäre.*“[168]

bb) Keine Hinzurechnung der Abfindung zum Nachlass

Zugunsten des Antrags wonach die Abfindung dem Nachlass hinzuzurechnen sei, wurde zwar eingeräumt, dass „*damit ein gerechtes Ergebniß*“[169] herbeigeführt werde. Dennoch verwarf die zweite Kommission diese Lösung unter Praktikabilitätsaspekten, denn „*thatsächlich werde die Feststellung des Betrages der Abfindung häufig zu großen Schwierigkeiten führen. (...) Dies könne leicht zu unangenehmen Streitigkeiten unter den Betheiligten führen.*“[170]

cc) Stets keine Mitzählung bei Erbverzicht

Stattdessen votierte die zweite Kommission dafür, den Verzichtenden bei der Berechnung der Pflichtteilsquote pauschal nicht mitzuzählen, auch wenn „*diese Lösung mitunter zu ungerechten Ergebnissen führen*

---

167 Mugdan, Materialien zum BGB, Bd. V, S. 778 = Prot., Bd. V, S. 612 f.
168 Mugdan, Materialien zum BGB, Bd. V, S. 778 = Prot., Bd. V, S. 613.
169 Ebd.
170 Mugdan, Materialien zum BGB, Bd. V, S. 778 = Prot., Bd. V, S. 613.

könne."[171] Die zweite Kommission nahm dabei an, „*daß in der weitaus größten Zahl von Fällen der Verzichtende ein Aequivalent erhalte oder erhalten habe, das etwa der Größe seines Erbtheils entspreche (...).*"[172] In dieser Lösung sah sie den Vorteil, „*daß die Berechnung der Größe des Pflichttheils eine einfache werde und daß Streitigkeiten und mißliche Prozesse abgeschnitten würden.*"[173]

Zu berücksichtigen ist dabei, dass die zweite Kommission bei ihrer Entscheidung berücksichtigt hat, „*ob durch den Erbverzicht die Testirfreiheit des Erblassers oder das Erbrecht der Familie erweitert werden solle*"[174]. Wie dargelegt entschied sich die zweite Kommission dafür, den auf sein Erbrecht Verzichtenden stets bei der Berechnung der individuellen Pflichtteilsquoten nicht mitzuzählen. Konsequenz dessen ist, dass sich durch den Erbverzicht nicht die Testierfreiheit des Erblassers erweitert, weshalb bis heute die Beratungspraxis von einem Erbverzicht abrät.[175] Da sich die zweite Kommission ausdrücklich mit der Befrage beschäftigt hat, ob durch den Erbverzicht die Testierfreiheit des Erblassers oder das Erbrecht der Familie erweitert werden soll, kann die Entscheidung der zweiten Kommission nur dahingehend verstanden werden, dass der Erbverzicht nicht die Testierfreiheit des Erblassers erweitern soll. Stattdessen stärkte die zweite Kommission das „Erbrecht der Familie", d. h. das Pflichtteilsrecht.

c) Zusammenfassung

Zusammengefasst hat sich die zweite Kommission mit Blick auf das Zusammenspiel von Erbverzicht und Pflichtteilsquote für eine Stärkung des Pflichtteilsrechts und gegen eine Erweiterung der Testierfreiheit des Erblassers entschieden. Diese Entscheidung beruht dabei im Wesentlichen auf zwei Gründen:

---

171 Ebd.; vgl. hierzu auch Mertens, Entstehung der Vorschriften über das Pflichtteilsrecht, S. 108 f.

172 Ebd.

173 Mugdan, Materialien zum BGB, Bd. V, S. 778 = Prot., Bd. V, S. 613.

174 Mugdan, Materialien zum BGB, Bd. V, S. 778 = Prot., Bd. V, S. 612.

175 Vgl. insoweit B.IV.

Zunächst wurde die Vergleichsbetrachtung des Erbverzichts mit der Ausschlagung abgelehnt. Der Erbverzicht habe anders als die Ausschlagung Wirkung für den ganzen Stamm.

An dieser Stelle sei auch nochmal der zugrundeliegende Regelungsgedanke des § 2310 BGB in Erinnerung gerufen, nämlich dass der Erblasser im Zeitpunkt der Errichtung seiner letztwilligen Verfügung wissen soll, mit welchen Pflichtteilsansprüchen sein Nachlass später belastet sein wird.[176] Die Ausschlagung erfolgt jedoch nach dem Erbfall und kann daher dem Erblasser nicht bekannt sein. Der Erbverzicht bedarf hingegen der Mitwirkung des Erblassers und ist diesem daher sehr wohl bekannt. Es ist daher konsequent den Ausschlagenden mitzuzählen, den Verzichtenden hingegen nicht. Auch unter Berücksichtigung des zugrundeliegenden Regelungsgedanken des § 2310 BGB, ist es daher folgerichtig, die Rechtsinstitute der Ausschlagung und des Erbverzichts bei dieser Norm nicht parallel zu behandeln.

Außerdem entschied sich der historische Gesetzgeber gegen die Mitzählung des Verzichtenden, weil dieser für den Verzicht regelmäßig eine Kompensation erhalte und die übrigen Pflichtteilsberechtigten nicht unbillig doppelt belastet werden sollten – mit einem durch die Kompensation geschmälerten Nachlass und einem gleichbleibenden Umfang des Pflichtteilsanspruchs.

2. Meinungsstreit zu § 2310 S. 2 BGB

a) H.M.: § 2310 S. 2 BGB erfasst nicht den Pflichtteilsverzicht

Wie dargestellt, geht die h.M. davon aus, dass § 2310 S. 2 BGB nur den Erbverzicht i.w.S. erfasse, nicht aber den Pflichtteilsverzicht. Als Argument hierfür wird zunächst der Wortlaut der Norm angeführt. Der Pflichtteilsverzicht führe nicht – wie in § 2310 S. 2 BGB vorausgesetzt – dazu, dass der Verzichtende von der *„gesetzlichen Erbfolge ausge-*

176 Mot., Bd. V, S. 404 = Mugdan, Materialien zum BGB, Bd. V, S. 214

schlossen" sei.[177] Auf die Gesetzesmaterialen dürfe nur dann abgestellt werden, wenn der Gesetzestext nicht eindeutig sei.[178] § 2310 S. 2 BGB sei aber „*klar und unmissverständlich*" formuliert.[179]

Für eine Analogie fehle es im Übrigen an der Planwidrigkeit der Regelungslücke. Der historische Gesetzgeber habe für die Berechnung der Pflichtteilsquote bewusst auf die Differenzierung verzichtet, ob eine Kompensation geleistet worden sei oder nicht. Im Übrigen sei dem historischen Gesetzgeber auch der Unterschied zwischen dem Verzicht auf das gesetzliche Erbrecht und dem Pflichtteilsverzicht bewusst gewesen.[180]

Zum Teil wird auch als Argument angeführt, der Pflichtteilsverzicht diene dazu, die Testierfreiheit des Erblassers zu erweitern.[181]

Insbesondere *Schotten*[182] geht außerdem davon aus, dass § 2310 S. 2 BGB keinen eigenen Regelungscharakter habe, sondern „*die logische Konsequenz der in § 2346 Abs. 1 S. 2 BGB angeordneten Vorversterbensfiktion*" sei. Kerngedanke dieser Überlegung ist: „*Da der sachliche Grund für die gesetzliche Regelung in § 2310 S. 2 BGB in der logischen Umsetzung der in § 2346 Abs. 1 S. 2 BGB angeordneten Vorversterbensfiktion liegt, ist es konsequent, diese Norm – in Übereinstimmung mit dem Wortlaut des Gesetzes – nicht anzuwenden, wenn der Verzicht hinsichtlich der Verzichtswirkung so eingeschränkt worden ist, dass die Vorversterbensfiktion nicht greifen kann.*"[183] Dies sei insbesondere bei einem Pflichtteilsverzicht der Fall.

Schließlich führen die Vertreter der h.M. noch ein Praktikabilitätsargument an: Bei einem teilweisen Verzicht auf das gesetzliche Erbrecht beschränkt sich der Verzicht darauf, dass der Verzichtende nur mit einer geringeren als der gesetzlichen Erbquote Erbe werden soll.

---

177 Schotten, RNotZ 2015, 412 (413); v. Proff, ZEV 2016, 173 (174).
178 Schotten, RNotZ 2015, 412 (414).
179 Ebd.
180 v. Proff, ZEV 2016, 173 (176 f.).
181 BeckOK/*Müller-Engels*, § 2310 BGB, Rn. 9; Damrau/Tanck/*Riedel*, § 2310 BGB, Rn. 11; MüKoBGB/*Lange*, § 2310 BGB, Rn. 8.
182 Schotten, RNotZ 2015, 412 (414).
183 Ebd.

Beispiel: Der Verzichtende ist zu einem Viertel als gesetzlicher Erbe berufen. Er verzichtet aber auf sein Erbrecht zu einem Achtel. Trotz dieses Verzichts ist er zu einem Achtel Erbe (Resterbteil). Bei einem beschränkten Pflichtteilsverzicht werde der Verzicht jedoch regelmäßig nicht auf einen ideellen Bruchteil, sondern nur gegenständlich oder auf den Pflichtteilsrestanspruch beschränkt. In diesen Fällen sei es äußert schwierig, teilweise sogar unmöglich, den genauen Wert eines solchen beschränkten Pflichtteilsverzichts zu bestimmen. Die Wertbestimmung sei aber notwendig, da dieser Wert in Relation zum Wert des vollen Pflichtteils gesetzt werden müsse, um die Quote zu berechnen, mit der der Verzichtende zu berücksichtigen sei.[184]

b) Gegenmeinung: § 2310 S. 2 BGB erfasst den Pflichtteilsverzicht

Die Gegenmeinung geht davon aus, dass § 2310 S. 2 BGB auch auf den Pflichtteilsverzicht anwendbar ist.[185] Sie stützt sich zunächst darauf, dass der Erbverzicht, der nach dem Wortlaut des § 2310 S. 2 BGB genannt ist, auch den Pflichtteilsverzicht umfasse. Das Gesetz kenne den Begriff des Pflichtteilsverzichts nicht.[186] Nach der Systematik des Gesetzes ist der Pflichtteilsverzicht ein auf den Pflichtteil beschränkter Erbverzicht, vgl. § 2346 Abs. 2 BGB.

Die Gegenmeinung gesteht ein, dass der Pflichtteilsverzicht entgegen dem Wortlaut des § 2310 S. 2 BGB nicht zur Folge hat, dass der Verzichtende von der gesetzlichen Erbfolge ausgeschlossen ist. Dem begegnet die Gegenmeinung allerdings mit einer analogen Anwendung

184 BeckOGK/*Szalai*, § 2310 BGB, Rn. 16; Schotten, RNotZ 2015, 412 (414).

185 Michalski, BGB-Erbrecht, Rn. 484; in der Folgeauflage wird diese Ansicht nicht mehr vertreten, vgl. Michalski/Schmidt, BGB-Erbrecht, Rn. 536, 628; Rheinbay, Erbverzicht, S. 161 ff.; Staudinger/*Otte*, 2021, § 2310 BGB, Rn. 22.

186 Vgl. hierzu auch Protokolle der ersten Kommission, 633. Sitzung, S. 10407: „*Als technische Bezeichnung für den Erbverzicht empfehle sich der bereits in dem K.f. (§ 1361) gebrauchte, den Vertragscharakter von vornherein kennzeichnende Ausdruck „Erbverzichtsvertrag", während für den Verzicht auf den Pflichttheil ein besonderer technischer Ausdruck kein Bedürfniß sein werde.*"; Jakobs/Schubert, Beratung des BGB – Erbrecht, 2. Teilband, § 2346 BGB, S. 2073.

des Gesetzes.[187] Die für die Analogie notwendige Regelungslücke sieht die Gegenmeinung in der Unklarheit, ob § 2310 S. 2 BGB auch den Pflichtteilsverzicht erfasse. Die Auffassung der h.M., wonach der Wortlaut des § 2310 S. 2 BGB eindeutig sei und keine Regelungslücke erkennen lasse, teilt die Gegenmeinung nicht. Sie geht davon aus, dass der Wortlaut der Norm nur in Bezug auf den Erbverzicht i.w.S. „*klar und unmissverständlich*" sei. Dagegen sei der Wortlaut bereits für den Erbverzicht i.e.S. unklar und missverständlich, denn insoweit bestreite – soweit ersichtlich – niemand, dass der Erbverzicht i.e.S. nicht von § 2310 S. 2 BGB erfasst sein solle. Daher sei auch unklar, wie sich der Wortlaut des § 2310 S. 2 BGB zum Pflichtteilsverzicht verhalte.[188]

Des Weiteren nimmt die Gegenmeinung an, dass die Interessenlage beim Pflichtteilsverzicht vergleichbar sei mit der Interessenlage beim Erbverzicht i.w.S. Der historische Gesetzgeber habe zwar aus Praktikabilitätsgründen darauf verzichtet, eine Kompensation für den Verzicht als Voraussetzung für die Anwendbarkeit des § 2310 S. 2 BGB aufzunehmen. Allerdings sei er dennoch in seinen Erwägungen davon ausgegangen, dass der Verzicht gegen Gewährung einer Kompensation erfolge. Die Überlegung der zweiten Kommission, dass es unbillig gegenüber den übrigen Pflichtteilsberechtigen wäre, wenn der Nachlass durch eine Kompensationsleistung geschmälert werden würde, der für den Pflichtteil maßgebliche Erbteil hingegen unverändert bleibe, treffe auch auf den entgeltlichen Pflichtteilsverzicht zu.[189] Es sei bislang noch nie bestritten worden, dass auch der bloße Pflichtteilsverzicht in der Regel nur gegen eine Ausgleichsleistung erklärt werde.[190] Würde man mit der h.M. den Pflichtteilsverzicht von den Rechtsfolgen des § 2310 S. 2 BGB ausnehmen, billige man damit ein unzulässiges Umgehungsgeschäft.[191]

---

187 Beruhend auf dem Vorschlag von Rheinbay, Erbverzicht, S. 161 ff.

188 Staudinger/*Otte*, 2021, § 2310 BGB, Rn. 22.

189 Rheinbay, Erbverzicht, S. 162 f.; ebenso Staudinger/*Otte*, 2021, § 2310 BGB, Rn. 22.

190 Staudinger/*Otte*, 2021, § 2310 BGB, Rn. 22.

191 Michalski, BGB-Erbrecht, Rn. 484; in der Folgeauflage wird diese Ansicht nicht mehr vertreten, vgl. Michalski/Schmidt, BGB-Erbrecht, Rn. 536, 628.

Die vergleichbare Interessenlage sei daher gegeben, andernfalls liege eine „*bedenkliche Ungleichbehandlung gleichliegender Fälle*“[192] vor.

Schließlich sei die Regelungslücke auch planwidrig. Den Gesetzesmaterialien könne nichts entnommen werden, was auf den Willen des Gesetzgebers hindeute, die Folgen eines Pflichtteilsverzichts anders zu regeln als die Folgen eines Erbverzichts i.w.S. Stattdessen sei es der Wille des historischen Gesetzgebers, dass der Pflichtteilsverzicht „*den gleichen Rechtsnormen unterworfen ist wie der Vertrag über das Erbrecht.*“[193]

Die Notwendigkeit der Differenzierung zwischen einem Erbverzicht i.w.S. und einem Pflichtteilsverzicht im Rahmen des § 2310 S. 2 BGB sieht die Gegenmeinung auch nicht dadurch begründet, dass § 2310 S. 2 BGB auf der Vorversterbensfiktion des § 2346 Abs. 1 S. 2 BGB beruhe, die einen Erbverzicht voraussetze und beim Pflichtteilsverzicht nicht gelte. Die Gegenmeinung hält bereits die Annahme für falsch, § 2310 S. 2 BG basiere auf der Vorversterbensfiktion des § 2346 Abs. 1 S. 2 und diene ausschließlich deren logischer Umsetzung. Zur Begründung führt die Gegenmeinung an, dass die Vorversterbensfiktion nur Auswirkungen auf die Erbfolge, nicht aber auf das Pflichtteilsrecht habe. Dabei bildet die Gegenmeinung eine Parallele zum Fall der Ausschlagung und der Erbunwürdigkeit. Bei beiden Rechtsinstituten wird ebenfalls jeweils die Vorversterbensfiktion angeordnet, vgl. §§ 1953 Abs. 2, 2344 Abs. 2 BGB. In beiden Fällen bleibt dies jedoch ohne Auswirkung auf das Pflichtteilsrecht. Für die Ausschlagung folgt dies aus § 2306 BGB und für die Erbunwürdigkeit aus § 2345 Abs. 2 BGB. Für den Erbverzicht gelte deshalb nichts anderes, was durch den Erbverzicht i.e.S. belegt sei. Insoweit könne nämlich auf das gesetzliche Erbrecht verzichtet werden, wobei der Verzichtende als vorverstorben fingiert würde. Ungeachtet dessen bleibe das Pflichtteilsrecht davon unberührt und könne sich vom Verzichtenden vorbehalten werden.

192 Staudinger/*Otte*, 2021, § 2310 BGB, Rn. 22.
193 Staudinger/*Otte*, 2021, § 2310 BGB, Rn. 22 mit Verweis auf Mot., Bd. V, S. 472 = Mugdan, Materialien zum BGB, Bd. V, S. 252.

Die Ansicht[194], wonach die Vorversterbensfiktion bei einem solchen Verzicht hingegen nicht anwendbar sei, sei unhaltbar. Die Anordnung in § 2346 Abs. 1 S. 2 Hs. 2 BGB, wonach der Verzichtende kein Pflichtteilsrecht hat, enthalte also neben der Anordnung des Ausscheidens aus der gesetzlichen Erbfolge eine eigene Rechtsfolge.[195] Die Rechtsfolge des § 2310 S. 2 BGB basiere daher nicht auf der Vorversterbensfiktion des § 2346 Abs. 1 S. 2 BGB, sondern darauf, dass auf das Pflichtteilsrecht verzichtet werde. Dies sei vom historischen Gesetzgeber verkannt worden und bedürfe daher einer korrigierenden Auslegung.[196]

3. Stellungnahme

Die Gegenmeinung überzeugt. Der Pflichtteilverzicht erweitert nicht die Testierfreiheit des Erblassers. Diese Ansicht beruht auf den folgenden Überlegungen:

a) Widersprüchlichkeit der Argumentation der h.M. mit Blick auf den Erbverzicht i.e.S.

Der Wortlaut des § 2310 S. 2 BGB, wonach nicht mitgezählt werde, „*wer durch Erbverzicht von der gesetzlichen Erbfolge ausgeschlossen ist*“[197], beruht auf einem Fehler des historischen Gesetzgebers, der den regelungssystematischen Zusammenhang hinsichtlich des Pflichtteilsverzichts übersehen hat. Bereits hinsichtlich des Erbverzichts i.e.S. wird deutlich, dass der Wortlaut des § 2310 S. 2 BGB missglückt ist. Unstrittig wird dieser, obwohl er vom Wortlaut des § 2310 S. 2 BGB erfasst ist, nicht unter die Norm subsumiert. Die h.M. verhält sich widersprüchlich, wenn sie einerseits beim Pflichtteilsverzicht von einem klaren und unzweideutigen Wortlaut ausgeht und daher keine Möglichkeit einer

194 Schotten, RNotZ 2015, 412 (415).
195 A.A. Staudinger/*Schotten*, 2022, § 2346 BGB, Rn. 93.
196 Staudinger/*Otte*, 2021, § 2310 BGB, Rn. 22.
197 Unterstreichung nicht im Original.

Analogie sieht,[198] anderseits aber beim Erbverzicht i.e.S. den eigentlich einschlägigen Gesetzeswortlaut des § 2310 S. 2 BGB ignoriert und sich im Wege der Analogie darüber hinwegsetzt.

Widersprüchlich ist auch die Auffassung, der Sachgrund des § 2310 S. 2 BGB sei die konsequente Umsetzung der Vorversterbensfiktion des § 2346 Abs. 1 S. 2 BGB und die Geltung dieser Fiktion sei Voraussetzung für die Anwendung des § 2310 S. 2 BGB. Bei konsequenter Anwendung dieser Ansicht wäre § 2310 S. 2 BGB auf den Erbverzicht i.e.S. nämlich anwendbar. Dies lehnt die h.M. aber gerade ab. Dieser Widerspruch lässt sich auch nicht durch die bloße Behauptung auflösen, die Vorversterbensfiktion sei auf den Erbverzicht i.e.S. nicht anwendbar.[199]

b) § 2310 S. 2 BGB dient nicht bloß der logischen Umsetzung der Vorversterbensfiktion in § 2346 Abs. 1 S. 2 BGB

Im Übrigen ergibt sich aus den Gesetzgebungsmaterialien nichts für die Behauptung, der sachliche Grund des § 2310 S. 2 BGB erschöpfe sich in der folgerichtigen Umsetzung der Vorversterbensfiktion des § 2346 Abs. 1 S. 2 BGB. Ebenso wenig lässt sich den Gesetzesmaterialien entnehmen, dass der Gesetzgeber den Pflichtteilsverzicht bewusst anders regeln wollte als den Erbverzicht.

Richtigerweise bemerkt *Otte*, dass die Gesetzgebungsmaterialien zu § 2310 BGB hinsichtlich der Beschränkungsmöglichkeiten des Erbverzichts sowohl im Hinblick auf den Erbverzicht i.e.S. als auch auf den Pflichtteilsverzicht schweigen.[200] Aus diesem Schweigen lassen sich zunächst kein Rückschluss darauf ziehen, ob der Gesetzgeber schweigt, weil er die Regelung nur für den Erbverzicht i.w.S. gelten lassen will, oder ob er nur deshalb schweigt, weil er die Beschränkungsmöglichkeiten schlicht nicht bedacht hat.[201] Beide Szenarien sind im Ausgang denkbar. Aus der von *von Proff* in Bezug genommenen Textstelle ergibt

198 So etwa v. Proff, ZEV 2016, 173 (174).
199 So aber Schotten, RNotZ 2015, 412 (415).
200 Staudinger/*Otte*, 2021, § 2310 BGB, Rn. 22.
201 Staudinger/*Otte*, 2021, § 2310 BGB, Rn. 22.

sich zwar, dass sich die zweite Kommission in Zusammenhang mit den *Beratungen über den Erbverzicht* der Tatsache bewusst waren, dass dieser auch auf das Pflichtteilsrecht beschränkt werden könne.[202] Daraus lässt sich aber nicht ableiten, dass der historische Gesetzgeber für den Pflichtteilsverzicht eine andere Regelung als für den Erbverzicht i.w.S gewollt hätte. Im Gegenteil, aus den Gesetzgebungsmaterialien folgt, dass der Pflichtteilsverzicht *„den gleichen Regeln unterworfen ist wie der Vertrag über das Erbrecht.“*[203] Hierauf weist *Otte* zurecht hin.[204] Überzeugend ist daher die Feststellung, dass der Gesetzgeber den Pflichtteilsverzicht und den Erbverzicht nicht unterschiedlich regeln wollte.

Im Übrigen wird in den Gesetzesmaterialien die Vorversterbensfiktion des § 2346 Abs. 1 S. 2 BGB an keiner Stelle im Zusammenhang mit § 2310 S. 2 BGB diskutiert. Die Behauptung, der sachliche Grund des § 2310 S. 2 BGB erschöpfe sich darin, die Vorversterbensfiktion des § 2346 Abs. 1 S. 2 BGB logisch umzusetzen,[205] findet daher keine Stütze. Diese Behauptung widerspricht im Übrigen dem tatsächlichen Normzweck des § 2310 S. 2 BGB. Dieser lässt sich ausgehend von den Gesetzgebungsmaterialien wie folgt beschreiben:

Zunächst wurde von der ersten Kommission erwogen, den Verzichtenden mitzuzählen.[206] Die zweite Kommission verwarf diesen Ansatz

---

202 Von Proff, ZEV 2016, 173 (177) mit Verweis auf Mot., Bd. V, S. 472 = Mugdan, Materialien zum BGB, Bd. V, S. 252: *„Der Zweifel kann aufgeworfen werden, ob ein Bedürfniß bestehe, beide Verträge zu unterscheiden. Allein es kann sehr wohl ein Anlaß vorliegen, den Vertrag über das Pflichttheilsrecht allein zu schließen, obschon der Verzicht auf den Pflichttheil allein die Delation nicht ändert. Im Leben kommt es nicht selten vor, daß nur auf das Pflichttheilsrecht verzichtet wird, ohne daß dabei an ein Aufgebot des gesetzlichen Erbrechtes gedacht wird.“*

203 Mot., Bd. V, S. 472 = Mugdan, Materialien zum BGB, Bd. V, S. 252.

204 Staudinger/*Otte*, 2021, § 2310 BGB, Rn. 22.

205 Schotten, RNotZ 2015, 412 (414).

206 Entwurf erste Lesung, S. 473 § 1984: *„Bei der Feststellung der Größe des Pflichttheiles werden diejenigen Personen mitgezählt, welche die Erbschaft ausgeschlagen haben oder durch letztwillige Verfügung des Erblassers oder durch Erbverzicht von der Erbfolge ausgeschlossen oder für erbunwürdig erklärt sind.“* (so auch wiedergegeben in Prot., Bd. V, S. 605), entsprechend des Gedankens der ersten Kommission bei ihrer 626. Sitzung am 31. Januar 1887, S. 10270 der Protokolle der ersten Kommission: *„Bei der Feststellung des Pflichttheiles werden diejenigen*

dann aber, weil der Verzicht nach Ansicht der zweiten Kommission regelmäßig gegen eine Ausgleichsleistung erfolge. Die damit verbundene Unbilligkeit – Reduzierung des Nachlasswertes durch die Kompensationsleistung bei gleichbleibender Beteiligung der übrigen Berechtigten – wollte der historische Gesetzeger vermeiden. Hierbei hat sich der Gesetzgeber zugunsten der Rechtssicherheit und entgegen dem Gerechtigkeitsempfinden für eine pauschalisierende Lösung entschieden, indem der Verzichtende stets nicht mitgezählt werden soll.[207] Der sachliche Grund des § 2310 S. 2 BGB ist es daher, Unbilligkeiten und die Aushöhlung von Pflichtteilsansprüchen zu vermeiden.

Zurecht weist *Otte*[208] darauf hin, dass die h.M. zwar ebenfalls die Notwendigkeit erkennt, diese Unbilligkeit auszugleichen. Allerdings wähle die h.M. hierfür den Weg, die im Rahmen des entgeltlichen Pflichtteilsverzicht gezahlte Kompensation als eine Schenkung i.S.d. § 2325 BGB zu qualifizieren. Dadurch entstehen aber Widersprüchlichkeiten mit Blick auf die vertragstypologische Einordnung des Kausalgeschäfts eines entgeltlichen Erbverzichts. Einerseits wird nach Auffassung der h.M. die Kompensation eines entgeltlichen Erbverzichtsvertrages zumindest im Kontext der Rückforderungsrechte des §§ 528 ff. BGB als Schenkung typologisiert.[209] Anderseits wird eben diese Kompensation bei der Frage nach einer Pflichtteilsergänzung nach § 2325 BGB nicht als Schenkung i.S.d. § 2325 BGB eingeordnet oder jedenfalls eine teleologische Reduktion des § 2325 BGB vertreten.[210] Im Ergebnis wird das Kausalgeschäfts eines entgeltlichen Erbverzichts und eines entgeltlichen Pflichtteilsverzichts von der h.M. daher je nach Kontext unterschiedlich qualifiziert.

Personen mitgezählt, welche von der gesetzlichen Erbfolge in Folge Ausschlagung, Erbverzichtes, Enterbung oder Erbunwürdigkeit ausgeschlossen sind."

207 Mugdan, Materialien zum BGB, Bd. V, Erbrecht, S. 778 = Prot., Bd. V, S. 612 f.

208 Staudinger/*Otte*, 2021, § 2310 BGB, Rn. 25 mit Verweis auf Staudinger/*Herzog*, 2021, § 2325 BGB, Rn. 94 ff.; Staudinger/*Schotten*, 2016, 2346 BGB, Rn. 122 ff.

209 Statt vieler BGH, Urt. v. 7. Juli 2015 – X ZR 59/13 = BGH, NJW 2016, 324.

210 Statt vieler BGH, Urt. v. 3. Dezember 2008 – IV ZR 58/07 = BGH, NJW 2009, 1143.

c) Keine unlösbaren praktischen Schwierigkeiten der Gegenmeinung

Soweit die h.M. anführt, die Gegenmeinung sei mit unlösbaren praktischen Schwierigkeiten konfrontiert, kann dies ebenfalls nicht überzeugen. Zwar kann der These, dass der Pflichtteilsverzicht in der Praxis oftmals gegenständlich beschränkt wird, schwerlich widersprochen werden. Ebenfalls richtig ist aber auch, dass der Umfang des Pflichtteils stets die Hälfte des gesetzlichen Erbteils ist, vgl. § 2303 Abs. 1 S. 2 BGB. Der Umfang des Pflichtteils wird damit durchaus quotal bestimmt. Nicht nachvollzogen werden kann daher die Aussage, es sei erforderlich den Wert des beschränkten Verzichts in Relation zum Wert des vollen Pflichtteils zu setzen und daraus eine Quote zu berechnen.[211] Es besteht keine Notwendigkeit für die Ermittlung einer solchen Quote. Das Pflichtteilsrecht ist schuldrechtlich ausgestaltet, weshalb – anders als bei der Erbfolge – überhaupt ein gegenständlich beschränkter Verzicht möglich ist.[212] Kern des Pflichtteilsrechts ist der Pflichtteilsanspruch gem. § 2317 BGB. Dieser ist ein schuldrechtlicher, auf Geld gerichteter Anspruch. Der Pflichtteilsanspruch ergibt sich aus dem Wert des Nachlasses multipliziert mit der Pflichtteilsquote, wobei letztere gem. § 2303 Abs. 1 S. 2 BGB stets die Hälfte des gesetzlichen Erbteils darstellt. Ein gegenständlicher Pflichtteilsverzicht lässt diese Quote unverändert. Er verändert nur die Zusammensetzung des Nachlasswertes. Die Berechnung des Nachlasswertes kann aber stets Schwierigkeiten bereiten, unabhängig davon, ob ein gegenständlich beschränkter Verzicht vorliegt oder nicht. Die Praxis behilft sich hier mit Wertgutachten nach den IDW-Standards.

Die Pflichtteilsansprüche werden im Fall eines gegenständlich beschränkten Pflichtteilsverzichts individuell berechnet. Dies soll mit dem nachfolgenden Beispiel dargestellt werden. Bzgl. § 2310 S. 2 BGB

---

211 Schotten, RNotZ 2015, 412 (414).

212 BeckOGK/*Everts*, § 2346 BGB, Rn. 79; Staudinger/*Schotten*, 2022, § 2346 BGB, Rn. 74.

wird das Auslegungsverständnis nach Ansicht der Gegenmeinung zugrunde gelegt:

> Mutter (M) hat drei Töchter (T1-T3) und ist nicht verheiratet. Ihr Vermögen setzt sich zusammen aus einem Unternehmen im Wert von EUR 9 Mio. und einem Aktiendepot im Wert von EUR 3 Mio. T1 verzichtet gegenüber M gegenständlich beschränkt hinsichtlich ihres Pflichtteils an den Unternehmensanteilen. Die Pflichtteilsberechtigung von T1-T3 am Nachlass der M ergibt sich wie folgt:
> Der Pflichtteilsanspruch von T1, T2 und T3 in Bezug auf das Aktiendepot beträgt je EUR 500.000 (entspricht einer Pflichtteilsquote von je 1/6), kumuliert also EUR 1.500.000,00. Bezüglich des Unternehmens sind aufgrund des gegenständlich beschränkten Verzichts der T1 nur T2 und T3 berechtigt. Deren Pflichtteilsansprüche sind durch den Verzicht der T1 gewachsen. Sie haben insoweit einen Anspruch in Höhe von jeweils EUR 2.250.000,00 – dies entspricht ihrer Pflichtteilsquote von je ¼, insgesamt also EUR 4.500.000,00. Der Erbe der M ist daher in Summe mit Pflichtteilsansprüchen in Höhe von EUR 6.000.000,00 konfrontiert und damit exakt dem Wert, der sich ohne den gegenständlich beschränkten Pflichtteilsverzicht der T1 ergeben würde. T1 hat dabei einen Pflichtteilsanspruch in Höhe von EUR 500.000,00, während T2 und T3 Pflichtteilsansprüche in Höhe von jeweils EUR 2.750.000,00 geltend machen können.

Für einen Pflichtteilsverzicht, beschränkt auf den Pflichtteilsergänzungsanspruch, ergibt sich unter Abwandlung des vorstehenden Beispiels:

> T1 hat gegenüber M auf die Geltendmachung von Pflichtteilsergänzungsansprüchen verzichtet. M hat EUR 1.500.000,00 unmittelbar vor ihrem Erbfall an ihren Geliebten G schenkweise übertragen und diesen als ihren Alleinerben eingesetzt. Das Vermögen der M zur Zeit des Erbfalls beträgt EUR 3.000.000,00.

Die Pflichtteilsberechtigung der Töchter bei Anwendung des Auslegungsverständnisses entsprechend der Ansicht der Gegenmeinung ergibt:
T1, T2 und T3 können gegenüber G in Bezug auf den Nachlass der M zunächst Pflichtteilsansprüche in Höhe von jeweils EUR 500.000,00 geltend machen. Dies entspricht ihrer Pflichtteilsquote von je 1/6. T2 und T3 können außerdem gegenüber G Pflichtteilsergänzungsansprüche gem. § 2325 BGB geltend machen in Höhe von jeweils EUR 375.000,00. Da T1 diesbezüglich verzichtet hat, besteht die Pflichtteilsberechtigung gem. § 2310 S. 2 BGB bei Anwendung des Auslegungsverständnisses der Gegenmeinung insoweit zu je 1/4. Insgesamt summieren sich die Pflichtteilsansprüche und -ergänzungsansprüche, mit denen G konfrontiert ist, auf EUR 2.250.000,00. Sie entsprechen damit exakt dem Wert, den G ohne den beschränkten Pflichtteilsverzicht der T1 hätte zahlen müssen.

Die von Vertretern der h.M. behaupteten „*erheblichen praktischen Probleme*“[213] können daher nicht nachvollzogen werden.

d) Keine Anhaltspunkte dafür, dass nach dem Willen des historischen Gesetzgebers der Pflichtteilsverzicht die Testierfreiheit des Erblassers erweitern sollte

Kritisch zu betrachten sind schließlich die Versuche der Vertreter der h.M., ihre Ansicht damit zu begründen, dass mit dem Pflichtteilsverzicht eine Erweiterung der Testierfreiheit des Erblassers einhergehen soll.[214]

213 BeckOGK/*Szalai*, § 2310 BGB, Rn. 16.

214 Lt. Staudinger/*Otte*, 2021, § 2310 BGB, Rn. 21 wurde diese Ansicht begründet durch Soergel/*Diekmann*, 11. Aufl., § 2310 BGB, Rn. 11; ebenso BeckOK/*Müller-Engels*, § 2310 BGB, Rn. 9; Damrau/Tanck/*Riedel*, § 2310 BGB, Rn. 11; MüKoBGB/*Lange*, § 2310 BGB, Rn. 8.

Soweit die Vertreter der h.M. davon ausgehen, die Erweiterung der Testierfreiheit sei Normzweck des § 2310 S. 2 BGB, ist dem zu widersprechen.

Bereits die zweite Kommission hat sich in Bezug auf den Erbverzicht gegen eine Ausweitung der Testierfreiheit ausgesprochen. Ausdrücklich erwogen hat diese nämlich, *„ob durch den Erbverzicht die Testierfreiheit des Erblassers oder das Erbrecht der Familie erweitert werden solle“*[215]. Dabei hat sich die zweite Kommission im Ergebnis gegen eine Ausweitung der Testierfreiheit und zugleich für eine Erweiterung des Erbrechts der Familie ausgesprochen. Die Formulierung *„Erbrecht der Familie“* ist als eine ungeschickte Ausdrucksweise des historischen Gesetzgebers zu verstehen, mit der eigentlich das Pflichtteilsrecht gemeint ist. Dafür spricht, dass gerade die Berechnung der Höhe des Pflichtteils Gegenstand des fraglichen Gesetzes ist.

Nicht nur mit dem Erbverzicht, sondern auch mit dem Pflichtteilsverzicht sollte keine Ausweitung der Testierfreiheit verbunden sein. Dafür spricht, dass die zweite Kommission sowohl den Erb- als auch den Pflichtteilsverzicht den gleichen Regeln unterwerfen wollte. Dies ergibt sich zum einen aus der Formulierung: *„Der Zweifel kann aufgeworfen werden, ob ein Bedürfniß bestehe, beide Verträge zu unterscheiden“*[216], und zum anderen aus der Formulierung, wonach es *„jedoch erforderlich* [ist], *auch diesen Vertrag den gleichen Rechtsnormen wie den Vertrag über das gesetzliche Erbrecht zu unterwerfen.“*[217].

Durch § 2310 S. 2 BGB sollte daher nicht die Testierfreiheit, sondern im Gegenteil das Pflichtteilsrecht (*„Erbrecht der Familie“*[218]) erweitert werden.

Die von den Befürwortern der h.M. angeführten Quellen belegen deren Behauptung, dass mit dem Pflichtteilsverzicht eine Erweiterung

215 Mugdan, Materialien zum BGB, Bd. V, Erbrecht, S. 778 = Prot., Bd. V, S. 612.

216 Mot., Bd. V, S. 472 = Mugdan, Materialien zum BGB, Bd. V, S. 252.

217 Mot., Bd. V, S. 472 = Mugdan, Materialien zum BGB, Bd. V, S. 252; Staudinger/*Otte*, 2021, § 2310 BGB, Rn. 22.

218 Mugdan, Materialien zum BGB, Bd. V, S. 778 = Prot., Bd. V, S. 612.

der Testierfreiheit des Erblassers einhergehen soll,[219] im Übrigen entweder überhaupt nicht[220], oder sie beziehen sich auf die Erweiterung der Testierfreiheit durch einen Erbverzicht i.w.S.[221]

Doch auch im Hinblick auf den Erbverzicht i.w.S. ist bereits die Annahme falsch, dass mit diesem eine Erweiterung der Testierfreiheit verbunden sein soll. Der Erbverzicht i.w.S. führt zu keiner Erweiterung der Testierfreiheit im wörtlichen Sinn.[222] Dies belegt exemplarisch das folgende Beispiel:

> Eine Mutter (M) hat zwei Töchter (T1 und T2). Jede Tochter beerbt die M im Erbfall zur Hälfte. Der Pflichtteilsanspruch jeder Tochter beträgt 1/4 des Nachlasswertes. In Summe belaufen sich die Pflichtteilsansprüche also auf die Hälfte des Nachlasswertes. Schließt die M mit T1 nun einen Erbverzicht ab, wächst der Pflichtteilsanspruch von T2 nach unbestrittener Meinung gem. § 2310 S. 2 BGB an. T2 hat in der Folge einen Pflichtteilsanspruch in Höhe der Hälfte des Nachlasswertes. Mit dem Erbverzicht ist also keine Erweiterung der Testierfreiheit der M verbunden. Die Pflichtteilsbelastung beträgt unverändert die Hälfte des Nachlasswertes. Das Recht zu bestimmen, wer die M in welchem Umfang beerben soll, hat sie auch ohne den Erbverzicht.
> Im Übrigen sei noch angemerkt: Möchte M die T1 begünstigen, wird dieses Ziel durch einen Erbverzicht sogar konterkariert. In Folge des Erbverzichts würde der Pflichtteilsanspruch der T2 nämlich wegen § 2310 S. 2 BGB anwachsen. Zwar ließe sich dagegen einwenden, der M stehe es auch frei, mit T2 einen Erbverzicht abzuschließen. Hierdurch könne sie ihr gesamtes Vermögen unter Vernachlässigung von Pflichtteilsansprüchen auf T1 übertragen, was der völligen Testierfreiheit für die M gleichkäme. Dieser Einwand

---

219 BeckOK/*Müller-Engels*, § 2310 BGB, Rn. 9; Damrau/Tanck/*Riedel*, § 2310 BGB, Rn. 11; MüKoBGB/*Lange*, § 2310 BGB, Rn. 8.

220 Soweit etwa der Verweis auf BGH, Urt. v. 17. März 1982 – IV a ZR 27/81 (Frankfurt) = BGH, NJW 1982, 2497 Bezug genommen wird.

221 Mayer, ZEV 2007, 556; Schotten, RNotZ 2015, 412 (414 f.).

222 Ebd.

übersieht jedoch den Umstand, dass die Mitwirkung der T2 für einen solchen Verzicht erforderlich ist. Bei rationalem Verhalten[223] würde T2 ihre Zustimmung davon abhängig machen, dass sie ein Äquivalent für ihren Verzicht erhält. Die Testierfreiheit der M wäre also nur ein – teuer erkaufter – Pyrrhussieg. Dies ist auch konsequent, denn andernfalls ließe sich das Pflichtteilsrecht aushöhlen, was dessen verfassungsrechtlichen Schutz konterkarieren würde.

Der Erbverzicht i.w.S. führt daher – wie aufgezeigt – nicht zu einer Erweiterung der Testierfreiheit. Die These, wonach mit dem Pflichtteilsverzicht eine Erweiterung der Testierfreiheit des Erblassers einhergehen soll, wird durch die angegebenen Quellen ebenfalls nicht gestützt.

Auch mit Blick auf die Rechtsauffassung des BVerfG, wonach das Pflichtteilsrecht *„die grundsätzlich unentziehbare und bedarfsunabhängige wirtschaftliche Mindestbeteiligung der Kinder des Erblassers an dessen Nachlass (...) gewährleistet“*[224], ist es vorzugswürdig, dem Schutz des Pflichtteilsrechts den Vorrang vor der Testierfreiheit im Rahmen des § 2310 S. 2 BGB einzuräumen.

e) Gefahr des Gestaltungsmissbrauchs bei der h.M.

Zwar ist die Frage der Pflichtteilshöhe durch die Entscheidung des BVerfG nicht präjudiziert worden.[225] Aus der Systematik des Pflichtteilsrechts – insbesondere den Ergänzungsansprüchen ergibt sich jedoch, dass der Pflichtteilsanspruch auch nicht dadurch ausgehöhlt werden darf, dass der Nachlasswert anderweitig dezimiert wird. Eben dies wäre aber die Konsequenz des Auslegungsverständnisses der h.M., wie die folgende Abwandlung demonstriert:

In Abwandlung zum vorangegangenen Beispielsfall schließt M mit T1 statt eines Erbverzichts einen Pflichtteilsverzicht ab und gewährt

223 Zu den Grundlagen des Konzepts des homo oeconomicus, Eidenmüller, Effizienz als Rechtsprinzip, S. 22 ff., S. 29 ff.

224 Leitsatz BVerfG, Beschl. v. 19. April 2005 – 1 BvR 1644/00 = BVerfG, NJW 2005, 1561.

225 Hager/*Obergfell*, Vorweggenommene Vermögensübertragung, S. 9 (10 f.).

ihr dafür als Kompensation ein Entgelt. Unter Zugrundelegung des Auslegungsverständnisses der h.M. zu § 2310 S. 2 BGB ergibt sich das folgende Bild:

> Die M hat ein Vermögen von EUR 100.000,00. Sie möchte T1 begünstigen und T2 nach allen Möglichkeiten von der Beteiligung am Nachlass ausschließen. M vereinbart mit T1 daher einen Pflichtteilsverzicht und gewährt dieser dafür ein Entgelt in Höhe von EUR 25.000,00.
>
> Lösung nach der h.M.:
>
> Die Ausgleichszahlung für den Pflichtteilsverzicht der T1 entspricht ihrem rechnerischen Pflichtteilsanspruch und ist daher nicht unbillig hoch. Die Höhe der Zahlung entspricht dem, was eine rational agierende Partei bei vollständiger Transparenz des Nachlasswertes für ihren Verzicht verlangen würde. Der Nachlasswert der M verringert sich durch die Ausgleichszahlung auf EUR 75.000,00. An diesem Nachlasswert könnte T2 einen Pflichtteilsanspruch in Höhe von EUR 18.750,00 – dies entspricht 1/4 des Nachlasswertes – geltend machen. Der Pflichtteilsanspruch der T2 beträgt damit EUR 6.250,00 weniger als T2 ohne das Zusammenwirken von M und T1 erhalten hätte.
>
> Im ersten Moment scheint sich diese Unbilligkeit durch die Geltendmachung von Pflichtteilsergänzungsansprüchen beheben lassen. Nach § 2325 Abs. 1 BGB könnte man auf die Idee kommen, die Kompensation für den Verzicht zurückzufordern. Voraussetzung dafür wäre, dass die Kompensation eine Schenkung darstellt. Unabhängig davon, wie die Kompensationszahlung für den Pflichtteilsverzicht vertragstypologisch eingeordnet werden kann, können Pflichtteilsergänzungsansprüche nur innerhalb von zehn Jahren geltend gemacht werden, vgl. § 2325 Abs. 3 BGB. Bereits innerhalb dieses Zehnjahreszeitraums reduzieren sich die Ergänzungsansprüche jährlich um ein Zehntel. Die Gefährdung des Pflichtteilsrecht besteht daher trotz möglicher Pflichtteilsergänzungsansprüche.
>
> Lösung nach der vorzugswürdigen Gegenmeinung:

> Der Nachlasswert der M beträgt ebenfalls EUR 75.000,00. T2 kann nun aber einen Pflichtteilsanspruch in Höhe von EUR 37.500,00 geltend machen – dies entspricht der Hälfte des Nachlasswertes, weil T1 für die Berechnung der Höhe des Pflichtteilsanspruchs aufgrund ihres Verzichts nicht mitgezählt wird. Der Wert des Pflichtteilsanspruchs übersteigt den ursprünglichen Pflichtteilsanspruch damit um EUR 12.500,00. Diese Lösung ist – anders als beim Auslegungsverständnis der h.M. – nicht dem Vorwurf ausgesetzt, der Pflichtteilsverzicht gegen Vereinbarung einer Ausgleichszahlung zwischen M und T1 sei ein unzulässiger Vertrag zulasten Dritter, konkret zulasten der T2. Zwar geht beim Auslegungsverständnis der Gegenmeinung die Vereinbarung zulasten der T1, diese ist aber selbst unmittelbar Vertragspartei, sodass kein unzulässiger Vertrag zulasten Dritter vorliegt.

Das Ergebnis bei Anwendung des Auslegungsverständnisses der h.M. ließe sich als Erweiterung der Testierfreiheit der M bezeichnen, da sie wirtschaftlich betrachtet mehr Vermögen ihrem Wusch entsprechend auf T1 verlagern kann und die Pflichtteilsansprüche der T2 wirtschaftlich aushöhlt. Ein solches Vorgehen kann jedoch zugleich auch als ein unzulässiger Vertrag zulasten Dritter bezeichnet werden.[226]

Das Auslegungsverständnis der h.M. kann daher durchaus zu Gestaltungsmissbrauch führen, indem statt eines entgeltlichen Erbverzichts i.w.S. ein Pflichtteilsverzicht vereinbart wird. Wird der Pflichtteilsverzicht dann noch mit einem Entziehungstestament (Enterbung des Verzichtenden) kombiniert, entspricht dies faktisch einem Erbverzicht i.w.S. nur ohne die missliebige Rechtsfolge des § 2310 S. 2 BGB. Dies gesteht zum Teil auch die h.M. ein.[227] Richtigerweise ist diese Kombination eine „*bedenkliche Ungleichbehandlung gleichliegender Fälle*“[228], die ein unzulässiges Umgehungsgeschäft[229] darstellt. An dieser

226 Staudinger/*Otte*, 2021, § 2310 BGB, Rn. 21a.
227 Soergel/*Beck*, 14. Aufl., § 2310 BGB, Rn. 11.
228 Staudinger/*Otte*, 2021, § 2310 BGB, Rn. 22.
229 Michalski, BGB-Erbrecht, Rn. 484; in der Folgeauflage wird diese Ansicht nicht mehr vertreten, vgl. Michalski/Schmidt, BGB-Erbrecht, Rn. 536, 628.

Stelle seien die Untersuchungsergebnisse von *Bengel* in Erinnerung gerufen, die befürchten lassen, dass es durchaus Interessenten für eine solche gestaltungsmissbräuchliche Konstellation gibt.[230]

f) Zusammenfassung und Auswirkung

Als Zwischenergebnis kann insoweit festgehalten werden: Mit dem Erbverzicht i.w.S. ist keine Ausweitung der Testierfreiheit verbunden. Es ist allein dem Verständnis der h.M. zu § 2310 S. 2 BGB geschuldet, dass der Pflichtteilsverzicht zu einer Ausweitung der Testierfreiheit führt. Ein Vorrang der Testierfreiheit vor dem Schutz des Pflichtteilsrecht widerspricht dem Willen des historischen Gesetzgebers und ist angesichts der Rechtsansicht des BVerfG zum Pflichtteilsrecht ebenfalls kritisch zu sehen. Im Übrigen ist die h.M. mit dem Widerspruch konfrontiert, dass ein Pflichtteilsverzicht in Kombination mit einem Entziehungstestament die Testierfreiheit des Erblassers erweitern soll, dies aber nicht gelten soll für einen Erbverzicht i.w.S., obwohl dieser faktisch gleich wirkt.

Aus den vorstehenden Gründen verdient die Ansicht von *Otte*, wonach der Pflichtteilsverzicht gleichfalls unter § 2310 S. 2 BGB zu subsumieren ist, den Vorzug. Dies ist im Wege einer Analogie möglich. Zum einen liegt eine planwidrige Regelungslücke vor, weil der Gesetzgeber bei § 2310 S. 2 BGB den regelungssystematischen Zusammenhang hinsichtlich des Pflichtteilsverzichts und des Erbverzichts i.e.S. übersehen hat. So wird die Zählweise in § 2310 S. 2 BGB für den Erbverzicht i.e.S. unstreitig nicht angewendet, obwohl der Verzichtende entsprechend des Wortlauts der Norm *„von der gesetzlichen Erbfolge ausgeschlossen ist.“* Ebenso hat der Gesetzgeber den regelungssystematischen Zusammenhang bezüglich des Pflichtteilsverzichts übersehen. Jedenfalls bleibt es ein Geheimnis der h.M., warum der Wortlaut des § 2310 S. 2 BGB

230 Bengel, MittBayNot 2003, 270 (276 ff.); ausführlich unter B. V.

bzgl. des Pflichtteilsverzichts *„klar und unmissverständlich“*[231] formuliert sein soll, nicht aber bezüglich des Erbverzichts i.e.S.

Zum anderen ist auch die Interessenlage vergleichbar. Sowohl der Erbverzicht i.w.S. als auch der Pflichtteilsverzicht erfolgen regelmäßig nur gegen Gewährung einer Kompensation. Außerdem wirkt ein Pflichtteilsverzicht in Kombination mit einer gewillkürten Enterbung wie ein Erbverzicht i.w.S. Eine abweichende Zählweise für den Pflichtteilsverzicht im Vergleich zum Erbverzicht i.w.S. provoziert nur einen Gestaltungsmissbrauch.

In der Konsequenz gelten damit für den Erbverzicht auch für den Pflichtteilsverzicht die gleichen Regeln, was dem Willen des historischen Gesetzgebers entspricht.[232]

Die Konsequenzen der hier vertretenen Ansicht sind weitreichend. Lehnt man die Erweiterung der Testierfreiheit durch den Pflichtteilsverzicht ab, *„entfiele aus Sicht der gestaltenden Praxis ein wichtiger Vorteil des reinen Pflichtteilsverzichts gegenüber dem umfassenden Erbverzicht“*[233]. Dennoch ist diese Konsequenz rechtspolitisch angezeigt. Andernfalls ließe sich der entgeltliche Pflichtteilsverzicht gestaltungsmissbräuchlich zur Reduzierung von Pflichtteilsansprüchen einsetzen, insbesondere dann, wenn man der von *von Proff* vorgeschlagenen Lösung folgt, wonach die Ausgleichzahlung pflichtteilsergänzungsfest sei.[234] Folgt man der vorzugswürdigen Gegenmeinung ist davon auszugehen, dass die praktische Bedeutung des Pflichtteilsverzichts abnehmen wird. Denkbar ist stattdessen, dass der Erbschaftsvertrag nach § 311b Abs. 5 S. 1 BGB in Kombination mit einem antizipierten Erlassvertrag an Bedeutung gewinnen wird. Die Möglichkeit des antizipierten Erlasses des Pflichtteilsanspruchs wird von der h.L. für zulässig

---

231 Schotten, RNotZ 2015, 412 (414).

232 Mot., Bd. V, S. 472 = Mugdan, Materialien zum BGB, Bd. V, S. 252; Staudinger/*Otte*, 2021, § 2310 BGB, Rn. 22.

233 Lange, ErbR 2017, 305 (310).

234 v. Proff, NJW 2016, 539 (540); ebenso Haegele, BWNotZ 1971, 36 (39); Klingelhöffer, Pflichtteilsrecht, Rn. 596; Theiss/Boger, ZEV 2006, 143 (144 f.).

erachtet.[235] Dabei ist aber zu beachten, dass der Erbschaftsvertrag zwischen den künftigen gesetzlichen Erben und nicht unter Beteiligung des Erblassers geschlossen wird. Soll etwa im unternehmerischen Kontext sichergestellt werden, dass das Unternehmen nicht durch Pflichtteilsansprüche in seiner Existenz bedroht wird, bietet sich die folgende Gestaltung an:

> Der Erblasser wendet dem auserkorenen Nachfolger unter Anordnung der Anrechnung nach § 2315 BGB einen Geldbetrag zu. Der Nachfolger verwendet der Geldbetrag, um mit den übrigen Pflichtteilsberechtigten einen Erbschaftsvertrag nach § 311b Abs. 5 S. 1 BGB zu schließen. Hierbei werden die übrigen Pflichtteilsberechtigten gegenüber dem Nachfolger verpflichtet, entweder auf die Geltendmachung von Pflichtteilsansprüche zu verzichten oder aber diesem ihren Pflichtteilsanspruch abzutreten. Folgt man der h.L. kann für dieses schuldrechtliche Geschäft durch eine antizipierte Abtretung oder einen antizipierten Erlass sogleich die Vollziehung auf den Weg gebracht werden.
> Zwingend ist insoweit, dass der Nachfolger ein gesetzlicher Erbe ist. Soll ein anderer als der gesetzliche Erbe (z.B. eine Stiftung) als Nachfolger installiert werden, muss unter Mitwirkung eines gesetzlichen Erbens ein solcher Erbschaftsvertrag als Vertrag zugunsten Dritter geschlossen werden.

Für die weitere Untersuchung wird davon ausgegangen, dass der Pflichtteilsverzicht unter § 2310 S. 2 BGB zu subsumieren ist. Der Pflichtteilsverzicht führt daher – wie der Erbverzicht i.w.S. – dazu, dass die Pflichtteilsansprüche der übrigen Berechtigten anwachsen.[236]

---

235 BeckOGK/*Schreindorfer*, § 311b BGB, Rn. 438.1; Henssler, RNotZ 2010, 221 (237); Limmer, DNotZ 1998, 927 (929 ff.); MüKoBGB/*Ruhwinkel*, § 311b BGB, Rn. 143 f.; a. A. für den Erbteil BGH, Urt. v. 11. Mai 1988 – Iva ZR 325/86 (Hamm)= BGH, NJW 1988, 2726.

236 Ebenso Staudinger/*Otte*, 2021, § 2310 BGB, Rn. 20 ff; a. A. ohne Begründung BGH, Urt. v. 17. März 1982 – IV a ZR 27/81 (Frankfurt) = BGH, NJW 1982, 2497; BeckOGK/*Szalai*, § 2310 BGB, Rn. 16.; Burandt/Rojahn/*Horn*, § 2310 BGB, Rn. 17; DNotI-Report 2019, 83 f.; Schotten, RNotZ 2015, 412 (413 f.); v. Proff, ZEV 2016, 173.

Die Testierfreiheit des Erblassers erweitert sich durch den Pflichtteilsverzicht entsprechend der Vorstellung des historischen Gesetzgebers nicht.[237] Damit wird das Pflichtteilsrecht in Übereinstimmung mit der Rechtsansicht des BVerfG[238] vor einer Aushöhlung geschützt. Für die weitere Untersuchung hat dieses Auslegungsverständnis schon jetzt zur Folge, dass der Pflichtteilsverzicht keine objektiv entgeltliche Gegenleistung sein kann. Die Typologisierung des Kausalgeschäfts des entgeltlichen Pflichtteilsverzichts als eine Schenkung kann daher nicht bereits aus diesem Grund abgelehnt werden.

237 Mugdan, Materialien zum BGB, Bd. V, Erbrecht, S. 778 = Prot., Bd. V, S. 612.

238 Leitsatz BVerfG, Beschl. v. 19. April 2005 – 1 BvR 1644/00 = BVerfG, NJW 2005, 1561.

C. Notwendigkeit eines Kausalgeschäfts

Denklogische Voraussetzung für die Erörterung der vertragstypologischen Einordnung des Kausalgeschäfts eines isolierten, entgeltlichen Pflichtteilsverzichts ist, dass dem Pflichtteilsverzicht nach § 2346 Abs. 2 BGB überhaupt ein solches Kausalgeschäft zugrunde liegt.

Da das BGB keine allgemeine Verzichtslehre enthält, kann auf eine solche bezüglich der Frage nach der Notwendigkeit eines Kausalgeschäfts für einen Erb- bzw. Pflichtteilsverzicht nicht zurückgegriffen werden.[239] Es wurde bereits aufgezeigt, dass jedenfalls in den Fällen des § 814 BGB kein Kausalgeschäft erforderlich ist.[240] Aus den fragmentarischen Regelungen zu den unterschiedlichen Verzichten im BGB lassen sich jedoch keine allgemeinen Rückschlüsse ziehen. Stattdessen bedarf es einer konkreten Untersuchung des jeweiligen Verzichts.

Aus dem Wortlaut des § 2346 BGB lassen sich gleichfalls keine Rückschlüsse auf die Notwendigkeit eines Kausalgeschäfts ziehen.[241]

I. Früher h.M.: Kein Kausalgeschäft

Vertreter der früheren h.M. bezweifelten die Notwendigkeit eines Kausalgeschäfts für den Erb- und Pflichtteilsverzicht.[242] Sie waren der Ansicht, dass sowohl der Erb- als auch der Pflichtteilsverzicht ausschließlich Verfügungscharakter habe, seine Rechtfertigung somit in

239 Vgl. Kapitel B.II.

240 BeckOGK/*Wolber*, § 397 BGB, Rn. 12.

241 So auch Keim, Zuwendungsausgleich durch Erbverzicht, 1979, S. 20.

242 Planck/*Greiff*, Bürgerliches Gesetzbuch, Vorbem. zu § 2346, Anm. 4; Meyer, FS Enneccerus, VI S. 1 (9 f.); Löwenstein-Wertheim-Rosenberg, Erbverzicht und Abfindungsvertrag, S. 39; Walsmann, Der Verzicht, S. 297; Woesch, Der Erbverzicht, S. 18.

sich selbst trage und daher keiner *causa* bedürfen.[243] Von dieser Sichtweise sei auch der historische Gesetzgeber anfänglich ausgegangen.[244] Zuletzt wurde diese Ansicht nur noch von *Keim*[245], *Kornexl*[246] und *von Lübtow*[247] vertreten. Letzterer ist etwa der Ansicht, dass der Zweck des Erbverzichts, die sofortige Beseitigung des gesetzlichen Erbrechts, bereits durch den Inhalt des Geschäfts bestimmt sei. Der Erbverzicht könne daher kein besonderes Kausalgeschäft haben. Weiter wird ausgeführt: „(...) *es sei möglich, daß sich der Verzichtende zum Abschluß eines Erbverzichtsvertrages verpflichtet. Ein solches Rechtsgeschäft stellt aber keinen Rechtsgrundvertrag, sondern einen nach § 305 BGB* [a. F.] *zulässigen Vorvertrag dar, aus dem auf Abgabe der Erbverzichtserklärung geklagt werden kann (vgl. § 894 ZPO).*“[248] *Kornexl* wiederum formuliert, dass der Erbverzicht kein abstraktes Verfügungsgeschäft sein könne, denn dem Verzichtende stehe vor dem Erbfall kein subjektives Anwartschaftsrecht zu, auf welches durch den Verzicht unmittelbar eingewirkt werde. Einer Verfügung fehle daher das (Verfügungs-)Objekt.[249] Nach seiner Ansicht sei der Erbverzicht stattdessen eine „*negative Geltungsanordnung*“.[250]

243 Ebd.
244 Mot., Bd. V, S. 471 = Mugdan, Materialien zum BGB, Bd. V, S. 251.
245 Keim, Zuwendungsausgleich durch Erbverzicht, 1979, S. 20 ff.
246 Kornexl, Der Zuwendungsverzicht, Rn. 17 ff, 217 ff.
247 v. Lübtow, Erbrecht Bd. I, S.533 f.
248 Ebd.
249 Kornexl, Der Zuwendungsverzicht, Rn. 18, 86.
250 Ebd. Rn. 19, 86, 225 ff

II. Gegenauffassung: Notwendigkeit eines Kausalgeschäfts

Die frühere h.M. wird man heute jedoch – nicht zuletzt wegen der entsprechenden höchstrichterlichen Urteile für den Erbverzicht[251] – als überholt ansehen müssen.[252]

1. Historisches Argument

Zunächst ist dem Argument entgegenzutreten, wonach der historische Gesetzgeber davon ausgegangen sei, dass der Erb- und Pflichtteilsverzicht seine Rechtfertigung in sich selbst trage. In seinem ersten Entwurf hatte der historische Gesetzgeber den Erb- und Pflichtteilsverzicht noch als eine Art letztwillige Verfügung angesehen. Im weiteren Verlauf konkurrierte diese Idee mit der Vorstellung, die dogmatische Konstruktion werde durch den Verzicht bestimmt. Eine abschließende Entscheidung zwischen diesen beiden Ansichten traf der historische Gesetzgeber nicht.[253] Er war sich damit der Lückenhaftigkeit seiner dogmatischen Konstruktion bewusst, überließ es jedoch der weiteren Rechtsentwicklung, die „*Konstruktion*" zum Erb- und Pflichtteilsverzicht auszugestalten.[254] Aus der Historie ergibt sich daher nicht, der historische Gesetzgeber sei von einer bestimmten „Sichtweise" ausgegangen. Stattdessen hat er sich über die Notwendigkeit eines Kausal-

251 Noch offengelassen in BGH, Urteil vom 4. Juli 1962 – V ZR 14/61 (Düsseldorf) = BGH NJW 1962, 1910 (1912) „*Zu erwägen ist aber auch die Möglichkeit, daß dem Erbverzicht und der Abfindung als abstrakten Verfügungsgeschäften ein kausales Rechtsgeschäftsgeschäft zugrunde liegt*"; bejahend in BGH NJW 1997, 653 „*Hinter dem abstrakten erbrechtlichen Verfügungsvertrag des Erbverzichts steht in der Regel ein kausaler schuldrechtlicher Abfindungsvertrag. Der Senat folgt insoweit der inzwischen herrschend gewordenen Meinung, die ebenfalls die Möglichkeit eines solchen Grundgeschäfts bejaht*"; zuletzt BGH, Urt. v. 7. Dezember 2011 – IV ZR 16/11 (OLG Stuttgart) = BGH NJW-RR 2012, 332 (333).

252 Statt vieler bereits Schotten, DNotZ 1998, 163; v. Proff, DNotZ 2017, 84 f.

253 Mugdan, Materialien zum BGB, Bd. V, S. 826 = Prot., Bd. V, S. 599.

254 Ebd.

geschäfts für den Pflichtteilsverzichtvertrag schlicht keine Gedanken gemacht.[255]

2. Vergleichsbetrachtung zur Handschenkung

Es mag in der Praxis zu einem zeitlichen Zusammenfall von *causa* und Verfügung beim Erb- und Pflichtteilsverzicht kommen.[256] Daraus den Schluss abzuleiten, der Verzicht trage seine Rechtfertigung in sich selbst, geht jedoch fehl.[257] In gewisser Weise ist die Situation mit der Handschenkung gem. § 516 Abs. 1 BGB vergleichbar.[258] Bei dieser hat der Gesetzgeber – wie auch beim Erb- und Pflichtteilsverzicht – den Verfügungscharakter in den Vordergrund gerückt. Nichtsdestotrotz bedarf es auch hier eines schuldrechtlichen Kausalgeschäfts.[259] Allein der Umstand, dass das Kausalgeschäft und das Verfügungsgeschäft *uno actu* vollzogen werden, ändert nichts daran, dass es sich um zwei separate Rechtsgeschäfte handelt. Dies gilt für den Erb- und Pflichtteilsverzicht ebenso wie für die Handschenkung.

3. Erb- und Pflichtteilsverzicht als Verfügungsgeschäft

Schließlich ist für den Erbverzicht anerkannt, dass dieser ein abstraktes Rechtsgeschäft unter Lebenden auf den Todesfall mit dinglicher Wir-

255 So auch v. Proff, DNotZ 2017, 84.

256 BeckOGK/*Everts*, § 2346 BGB, Rn. 31.

257 Ebd.

258 Ähnlich Kupka-Göll, Erbverzicht und Abfindung bei Störung der vorweggenommenen Erbfolge, S. 24 wobei der Vergleich mit einer Grundstücksübertragung wenig nachvollziehbar ist.

259 BeckOGK/*Harke*, § 516 BGB, Rn. 9; *Lorenz*, JuS 2009, 489 (490); MüKoBGB/*Koch*, § 516 BGB, Rn. 14.

kung ist.[260] Diese Einordnung ist zutreffend.[261] Kritik, wonach der Verfügung das Objekt fehle, ist zurückzuweisen.[262] Gegenstand des Erbverzichts ist die prämortale Rechtsposition, die durch die gesetzliche Anordnung in §§ 1924 ff., 1931 BGB und aufgrund von familiärer Verbundenheit geschaffen wird. Bestätigt wird die Existenz dieser Rechtsposition durch §§ 311b Abs. 5 und 1851 Nr. 2 BGB.[263] Der Erbverzicht hebt diese gesetzliche Rechtsposition auf, sodass die subjektive Erbenstellung nicht mehr zur Entstehung gelangen kann.[264] Die Aufhebung einer Rechtsposition stellt per Definition ein Verfügungsgeschäft dar.[265]

Die Einordnung des Erbverzichts als Verfügungsgeschäft gilt im Übrigen erst recht für den Pflichtteilsverzicht.

Das Pflichtteilsrecht ist ein konkretes Rechtsverhältnis zwischen dem Pflichtteilsberechtigten und dem Erblasser.[266] Es wird abgeleitet aus Art. 14 Abs. 1 S. 1 i. V. m. Art. 6 Abs. 1 GG[267] und ist in §§ 2303 ff. BGB einfachgesetzlich konkretisiert. Das Pflichtteilsrecht

260 Ohne weitere Differenzierung für den Erb- und den Pflichtteilsverzichtsvertrag BGH Urt. v. 7. Dezember 2011 – IV ZR 16/11 = BGH, NJW-RR 2012, 332 (333); BGH Besch. v. 29.11.1996 – BLw 16/96, NJW 1997, 653; BGH Urt. v. 4. Juli 1962 – V ZR 14/61 = BGH, NJW 1962, 1910 (1912); BeckOGK/*Everts*, § 2346 BGB, Rn. 3 f; BeckOK/*Litzenburger*, § 2346 BGB, Rn. 2 und 33; Burandt/Rojahn/*Große-Boymann*, § 2346 BGB, Rn. 3.

261 Vgl. hierzu bereits A.II.1.

262 Kornexl, Der Zuwendungsverzicht, 1998, Rn. 18 und 86.

263 Metzler, Ausschlagung und Erbverzicht in der dogmatischen Analyse, S. 128 ff. und 154 f. der sich umfassend mit dem Gegenstand des Verzichts auseinandersetzt.

264 BeckOGK/*Everts*, § 2346 BGB, Rn. 3.

265 BGH Urt. v. 7. Dezember 2011 – IV ZR 16/11 = BGH, NJW-RR 2012, 332 (333); BGH Urt. v. 4. Juli 1962 – V ZR 14/61 = BGH, NJW 1962, 1910 (1912); BeckOGK/*Everts*, § 2346 BGB, Rn. 3 f.; MüKoBGB/*Wegerhoff*, § 2346 BGB, Rn. 2; ebenso Staudinger/*Schotten*, 2022, Einl. zu §§ 2346 ff., Rn. 15; a. A. Kornexl, Der Zuwendungsverzicht, Rn. 86.

266 BGH, Urt. v. 1. März 1974 – IV ZR 58/72 (Karlsruhe/Freiburg) = BGH, NJW 1974, 1084; BGH, Urt. v. 1. Oktober 1958 – V ZR 53/58 (München) = BGH, NJW 1958, 1964, (1965); BeckOGK/*Obergfell*, § 2303 BGB, Rn. 18; Burandt/Rojahn/*Horn*, § 2303 BGB, Rn. 15; Lange/Kuchinke, Erbrecht, S. 870 f.; MüKoBGB/*Lange*, § 2303 BGB, Rn. 16; a. A. Gierse, Die Abschlussmöglichkeiten des Erb- und Pflichtteilsverzicht nach dem Tode des Erblassers, S. 64.

267 BVerfG, Beschl. v. 19. April 2005 – 1 BvR 1644/00 u. 1 BvR 188/03 = ZEV 2005, 301.

entsteht automatisch mit der Pflichtteilsberechtigung und kann daher als gesetzliches Rechtsverhältnis qualifiziert werden. Die Pflichtteilsberechtigung ist zurückzuführen auf die besonders engen familiären Banden des Berechtigten zum Erblasser, die durch § 2303 Abs. 1, Abs. 2 BGB kodifiziert sind. Anders als die Position des zukünftigen gesetzlichen Erben, die einseitig durch den Erblasser entzogen werden kann, kann das Pflichtteilsrecht nur unter den strengen Voraussetzungen des § 2333 BGB entzogen werden. Die Aufhebung des Pflichtteilsrechts ist per Definition ein Verfügungsgeschäft. Um kondiktionsfest zu sein, bedarf er regelmäßig eines Kausalgeschäfts.[268]

4. Vergleichsbetrachtung zum Aufhebungsvertrag

Ein Vergleich mit dem Aufhebungsvertrag bestätigt diese Ansicht. Durch den Aufhebungsvertrag wird ein Schuldverhältnis i.w.S. aufgehoben, wobei der Aufhebungsvertrag als ein abstraktes Rechtsgeschäft qualifiziert wird.[269] Diesem liegt regelmäßig ein Kausalgeschäft zugrunde, um kondiktionsfest zu sein. Die Situation beim Pflichtteilsverzicht ist vergleichbar, denn dieser hebt das Pflichtteilsrecht im Ganzen auf. Das Pflichtteilsrecht ist ein zu Lebzeiten zwischen dem Erblasser und den Pflichtteilsberechtigten begründetes Rechtsverhältnis.[270] Dieses Rechtsverhältnis entfaltet bereits zu Lebzeiten des Erblassers rechtliche Wirkung.[271] Die Aufhebung dieses Rechtsverhältnisses ist ein

268 Lange, ErbR 2017, 305 f. m. w. N.; Grüneberg/*Weidlich*, § 2346 BGB, Rn. 6; v. Proff, NJW 2016, 539 (540); ebd., DNotZ 2017, 84 (85); Staudinger/*Schotten*, 2022, § 2346 BGB, Rn. 115 m. w. N.

269 MüKoBGB/*Emmerich*, § 311 BGB, Rn. 20.

270 BGH, Urt. v. 1. März 1974 – IV ZR 58/72 (Karlsruhe/Freiburg) = BGH, NJW 1974, 1084; BGH, Urt. v. 1. Oktober 1958 – V ZR 53/58 (München) = BGH, NJW 1958, 1964, (1965); BeckOGK/*Obergfell*, § 2303 BGB, Rn. 18; Burandt/Rojahn/*Horn*, § 2303 BGB, Rn. 15; Lange/Kuchinke, Erbrecht, S. 870 f.; MüKoBGB/*Lange*, § 2303 BGB, Rn. 16; a. A. Gierse, Die Abschlussmöglichkeiten des Erb- und Pflichtteilsverzicht nach dem Tode des Erblassers, S. 64.

271 BGH, Urt. v. 1. Oktober 1958 – V ZR 53/58 (München) = BGH, NJW 1958, 1964 (1965); Burandt/Rojahn/*Horn*, § 2303 BGB, Rn. 15.

abstraktes Verfügungsgeschäft, das – wie auch der Aufhebungsvertrag – regelmäßig eines Kausalgeschäfts bedarf, um kondiktionsfest zu sein.

5. Vergleichsbetrachtung zum Ehevertrag

Namentlich *Kornexl* kritisiert die Einordnung des Erbverzichts als Verfügungsgeschäft auch mit dem Argument einer Parallelbetrachtung zum Ehevertrag.[272] Durch einen Ehevertrag könne der Versorgungsausgleich und der nacheheliche Unterhalt ausgeschlossen werden, ohne dass für den Ehevertrag diskutiert werde, ob seine *causa* in einer gesonderten, auf Abschluss des Ehevertrages gerichteten Verpflichtung zu suchen sei. *Kornexl* sieht dies als Beleg für seine These, dass der Erbverzicht eine negative Geltungsanordnung und kein Verfügungsgeschäft sei.[273]

In der Rechtsprechung und der Lehre ist jedoch anerkannt, dass der Ehevertrag sowohl verfügenden als auch verpflichtenden Charakter haben kann.[274] Verpflichtungs- und Verfügungsgeschäft können durch den Ehevertrag daher *uno actu* zusammengefasst werden. Im Zusammenhang mit der Handschenkung (§ 516 BGB) wurde bereits erörtert, dass allein aus dem Umstand, dass Verpflichtungs- und Verfügungsgeschäft *uno actu* zusammenfallen, nicht geschlossen werden kann, dass es sich um ein und nicht um zwei getrennte Rechtsgeschäfte handelt. Zwar ist zuzugeben ist, dass das Kausalgeschäft eines verfügenden Ehevertrages, soweit ersichtlich, bisher nicht diskutiert wurde. Nur weil die Diskussion bisher jedoch unterblieben ist, rechtfertigt dies aber nicht den Schluss, dass einem verfügenden Ehevertrag kein Kausalgeschäft zugrunde liegt. Oftmals kommt insoweit ein familienrechtliches Rechtsgeschäft *sui generis* bzw. ein schuldrechtlicher Ehevertrag als Kausalgeschäft in Betracht.

---

272 Kornexl, Der Zuwendungsverzicht, Rn. 241.
273 Ebd.
274 Soergel/*Gaul/Althammer*, 13. Aufl., § 1408 BGB, Rn. 2 m. w. N.

III. Zusammenfassung

Zusammengefasst lässt sich in Bezug auf die Notwendigkeit des Kausalgeschäfts bei einem entgeltlichen Pflichtteilsverzicht festhalten: Der Wortlaut des § 2346 BGB ist ebenso unergiebig wie die historische Auslegung. Für die Notwendigkeit eines Kausalgeschäfts spricht aber die Systematik des BGB. Demnach ist die Aufhebung eines Schuldverhältnisses i.w.S. ein abstraktes Verfügungsgeschäft. Nach der Konditionslehre liegt einem Verfügungsgeschäft ein Kausalgeschäft zugrunde. Die Annahme eines Verfügungsgeschäfts, das seinen Rechtsgrund in sich selbst trägt, ist dem BGB dagegen fremd. Diese Annahme lässt sich auch nicht auf den bloß zeitlichen Zusammenfall bzw. der Zusammenfassung mehrerer Rechtsgeschäfte stützen. Parallelbetrachtungen zur Handschenkung und zum Aufhebungsvertrag stützen die Ansicht, dass dem entgeltlichen Pflichtteilsverzicht ein Kausalgeschäft als Rechtsgrund zugrunde liegt.

D. Rechtsprechungsentwicklung des BGH zum entgeltlichen Erb- und Pflichtteilsverzicht

Im Folgenden wird die Rechtssprechungsentwicklung des BGH zum entgeltlichen Erb- und Pflichtteilsverzicht nachgezeichnet, soweit sich daraus Rückschlüsse auf die vertragstypologische Einordnung des zugrundeliegenden Rechtsgeschäfts ziehen lassen.

I. Ausgangspunkt: differenzierte Betrachtungsweise

Zunächst ging der BGH in seiner Entscheidung aus dem Jahr 1985 hinsichtlich der vertragstypologischen Einordnung des Kausalgeschäfts eines entgeltlichen Erbverzichts i.w.S. bzw. eines Pflichtteilsverzichts von einer differenzierten Betrachtungsweise aus.[275]

1. Die Entscheidung

Verkürzt lässt sich der Sachverhalt der Entscheidung wie folgt darstellen:

Der Erblasser übertrug an die Klägerin – seine leibliche Tochter – im Wege der vorweggenommenen Erbfolge GmbH-Geschäftsanteile, vier Grundstücke und ein Erbbaurecht (zusammen nachfolgend hier die „Ausgleichsleistungen“ genannt). Die Klägerin verpflichtete sich ihrerseits zu Gegenleistungen, die im Urteil nicht näher bezeichnet werden. Sie erklärte außerdem, dass sie nach Durchführung des Vertrages wegen aller zukünftiger Erb- und Pflichtteilsansprüche gegenüber ihrem Vater befriedigt sei. Die Beklagten, die Kinder des Erblassers

275 BGH, Urt. v. 8. Juli 1985 – II ZR 150/84 = BGH, NJW 1986, 127.

aus erster Ehe und dessen zweite Ehefrau, begehrten zur Geltendmachung möglicher Pflichtteilsergänzungsansprüche widerklagend Auskunft über den Wert der Ausgleichsleistungen, die die Klägerin erhalten hatte.

In diesem Zusammenhang setzte sich der BGH mit der Frage auseinander, ob Anhaltspunkte für Pflichtteilsergänzungsansprüche (§§ 2325 ff. BGB) der Beklagten bestehen, die den geltend gemachten Auskunftsanspruch rechtfertigen könnten. Anknüpfungspunkt für etwaige Ansprüche nach §§ 2325 ff. BGB war, nach Auffassung des BGH, die von der Klägerin vereinnahmten Ausgleichsleistungen. Voraussetzung dafür war, dass diese der Klägerin schenkweise zugewendet worden waren. Der BGH prüfte daher, ob die erhaltenen Ausgleichsleistungen als unentgeltlich zu qualifizieren waren oder ob sie eine Gegenleistung für den Erb- und Pflichtteilsverzicht darstellten.[276]

Hierbei stellte der BGH zunächst fest, dass die Frage, „*ob ein solcher Verzicht als Gegenleistung anzusehen ist, die dem Geschäft den Schenkungscharakter nimmt*", im Schrifttum umstritten sei. Weiter führte er aus, dass diese Frage bisher von der Rechtsprechung noch nicht entschieden sei und auch diesem Urteil keiner abschließenden Entscheidung bedürfe.[277] Dies begründete der BGH damit, dass „*nach dem Vorbringen der Parteien (…) davon auszugehen* [ist], *daß die Klägerin aufgrund der beiden Verträge (…) vom Erblasser mehr erhalten hat, als ihr aufgrund ihres Pflichtteilsrechts zugestanden hätte. Die Zuwendung des Erblassers müßte deshalb jedenfalls in Höhe dieses Mehrbetrages der Pflichtteilsergänzung unterliegen. Denn wollte man in diesen Fällen Zuwendungen im Rahmen eines Erb- oder Pflichtteilsverzicht ohne Einschränkung als nicht ergänzungsbedürftig ansehen, so würden dadurch in Widerspruch zum Sinn und Zweck des § 2325 BGB die gesetzlichen Ansprüche der Pflichtteilsberechtigten ohne Rechtfertigung verkürzt.*"[278]

276 Vgl. BGH, Urt. v. 8. Juli 1985 – II ZR 150/84 = BGH NJW 1986, 127 (129).
277 BGH, Urt. v. 8. Juli 1985 – II ZR 150/84 = BGH NJW 1986, 127 (129).
278 Ebd.

2. Diskussion und Einordnung

Grundsätzlich ging der BGH in dieser Entscheidung davon aus, dass Ausgleichsleistungen, jedenfalls soweit sie den Pflichtteil übersteigen, als „unentgeltlich" zu qualifizieren sind. Folglich stellt der Erbverzicht insoweit keine Gegenleistung für die Ausgleichsleistungen dar. Zu der Frage, ob Ausgleichsleistungen für einen Pflichtteilsverzicht bis zur Höhe des Pflichtteils als „entgeltlich" zu qualifizieren sind, kann dem Urteil keine explizite Aussage entnommen werden. Würden sie als entgeltlich qualifiziert, käme eine Schenkung als Kausalgeschäft nicht in Betracht.

Obwohl Gegenstand der Entscheidung ein Erbverzicht i.w.S. war, stellte der BGH bei seiner Begründung auf das Pflichtteilsrecht ab, indem er damit argumentiert, *„daß die Klägerin aufgrund der beiden Verträge (...) vom Erblasser mehr erhalten hat, als ihr aufgrund ihres Pflichtteilsrechts zugestanden hätte."*[279] Mit dieser Begründung verschließt sich der BGH jedenfalls nicht dem Ansatz, dass zwischen dem Kausalgeschäft eines entgeltlichen Pflichtteilsverzicht und eines entgeltlichen Erbverzicht i.w.S. zu unterscheiden ist. Von Vertretern in der Literatur[280] wurde bereits früh der Gedanke einer solchen differenzierten Sichtweise entwickelt. Demnach sollte eine Ausgleichszahlung, soweit sie im Austausch für einen Pflichtteilsverzicht geleistet wird, als eine „entgeltliche" Gegenleistung qualifiziert werden. Soweit die Ausgleichszahlung dagegen über den Pflichtteilsbetrag hinausgeht, sollte sie als „unentgeltliche" Schenkung qualifiziert werden.

Vermutlich ließ sich der BGH bei seiner Argumentation von dem Motiv leiten, eine Aushöhlung des Pflichtteilsrecht zu vermeiden, da eine solche Aushöhlung nach BGH-Ansicht im Widerspruch zu Sinn und Zweck des § 2325 BGB stehen würde.[281] Diese Argumentation des

279 Ebd.

280 *Haegele*, BWNotZ 1971, 36 (39); Soergel/*Damrau*, 13. Aufl., § 2346 BGB, Rn. 3; a. A. bereits Speckmann, NJW 1970, 117 (119 f.); Soergel/*Najdecki*, 14. Aufl., § 2346 BGB, Rn. 3.

281 BGH, Urt. v. 8. Juli 1985 – II ZR 150/84 = BGH NJW 1986, 127 (129): *„Denn wollte man in diesen Fällen Zuwendungen im Rahmen eines Erb- oder Pflichtteilsverzicht*

BGH war jedoch zu stark ergebnismotiviert und übersah die Rechtswirkung des § 2310 S. 2 BGB. Bei einem Erbverzicht i.w.S. erhöhen sich aufgrund des § 2310 S. 2 BGB unstreitig die Pflichtteilsquote der übrigen Pflichtteilsberechtigten. Spricht man den Pflichtteilsberechtigten dann auch noch einen Pflichtteilsergänzungsanspruch für die Ausgleichsleistungen des Erblassers nach § 2325 BGB zu, profitieren die Pflichtteilsberechtigten im Ergebnis doppelt: Zum einen durch die erhöhte Pflichtteilsquote, zum anderen durch den Pflichtteilsergänzungsanspruch. Der verfassungsrechtlich gebotene Schutz der Pflichtteilsberechtigten wäre überschießend umgesetzt.[282] Zu dieser Einsicht gelangte auch der BGH in einer seiner späteren Entscheidungen.[283]

Zusammengefasst lässt sich dieses Urteil als eine Entscheidung zur Auslegung des § 2325 BGB und nicht zur vertragstypologischen Qualifikation des Kausalgeschäfts eines entgeltlichen Erb- und Pflichtteilsverzichts einordnen. Mit anderen Worten: Das Urteil beantwortet nur die Frage, ob eine Ausgleichszahlung, die als Gegenleistung für einen Erb- und Pflichtteilsverzicht gezahlt wird, eine Schenkung im Sinne des § 2325 BGB darstellt und damit Pflichtteilsergänzungsansprüche in Betracht kommen. Die Frage nach der vertragstypologischen Qualifikation des Kausalgeschäfts mit dem Inhalt „Versprechen eines Erb- und Pflichtteilsverzichts im Austausch für das Versprechen einer Kompensation" ist dagegen nicht unmittelbar Gegenstand dieser Entscheidung. Interessant an diesem Urteil ist jedoch, dass sich der BGH dem Gedanken der differenzierten Betrachtung einer Ausgleichsleistung für einen Pflichtteilsverzicht und einer darüberhinausgehenden Leistung für einen Erbverzicht nicht verschließt.

---

ohne Einschränkung als nicht ergänzungsbedürftig ansehen, so würden dadurch in Widerspruch zum Sinn und Zweck des § 2325 BGB die gesetzlichen Ansprüche der Pflichtteilsberechtigten ohne Rechtfertigung verkürzt."

282 Jedenfalls in dem Fall, in welchem die Ausgleichszahlung die Höhe des Erbteils nicht übersteigt.

283 BGH Beschl. v. 3. Dezember 2008 – IV ZR 58/07 = BGH, NJW 2009, 1143.

II. Sonderfall Anfechtungsgesetz

Der BGH hat im Jahr 1991 außerdem dazu Stellung genommen, wie eine Zahlung für einen entgeltlichen Pflichtteilsverzicht im Zusammenhang mit dem Anfechtungsgesetz zu qualifizieren ist.[284]

1. Die Entscheidung

Der Entscheidung lag vereinfacht der folgende Sachverhalt zugrunde:

Die Beklagte lebte mit ihrem Ehemann im Güterstand der Gütertrennung. Auf den Zugewinnausgleich hatte sie verzichtet. Die Beklagte und ihr Ehemann hatten sich gegenseitig zu alleinigen und ausschließlichen Erben eingesetzt. Durch notariellen Vertrag verzichtete die Beklagte gegenüber ihrem Ehemann auf ihr gesetzliches Pflichtteilsrecht. Dieser wendet ihr „*als Gegenleistung für den Pflichtteilsverzicht*" seinen Miteigentumsanteil an einem bebauten Grundstück und an einer Eigentumswohnung zu. Der Ehemann war zugleich Geschäftsführer einer GmbH, für deren Schulden er sich gegenüber der Klägerin verbürgt hatte. Über das Vermögen der GmbH wurde in der Folge das Insolvenzverfahren eröffnet. Die Klägerin nahm zunächst den Ehemann der Beklagten aus der Bürgschaft in Anspruch. Aufgrund dessen Vermögenslosigkeit ging die Klägerin alsbald nach § 3 Abs. 1 Nr. 4 AnfG a.F. (heute § 4 AnfG) gegen die Beklagte vor. Gegenstand der Entscheidung war die Frage, ob die Übertragung der Miteigentumsanteile an die Beklagte unentgeltlich i. S. d. § 3 Abs. 1 Nr. 4 AnfG a.F. (heute § 4 AnfG) erfolgt war.

Der BGH lehnt es im Ergebnis ab, Ausgleichsleistungen für einen Pflichtteilsverzicht als „entgeltlich" i. S. d. § 3 Abs. 1 Nr. 4 AnfG a.F. (heute § 4 AnfG) einzuordnen. In seiner Begründung betont der BGH: „*Entscheidend für die Annahme der Entgeltlichkeit oder Unentgeltlichkeit im Sinne der Anfechtungsvorschriften ist, ob aufgrund oder wegen der Verfügung des Schuldners als Gegenleistung dafür ein nach dem*

284 BGH, Urt. v. 28. Februar 1991 – IX ZR 74/90 = BGH, NJW 1991, 1610.

objektiven Sachverhalt zu beurteilender Gegenwert in sein Vermögen gelangt ist."[285] Der Verzicht auf den Pflichtteil ist nach Auffassung des BGH nicht ausreichend, um die dafür erhaltenen Ausgleichsleistungen als entgeltlich i. S. d. AnfG zu qualifizieren. Der Pflichtteilsverzicht sei bei objektiver Betrachtung keine Gegenleistung für die Übereignung des wertvollen Grundbesitzes. Wörtlich führt der BGH aus: „*Die Gewährung der Testierfreiheit über den Pflichtteil der Bekl. ist entgegen der Auffassung des BerGer. keine Gegenleistung, die die Unentgeltlichkeit i. S. des § 3 Abs. 1 Nr. 3 AnfG* [a.F.] *ausschließen konnte.*"[286] Der Rechtsprechung lasse sich nicht entnehmen, „*daß jedes beliebige Interesse ausreiche, die Werthaltigkeit einer Zuwendung zu bejahen*".[287] Maßgeblich sei im Rahmen des AnfG die Sicht des Gläubigers, da § 3 Abs. 1 Nr. 4 AnfG a.F. (heute § 4 AnfG) dessen Schutz bezwecke. Eine Ausgleichsleistung sei daher nur dann entgeltlich, wenn dem Erblasser in ausreichendem Maße eine Gegenleistung zufließe, auf die der Gläubiger zugreifen könne. Ein Pflichtteilsverzicht stelle jedoch keine für den Gläubiger werthaltige Gegenleistung im Austausch für die Zuwendung dar.

Damit nahm der BGH im Vergleich zur Vorinstanz die Gegenposition ein. Das Berufungsgericht hatte nämlich noch die gegenteilige Ansicht vertreten hat, wonach „*einem Pflichtteilsverzicht (...) nicht von vornherein ein Wert abgesprochen werden* [kann]. *Der Erblasser könne vielmehr, ohne das Pflichtteilsrecht berücksichtigen zu müssen, testieren. Die Schaffung dieser Testierfreiheit habe im Sinne einer Gegenleistung auch einen wirtschaftlichen Wert. Der Verzicht werde in der Regel gegen Abfindung erklärt. Dabei ließen sich die Parteien meist von der Vorstellung leiten, was das Erbe wert sein könnte. Trotz der Unsicherheit der künftigen Entwicklung sei eine wertbezogene Einschätzung nicht ausgeschlossen.*"[288]

---

285 BGH, Urt. v. 28. Februar 1991 – IX ZR 74/90 = BGH, NJW 1991, 1610 (1611).

286 Ebd.

287 Ebd.

288 BGH, Urt. v. 28. Februar 1991 – IX ZR 74/90 = BGH, NJW 1991, 1610 mit Verweis auf Urteilsbegründung des Berufungsgerichts.

2. Diskussion und Einordnung

Der BGH hat eine teleologische Auslegung von § 3 Abs. 1 Nr. 4 AnfG a.F. (heute § 4 AnfG) vorgenommen. Die Norm dient dem Gläubigerschutz. Richtigerweise nimmt der BGH daher eine objektiv wirtschaftlich bzw. bilanzielle Sichtweise aus der Perspektive des Gläubigers ein und verneint die objektive Entgeltlichkeit des Pflichtteilsverzichts. Daher sind die für den Pflichtteilsverzicht erhaltenen Ausgleichsleistungen an den Gläubiger herauszugeben. Die Argumentation geht vom Sinn und Zweck des § 3 Abs. 1 Nr. 4 AnfG a.F. (heute § 4 AnfG) aus, ist schlüssig und entspricht den methodischen Auslegungsgrundsätzen.[289]

Das Ergebnis kann in zweifacher Hinsicht überzeugen.

Angesichts des mit dem Rechtsgeschäft verfolgten Zwecks, ist das Ergebnis interessengerecht. Die Beklagte und ihr Mann wollten mit dem entgeltlichen Pflichtteilsverzicht die Erbfolge unter Lebenden vorwegnehmen. Daher drängt sich eine Vergleichsbetrachtung auf: Wie wäre die Situation, wenn die Beklagte und ihr Mann die lebzeitige Vorwegnahme der Erbfolge nicht durch den entgeltlichen Pflichtteilsverzicht durchgeführt hätten?

Für die Bemessung der Pflichtteilsansprüche der Beklagten wäre der Nachlasswert zur Zeit des Erbfalls zugrunde gelegt worden, vgl. § 2311 BGB. Sofern es im Erbfall wahrscheinlich gewesen wäre, dass aus der Bürgschaft auf den Nachlass des Mannes zugegriffen wird, hätte dies den Wert des Nachlasses nach § 2311 Abs. 1 BGB entsprechend gemindert.[290] Daher hätte die pflichtteilsberechtigte Beklagte in diesem Fall nur einen reduzierten Pflichtteilsanspruch geltend machen können. Beispiel:

> Das Vermögen des Mannes beträgt im Erbfall eine Million Euro. Der Umfang der Bürgschaft beträgt 400.000 Euro, wobei es im Erbfall wahrscheinlich ist, dass von der Bürgschaft Gebrauch gemacht wird. Maßgeblich für den Pflichtteilsanspruch der Frau ist

289 Honsell, ZfPW 2016, 106 (121).

290 BeckOGK/*Blum*/*Heuser*, § 2311 BGB, Rn. 68.

> daher nicht der Nachlasswert von einer Million Euro, sondern der entsprechend geminderte Nachlasswert in Höhe von 600.000 Euro.

Wäre der Rückgriff aus der Bürgschaft auf das Nachlassvermögen des Erblassers zur Zeit des Erbfalls dagegen noch nicht wahrscheinlich gewesen, wären die drohenden Ansprüche aus der Bürgschaft zunächst bei der Berechnung des Nachlasswertes außer Ansatz gelassen worden, gem. § 2313 Abs. 1 S. 1 BGB und Abs. 2 S. 1 BGB.[291] Sofern der Sicherungsfall allerdings nachträglich eingetreten wäre, wäre die beklagte Pflichtteilsberechtigte gem. § 2313 Abs. 1 S. 3 BGB ebenfalls gezwungen gewesen, das zuvor im Rahmen des Pflichtteilsanspruches „zu viel" Erlangte herauszugeben. In diesem Fall wäre die Beklagte jedenfalls gegenüber dem Erben gem. § 2313 Abs. 2 S. 1 und Abs. 1 S. 3 BGB zur Ausgleichung verpflichtet gewesen. Diesen Ausgleichungsanspruch hätte die klagende Gläubigerin im Wege eines Pfändungs- und Überweisungsbeschlusses ebenfalls geltend machen können. Beispiel:

> Wieder beträgt das Vermögen des Mannes im Erbfall eine Million Euro und der Umfang der Bürgschaft 400.000 Euro. Diesmal ist es jedoch im Erbfall zunächst wahrscheinlich, dass von der Bürgschaft Gebrauch gemacht wird. Maßgeblich für den Pflichtteilsanspruch der Frau ist daher der Nachlasswert in Höhe von einer Million Euro gewesen. Ihr Pflichtteilsanspruch in Höhe der Hälfte des gesetzlichen Erbteils von 1/2 (vgl. §§ 1931 Abs. 1, Abs. 3, 1371 Abs. 1 BGB) würde also 1/4 des Nachlasswertes und damit 250.000 Euro betragen. Tritt der Sicherungsfall nachträglich in voller Höhe ein, würde der Pflichtteilsanspruch nur 1/4 des gemindertes Nachlasswertes von 600.000 Euro und damit nur 150.000 Euro betragen. Die Differenz von 100.000 Euro hätte die beklagte Frau den Erben geschuldet.

Diese Vergleichsbetrachtung demonstriert: Wirtschaftlich betrachtet war der Pflichtteilsanspruch der Beklagten stets mit den Ansprüchen

---

291 BGH, Urt. v. 10. November 2010 – IV ZR 51/09 (OLG Nürnberg) = BGH NJW 2011, 606 (607); BeckOGK/*Blum*/*Heuser*, § 2313 BGB Rn. 16; MüKoBGB/*Lange*, § 2313 BGB, Rn. 11; Staudinger/*Herzog*, 2021, § 2313 BGB, Rn. 11, 40.

der Gläubigerin gegen den Erblasser belastet. Dies hätten die beklagte Pflichtteilsberechtigte und der Erblasser bei der Ermittlung der Höhe der Ausgleichsleistung für den entgeltlichen Pflichtteilsverzicht berücksichtigen müssen. Eine angemessene Kompensationsleistung für den Pflichtteilsverzicht wäre daher nicht der Wert des vollen Pflichtteilsanspruchs, sondern nur des geminderten Pflichtteilsanspruchs gewesen.

Doch nicht nur vor dem Hintergrund dieser erbrechtlichen Betrachtung ist das Ergebnis des BGH konsequent, sondern auch unter Berücksichtigung insolvenzrechtlicher Aspekte.

Der Pflichtteilsanspruch ist nachrangig gegenüber der Gläubigerforderung nach §§ 39, 327 InsO. Daraus ergibt sich ebenfalls, dass der Pflichtteilsanspruch gegenüber Forderungsrechten der Nachlassgläubiger zurückzutreten hat.

Es ist daher konsequent, den Pflichtteilsverzicht im Rahmen der gläubigerschützenden Vorschrift des § 4 AnfG nicht als eine Gegenleistung für eine Ausgleichszahlung zu begreifen. Folglich kann die Ausgleichszahlung in diesem Zusammenhang nicht als entgeltlich angesehen werden. Aufgrund des von § 4 AnfG intendierten Schutzes kann nur eine objektiv entgeltliche Gegenleistung einer Ausgleichszahlung den Charakter der Unentgeltlichkeit nehmen.

Insgesamt bleibt die Aussage des Urteils allerdings auf die Feststellung beschränkt, dass der Pflichtteilsverzicht keine „entgeltliche“ Gegenleistung im Sinne des § 3 Abs. 1 Nr. 4 AnfG a.F. (heute § 4 AnfG) darstellt. Verfehlt wäre es, aus dieser Entscheidung eine generelle Unentgeltlichkeit des Pflichtteilsverzichts abzuleiten. Eine solche Sichtweise würde aus dem Blick verlieren, dass die Entscheidung allein zur Auslegung des Begriffs der „Entgeltlichkeit“ i. S. des § 3 Abs. 1 Nr. 4 AnfG a.F. (heute § 4 AnfG) ergangen ist und daher keine darüberhinausgehende Geltung beanspruchen kann.[292]

---

292 Im Ergebnis ebenso BGH, Urt. v. 7. Juli 2015 – X ZR 59/13 = BGH NJW 2016, 324 (325), Rn. 16.

III. Kompensationsleistung für einen entgeltlichen Erbverzicht ist nicht pflichtteilsergänzungspflichtig

Entgegen seiner früheren Auffassung aus dem Jahr 1985[293] entschied der BGH im Jahr 2008, dass eine Ausgleichsleistung für einen entgeltlichen Erbverzicht nicht nach §§ 2325 ff. BGB pflichtteilsergänzungspflichtig ist.[294] Zugleich korrigierte der BGH damit seinen Fehler aus der unter D.I. dargestellten Entscheidung.

1. Die Entscheidung

Dem Urteil lag verkürzt der folgende Sachverhalt zugrunde:

Die Klägerin machte gegenüber der Beklagten, ihrer Nichte, Pflichtteilsergänzungsansprüche nach § 2325 Abs. 1 BGB geltend. Die Mutter der Beklagten (d.h. die Schwester der Klägerin) hatte im Wege der vorweggenommenen Erbfolge mit Wirkung für ihre Abkömmlinge auf ihr gesetzliches Erb- und Pflichtteilsrecht gegenüber den gemeinsamen Eltern verzichtet. Im Gegenzug für diesen Verzicht hatte die Mutter der Beklagten (d.h. die Schwester der Klägerin) von den Eltern einen Ausgleich erhalten. Von der Mutter erhielt sie ein Grundstück und vom Vater eine Barzahlung. Nach dem Tod der Mutter der Beklagten (d.h. der Schwester der Klägerin) gingen diese empfangenen Leistungen in das Vermögen der Beklagten im Wege der Erbfolge über. Aufgrund familiärer Zerwürfnisse setzte die Mutter der Klägerin schließlich die Beklagte (d.h. ihre Enkelin) als Alleinerbin ein und entzog der Klägerin den Pflichtteil. Die Klägerin erstritt erfolgreich die Feststellung der Unwirksamkeit der Pflichtteilsentziehung und machte darüber hinaus gegenüber der Beklagten Pflichtteilsergänzungsansprüche geltend, die sie aufgrund der für den Erbverzicht erhaltenen Leistungen als begründet erachtete.

293 BGH, Urt. v. 8. Juli 1985 – II ZR 150/84 = BGH, NJW 1986, 127.
294 BGH, Urt. v. 3. Dezember 2008 – IV ZR 58/07 = BGH, NJW 2009, 1143.

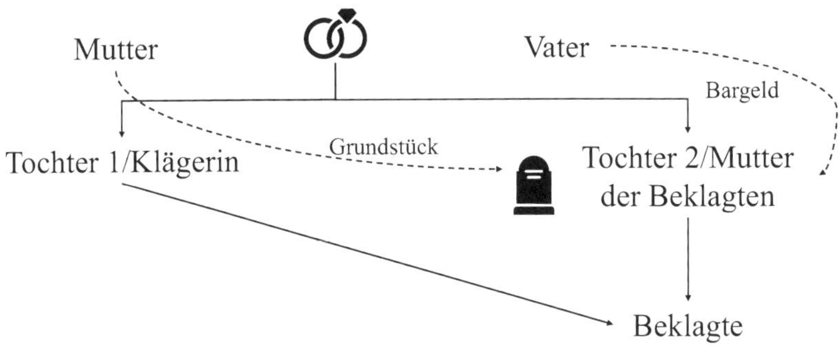

Der BGH lehnte die durch die Klägerin geltend gemachten Pflichtteilsergänzungsansprüche im Ergebnis ab. Dies begründet der BGH mit zwei alternativen Rechtsansichten, wobei er die Festlegung auf eine der beiden Ansichten bewusst offenließ.

Zunächst ging der BGH auf die von ihm als „*wohl noch h.M. in der Literatur*" bezeichnete Ansicht ein, wonach „*die Abfindung für einen Erbverzicht, soweit sie sich am Wert des Erbteils orientiert und nicht deutlich über ihn hinausgeht, keine Schenkung, sondern ein entgeltliches Geschäft dar*[stelle]". Der BGH führte diesbezüglich aus, dass „*soweit ein entgeltliches Geschäft vorliegt, (...) der Anwendungsbereich von § 2325 BGB von vornherein nicht eröffnet* [sei]."[295]

Als zweiten, alternativen Argumentationsansatz erkannte der BGH die Möglichkeit einer teleologischen Auslegung von § 2325 BGB an. Dabei nahm er zunächst Bezug auf seine vorangegangenen Entscheidungen, in denen er – nach seiner eigenen Einschätzung – die Ausgleichsleistungen für einen Erbverzicht jeweils als unentgeltliche Zuwendung eingeordnet hat.[296] Im Folgenden führt er aus, dass „*§ 2325 BGB (..) mit Rücksicht auf die infolge des Verzichts auf das*

295 Vgl. im Ganzen dazu BGH, Urt. v. 3. Dezember 2008 – IV ZR 58/07 = BGH, NJW 2009, 1143 (1144).

296 BGH, Urt. v. 3. Dezember 2008 – IV ZR 58/07 = BGH, NJW 2009, 1143 (1145): „*In der Rechtsprechung ist die Abfindung für einen Erbverzicht dagegen als unentgeltliche Zuwendung eingeordnet worden*" mit Verweis auf BGH, Urt. v. 28. Februar 1991 – IX ZR 74/90 (Düsseldorf) = BGH NJW 1991, 1610; BGH, Urt. v. 8. Juli 1985 – II ZR 150/84 (Frankfurt) = BGH NJW 1986, 127.

gesetzliche Erbrecht eintretende Erhöhung des Pflichtteils nach § 2310 S. 2 BGB einschränkend ausgelegt [werde]: *Hält sich die Abfindung in dem Zeitpunkt, in dem sie erbracht wird, der Höhe nach im Rahmen der Erberwartung des Verzichtenden, wird davon ausgegangen, dass sie grundsätzlich zu Gunsten des Pflichtteilsberechtigten durch § 2310 S. 2 BGB kompensiert wird. Der Pflichtteilsberechtigte soll wegen derselben, für den Erbverzicht eines gesetzlichen Erben geleisteten Abfindung nicht neben dem erhöhten Pflichtteil auch noch einen Ergänzungsanspruch erhalten. Eine Pflichtteilsergänzung komme danach nur in Betracht, soweit die Leistung des Erblassers an den Verzichtenden über seine angemessene Abfindung hinausgeht.*"[297]

Aus Sicht des BGH kam es aufgrund dieser beiden alternativen Argumentationsansätze nicht darauf an, ob eine Ausgleichsleistung für einen Erbverzicht Entgeltcharakter hat, d. h. eine Abfindung darstelle oder nicht. Sofern die Ausgleichsleistung als entgeltliche Abfindung zu qualifizieren sei, scheide die Anwendung des § 2325 Abs. 1 BGB bereits deshalb aus. Ordnet man die Zahlung dagegen als unentgeltliche Zuwendung ein, sei § 2325 Abs. 1 BGB wegen der Wirkung des § 2310 S. 2 BGB jedenfalls teleologisch zu reduzieren.[298] „*In jedem Fall unterliegt der Pflichtteilsergänzung nach § 2325 Abs. 1 BGB nur, was über ein Entgelt bzw. über eine angemessene Abfindung hinausgeht.*"[299]

2. Diskussion und Einordnung

Zum wiederholten Male beschäftigt sich der BGH mit der Frage, ob die für einen entgeltlichen Erbverzicht gewährte Ausgleichsleistung nach §§ 2325 ff. BGB pflichtteilsergänzungspflichtig ist.[300] Zu begrüßen ist in diesem Zusammenhang jedenfalls, dass der BGH den Fehler seiner

297 BGH, Urt. v. 3. Dezember 2008 – IV ZR 58/07 = BGH, NJW 2009, 1143 (1145).

298 BGH, Urt. v. 3. Dezember 2008 – IV ZR 58/07 = BGH, NJW 2009, 1143 (1144 f.).

299 BGH, Urt. v. 3. Dezember 2008 – IV ZR 58/07 = BGH, NJW 2009, 1143 (1145).

300 Vgl. bereits BGH, Urt. v. 8. Juli 1985 – II ZR 150/84 = BGH NJW 1986, 127, wobei es dort „nur" um einen Auskunftsanspruch im Rahmen der Pflichtteilsergänzung ging.

früheren Entscheidung[301] korrigiert. Die Wirkung des Erbverzichts in Zusammenspiel mit § 2310 S. 2 BGB hat der BGH bei dieser Entscheidung berücksichtigt.

Dagegen kann die Einschätzung des BGH, „*In der Rechtsprechung ist die Abfindung für einen Erbverzicht (...) als unentgeltliche Zuwendung eingeordnet worden*“[302], in dieser Allgemeingültigkeit nicht geteilt werden. Entgegen seiner eigenen Auffassung hat der BGH in keiner der im Urteil zitierten Entscheidungen dazu Stellung genommen, ob die Ausgleichsleistung eines entgeltlichen Erbverzichts *generell* als unentgeltliche oder entgeltliche Leistungen zu qualifizieren ist.

Zunächst lässt sich eine solche Einordnung nicht der Entscheidung vom 8. Juli 1985 entnehmen.[303] In seinem Urteil hatte der BGH damals eine Zahlung nur insoweit als unentgeltlich angesehen, als diese den Wert des Pflichtteils übersteigt. Der damaligen Urteilsbegründung lässt sich aber nicht entnehmen, ob der BGH eine Zahlung bis zur Höhe des Pflichtteilsanspruchs als entgeltlich oder unentgeltlich einstuft. Der BGH hat in dieser früheren Entscheidung damit die Möglichkeit für eine differenzierte Betrachtung offengelassen. Nach dieser differenzierten Betrachtung sind Zahlungen bis zur Höhe des Pflichtteils und Zahlungen, die den Pflichtteil übersteigen, zu unterscheiden.[304] Ausgleichsleistungen bis zur Höhe des Pflichtteils können dabei als entgeltliche

301 BGH, Urt. v. 8. Juli 1985 – II ZR 150/84 = BGH, NJW 1986, 127. Der BGH setzte den Schutz des Pflichtteilsberechtigten überschießend um, indem er ihm einen Pflichtteilsergänzungsanspruch hinsichtlich der Ausgleichsleistung für einen Erbverzicht gem. §§ 2325 ff. BGB zubilligte, und zwar auch für den Fall, dass die Ausgleichsleistung der Höhe nach dem Erbteil entsprach. Da sich durch den Erbverzicht zugleich die Pflichtteilsquote des Pflichtteilsberechtigten erhöhte, profitierte dieser im Ergebnis doppelt.

302 BGH, Urt. v. 3. Dezember 2008 – IV ZR 58/07 = BGH, NJW 2009, 1143 (1145) mit Verweis auf BGH, Urt. v. 28. Februar 1991 – IX ZR 74/90 (Düsseldorf) = BGH NJW 1991, 1610; BGH, Urt. v. 8. Juli 1985 – II ZR 150/84 (Frankfurt) = BGH NJW 1986, 127.

303 BGH, Urt. v. 8. Juli 1985 – II ZR 150/84 = BGH NJW 1986, 127.

304 In diese Richtung etwa *Haegele*, BWNotZ 1971, 36 (39); Soergel/*Damrau*, 13. Aufl., § 2346 BGB, Rn. 3; a. A. bereits Speckmann, NJW 1970, 117 (119 f.); ebenso Soergel/*Najdecki*, 14. Aufl., § 2346 BGB, Rn. 3.

Abfindung qualifiziert werden und nur die darüberhinausgehenden Leistungen wird als unentgeltlich qualifiziert.

In seiner Entscheidung zum AnfG[305] hat der BGH die Zahlung für einen entgeltlichen Pflichtteilsverzicht zwar ausdrücklich als „unentgeltlich" qualifiziert. Jedoch erging die Entscheidung in Zusammenhang mit der Auslegung des § 3 AnfG a.F. (§ 4 AnfG). Die Feststellungen dieses Urteils beschränken sich daher nur auf die Formulierung, dass die „*Gewährung der Testierfreiheit über den Pflichtteil (...) keine Gegenleistung* [ist], *die die Unentgeltlichkeit i.S. des § 3 Abs. 1 Nr. 4 AnfG ausschließen konnte*"[306] Die Aussagen des Urteils sind auf die Entscheidung begrenzt. Eine Verallgemeinerung, wonach Ausgleichsleistungen für einen Erb- oder Pflichtteilsverzicht generell, und nicht nur im Rahmen des AnfG als unentgeltliche Zuwendung zu qualifizieren sind, lässt sich diesem Urteil nicht entnehmen.[307]

Ist die Ausgleichsleistung für einen Erb- oder Pflichtteilsverzicht unangemessen hoch, stellt sie eine Schenkung dar und unterliegt der Pflichtteilsergänzung nach §§ 2325 ff. BGB.[308] Hieran hält der BGH fest. Bisher hatte er allerdings die Ansicht vertreten, dass die Ausgleichsleistung unangemessen hoch sei, wenn sie den Wert eines möglichen Pflichtteilsanspruchs übersteige.[309] Diese Ansicht gibt der BGH nunmehr ohne Begründung auf.[310]

Manche Kommentatoren meinen an dieser geänderten Rechtsauffassung erkennen zu können, dass sich der BGH nun der Rechtsansicht anschließe, wonach die Ausgleichleistung für einen Erbverzicht generell Entgeltcharakter habe.[311] Diese Einschätzung kann ebenfalls nicht

---

305 BGH, Urt. v. 28. Februar 1991 – IX ZR 74/90 = BGH, NJW 1991, 1610.

306 BGH, Urt. v. 28. Februar 1991 – IX ZR 74/90 = BGH, NJW 1991, 1610 (1611) Unterstreichungen nicht im Original.

307 So wohl auch der BGH selbst, der in BGH, Urt. v. 3. Dezember 2008 – IV ZR 58/07 = BGH, NJW 2009, 1143 (1145) einschränkend formuliert: „(...) *für das Recht der Gläubigeranfechtung*".

308 Bereits BGH, Urt. v. 8. Juli 1985 – II ZR 150/84 = BGH, NJW 1986, 127 (129).

309 Ebd.

310 BGH, Urt. v. 3. Dezember 2008 – IV ZR 58/07 = BGH, NJW 2009, 1143 (1145).

311 Schindler, ZEV 2009, 80; ohne weitere Begründung Lange, ErbR 2017, 305 (307), Staudinger/*Schotten*, 2022, § 2346 BGB, Rn. 229.

geteilt werden. Aus dem Umstand, dass der BGH seine frühere Rechtsansicht[312] aufgegeben hat, kann kein Rückschluss für die Frage nach der Einordnung der Ausgleichsleistung als entgeltlich oder unentgeltlich gezogen werden. Zwar ließe sich argumentieren, dass der BGH in seiner Entscheidung überwiegend den Begriff der „*Abfindung*“ verwendet und zugleich an einer Stelle festhält, dass „*in der Rechtsprechung (...) die Abfindung für einen Erbverzicht dagegen als unentgeltliche Zuwendung eingeordnet worden* [ist].“[313] Aufgrund der unterschiedlichen Verwendung der Begriffe „Abfindung“ und „Zuwendung“ könnte man daher geneigt sein anzunehmen, dass der BGH an dieser Stelle bewusst den Abfindungsbegriff verwendet hat, um damit zu demonstrieren, dass er die Ausgleichsleistung im Ergebnis als eine entgeltliche Abfindung einstuft. Allerdings hat der BGH in der Entscheidung mehrfach betont, die Frage nach der Einordnung der Ausgleichsleistung als entgeltliche oder unentgeltliche Leistung offen lassen zu wollen.[314]

Bemerkenswert an der Abkehr von der bisherigen Rechtsauffassung ist vielmehr ein anderer Punkt. Der BGH erweitert durch seine neue Rechtsauffassung den Umfang der Pflichtteilsergänzungsfestigkeit (§§ 2325 ff. BGB) von Ausgleichsleistungen. Während nach der bisherigen Rechtsauffassung des BGH „schon“ Ausgleichsleistungen, die den Wert des Pflichtteilsanspruchs überstiegen, in Höhe des übersteigenden Betrages der Pflichtteilsergänzung nach §§ 2325 ff. BGB unterfielen, erweitert der BGH durch seine neue Rechtsansicht den Umfang der Pflichtteilsergänzungsfestigkeit. Nunmehr können Ausgleichsleistungen „sogar“ bis zur Höhe des gesetzlichen Erbrechts als entgeltlich qualifiziert werden. Dies verwundert, da der Pflichtteil eine grds. unentziehbare und damit gesicherte Rechtsposition darstellt, während das gesetzliche Erbrecht bis zum Erbfall einseitig durch den Erblasser entzogen werden kann. Gleichwohl hält es der BGH für möglich, dass die

312 BGH, Urteil v. 8. 7. 1985= NJW 1986, 127.

313 BGH, Urt. v. 3. Dezember 2008 – IV ZR 58/07 (OLG München) = BGH NJW 2009, 1143 (1145), Unterstreichung nicht im Original.

314 BGH, Urt. v. 3. Dezember 2008 – IV ZR 58/07 (OLG München) = BGH NJW 2009, 1143 (1145); insoweit richtig Wellenhofer, JuS 2009, 669 (670); Wellner, MittBayNot 2009,473 (476); Zimmer, NJW 2009, 1143 (1146).

Ausgleichsleistung für einen Erbverzicht i.w.S. bis zur Höhe des gesetzlichen Erbrechts Entgeltcharakter haben kann. Die Ausgleichsleistung unterliegt damit in einem weitergehenden Umfang nicht der Pflichtteilsergänzung nach §§ 2325 ff. BGB als bisher. Konsequenterweise drängt sich dadurch der folgende Schluss auf: Wenn der BGH es für möglich hält, dass eine Gegenleistung für den Verzicht auf eine einseitig entziehbare Rechtsposition als entgeltlich qualifiziert werden kann, dann muss eine solche Gegenleistung für den Verzicht auf eine einseitig nicht entziehbare Rechtsposition erst recht Entgeltcharakter haben.

Entgegen der Auffassung einiger Kommentatoren kann aus der Rechtsprechungsänderung des BGH nicht geschlossen werden, dass sich der BGH der Ansicht angeschlossen hat, wonach Ausgleichsleistungen generell einen Entgeltcharakter hätten. Der BGH hat lediglich klargestellt, dass er es für möglich hält, dass diese Ausgleichsleistungen nicht nur in Höhe des Pflichtteilsanspruchs, sondern auch in Höhe des Wertes des gesetzlichen Erbrechts Entgeltcharakter haben können. Die Frage der Entgeltlichkeit oder Unentgeltlichkeit der Ausgleichsleistung hat der BGH damit nicht beantwortet.

IV. Abfindungsvertrag eines entgeltlichen Erbverzichts als Schenkung

In seiner (vorerst) letzten Entscheidung mit Bezug auf die Thematik dieser Arbeit kam der BGH im Jahr 2015 zu dem Ergebnis, dass die Ausgleichsleistung für einen entgeltlichen Erbverzicht regelmäßig als Schenkung zu qualifizieren sei.[315]

1. Die Entscheidung

Der Entscheidung lag vereinfacht der folgende Sachverhalt zugrunde:

Der Kläger verlangte von der Beklagten, seiner Tochter aus erster Ehe, die Rückübertragung mehrerer Miteigentumsanteile an einem

315 BGH, Urt. v. 7. Juli 2015 – X ZR 59/13 = BGH, NJW 2016, 324.

Grundstück. Die Parteien hatten einen als „*mittelbare Grundbesitzschenkung – Erbvertrag – Erb- und Pflichtteilsverzicht*" bezeichneten Vertrag geschlossen. In diesem verpflichtete sich der Kläger, der Beklagten einen Geldbetrag für den Erwerb einer näher bezeichneten Eigentumswohnung sowie für den Erwerb von Mitteigentumsanteilen einer von ihm mitgenutzten Wohnung schenkweise zu überlassen, wobei die Schenkung auf die Erb- und Pflichtteilsrechte der Beklagten angerechnet werden sollte.

Später widerrief der Kläger die Schenkungen wegen groben Undanks. Der Kläger begründete den Widerruf damit, dass die Beklagte ihm Unterhaltszahlungen, die sie vom Vater ihrer Tochter für diese und sich selbst erhalten habe, verschwiegen und ihm damit eine Bedürftigkeit vorgespielt habe, die ihn veranlasst habe, die Beklagte und seine Enkelin, über die Überlassung der Wohnungen hinaus, finanziell zu unterstützen. Im Übrigen habe die Beklagte ihn daran gehindert, die nach ihrem Auszug leerstehende Wohnung zu vermieten und den Kontakt zu seiner Enkelin unterbunden.

Der BGH entschied, dass das „*Berufungsgericht (...) zu Unrecht angenommen* [habe], *eine Qualifikation der im Zusammenhang mit dem Erbverzicht gewährten Zuwendungen an die Beklagte als Schenkung sei ausgeschlossen, weil die Beklagte nicht nur auf ihr Pflichtteilsrecht, sondern gleichzeitig auch auf ihr gesetzliches Erbrecht verzichtet habe.*"[316]

In seiner Begründung stellte der BGH erneut fest, dass in der Literatur umstritten sei, ob der Verzicht auf das gesetzliche Erb- und Pflichtteilsrecht als Gegenleistung anzusehen sei, die der Ausgleichszahlung den Schenkungscharakter nehme. Der BGH gab zunächst das in der Literatur vertretene Meinungsspektrum zu dieser Frage wieder und zeichnete anschließend seine eigene Rechtsprechung zu dieser Frage nach, wie sie oben bereits dargestellt wurde. Als Zwischenergebnis hielt der BGH sodann fest, dass für die Frage, ob eine Ausgleichsleistung für einen Erbverzicht eine Schenkung sei, „*(...) weder die Wertungen des Anfechtungsrechts noch des Pflichtteilsrechts maßgeblich*

316 BGH, Urt. 7. Juli 2015 – X ZR 59/13 = BGH, NJW 2016, 324 (325) Rn. 11.

[sind]".[317] Stattdessen knüpfte der BGH an den Schenkungsbegriff des § 516 Abs. 1 BGB an und hielt es deshalb für maßgeblich, *„ob sich die Vertragsparteien darüber einig sind, dass die Zuwendung unentgeltlich erfolgt"*, denn *„für die schenkungsrechtliche Qualifikation müssen (...) in erster Linie schenkungsrechtliche Wertungen maßgeblich sein."*[318]

Anschließend erörterte der BGH die Rechtsfolgen, die mit der Qualifikation der Ausgleichsleistung eines entgeltlichen Erbverzichts i.w.S. als Schenkung verbunden sind. Dabei stellte der BGH eine Parallelbetrachtung zu den Rechtsinstituten der Anordnung der Ausgleichung (§ 2050 Abs. 3 BGB) und der Anrechnung (§ 2315 Abs. 1 BGB) her. Der BGH traf die Feststellung, dass dem Schenker die Möglichkeit der Rückforderung wegen Verarmung (§ 528 BGB) oder wegen Widerrufs der Schenkung wegen groben Undanks (§ 530 BGB) auch dann zustehe, wenn der Schenker bestimme, *„dass die Schenkung an einen Abkömmling bei der Erbauseinandersetzung zur Ausgleichung zu bringen ist (§ 2050 Abs. 3 BGB) oder auf den Pflichtteil angerechnet werden soll (§ 2315 Abs. 1 BGB)."*[319]

Seine Feststellung begründete der BGH damit, dass *„die Anordnung der Ausgleichungs- oder Anrechnungspflicht (...) der Zuwendung nicht den Charakter der Freigebigkeit* [nimmt] *und rechtfertigt es daher auch nicht, dem Schenker die Rechte aus §§ 528, 530 BGB zu nehmen. Vielmehr bringt der Schenker mit der Anordnung der Ausgleichungs- oder Anrechnungspflicht nur zum Ausdruck, dass er seine lebzeitigen und letztwilligen, gleichermaßen „unentgeltlichen" Vermögenszuwendungen in ein Gleichgewicht bringen möchte."*[320]

Diese Überlegungen übertrug der BGH dann auf eine Ausgleichsleistung für einen entgeltlichen Erbverzicht: *„Ist im Schenkungsvertrag vereinbart, dass die Ausgleichung in der Weise geschehen soll, dass der beschenkte Abkömmling auf sein Erb- und Pflichtteilsrecht verzichtet, kann grundsätzlich nichts anderes gelten."*

317 BGH, Urt. 7. Juli 2015 – X ZR 59/13 = BGH, NJW 2016, 324 (325) Rn. 16.
318 Ebd.
319 Ebd. Rn. 17.
320 BGH, Urt. v. 7. Juli 2015 – X ZR 59/13 = BGH, NJW 2016, 324 (325) Rn. 17.

Begründet wurde dies vom BGH damit, dass es nicht zu rechtfertigen sei, wenn dem Schenker im Fall seiner Verarmung die Möglichkeit versagt werde, die Ausgleichsleistung nach § 528 BGB zurückzufordern, weil der beschenkte Verzichtende auf sein – in diesem Fall – wertloses Erb- und Pflichtteilsrecht verzichtet habe. Dies widerspräche der von den Parteien bezweckten Ausgleichung bzw. dem Ziel, die lebzeitige Verfügung entsprechend der letztwilligen Verfügung zu gestalten. Zum anderen wäre es nach Meinung des BGH ebenfalls nicht gerechtfertigt, dem Schenker im Fall des groben Undanks die Möglichkeit des Widerrufs nach § 530 BGB zu versagen. Zwar seien die Voraussetzungen einer Pflichtteilsentziehung nach § 2333 BGB insgesamt strenger als die für den Schenkungswiderruf. In den Fällen des § 2333 Abs. 1 Nr. 1–Nr. 3 BGB seien die Voraussetzungen für einen Schenkungswiderruf damit aber erst recht gegeben. Wenn der Schenker sogar den Pflichtteil nach § 2333 BGB entziehen könnte, dann muss die Entziehung der Zuwendung im Wege des § 530 BGB erst recht möglich sein.[321]

Insgesamt resümierte der BGH daher, dass „[d]*er Verzicht auf das Erb- oder Pflichtteilsrecht (...) deshalb der Zuwendung jedenfalls insoweit nicht den Charakter der Unentgeltlichkeit* [nehme], *als er – nach dem Willen der Vertragsparteien – der Ausgleichung der lebzeitigen Zuwendung bei der Erbfolge dienen soll. Ein solcher Wille ist bei Fehlen gegenläufiger Anhaltspunkte regelmäßig anzunehmen, wenn die Höhe der Zuwendung in etwa der Erberwartung entspricht oder diese gar übersteigt. Demgegenüber kann es gegen eine Schenkung sprechen, wenn die Zuwendung wertmäßig deutlich hinter der Erberwartung zurückbleibt.*“[322]

Ob die vom Kläger geleistete und von den Parteien als „Schenkung“ bezeichnete Leistung auch tatsächlich rechtlich als eine solche zu qualifizieren war, oblag letztlich nicht der Entscheidung des BGH, sondern „*hat der Tatrichter unter Würdigung aller Umstände des Einzelfalls zu entscheiden*“.[323]

321 Ebd. Rn. 18.

322 BGH, Urt. v. 7. Juli 2015 – X ZR 59/13 = BGH, NJW 2016, 324 (325) Rn. 19.

323 Ebd. Rn. 21.

2. Diskussion und Einordnung

a) Ersteindruck

Gegenstand dieser Entscheidung ist die vertragstypologische Qualifikation der Ausgleichsleistung eines entgeltlichen Erbverzichts i.w.S. und nicht die eines isolierten, entgeltlichen Pflichtteilsverzichts.

Da der BGH bei seiner Argumentation aber durchaus pflichtteilsrechtliche Aspekte miteinbezieht, liegt es im ersten Moment nahe, die Entscheidungsgrundsätze auf den isolierten, entgeltlichen Pflichtteilsverzicht zu übertragen.[324] Dafür spricht insbesondere, dass der BGH das Ergebnis seiner Argumentation nicht auf den Erbverzicht i.w.S. beschränken wollte, sondern das Ergebnis auf den „*Verzicht auf das Erb- oder Pflichtteilsrecht*"[325] bezogen hat.

In seinen früheren Entscheidungen hat sich der BGH mit der Qualifikation der Ausgleichsleistung eines entgeltlichen Erb- oder Pflichtteilsverzichts in Zusammenhang mit Fragen nach der Pflichtteilsergänzung gem. §§ 2325 ff. BGB sowie dem AnfG beschäftigt. Erstmalig muss sich der BGH in dem Urteil nun mit der Frage beschäftigen, wie das Kausalgeschäft, welches einem entgeltlichen Erbverzicht i.w.S. zugrunde liegt, vertragstypologisch zu qualifizieren ist. Dabei gelingt es dem BGH nicht, den „gordischen Knoten" zu zerschlagen. Ursächlich hierfür mag unter Umständen eine zu stark ergebnisorientierte Herangehensweise des BGH gewesen sein.

b) Fehlende ganzheitliche Betrachtung

Obwohl es letztlich um die vertragstypologische Qualifikation des einem entgeltlichen Erbverzicht i.w.S. zugrundeliegenden Kausalgeschäfts geht, fokussiert sich der BGH – wie er selbst formuliert –

324 So auch BeckOGK/*Everts*, § 2346 BGB, Rn. 41; Keim, ZEV 2016, 94; Müller, ZNotP 2016, 82 (83); a. A. v. Proff, NJW 2016, 539 (540); Staudinger/*Herzog*, 2021, § 2325 Rn. 101.

325 BGH, Urt. v. 7. Juli 2015 – X ZR 59/13 = BGH, NJW 2016, 324 (326.), Rn. 19, Unterstreichung nicht im Original.

allein auf die *„Qualifikation der Zuwendung"*. Genau hier liegt jedoch – wie auch schon bei den vorangegangenen Entscheidungen – der Schwachpunkt. Das Kausalgeschäft eines entgeltlichen Erbverzichts besteht im Grundsatz aus zwei Versprechen – einerseits aus dem Versprechen auf den Erbverzicht und anderseits aus dem Versprechen einer Ausgleichsleistung für den Erbverzicht. Für seine Argumentation teilt der BGH das Kausalgeschäft des entgeltlichen Erbverzichts in diese beiden Versprechen auf. Untersucht wird vom BGH allerdings nur das Versprechen der Ausgleichsleistung. Dabei wird außer Acht gelassen, dass dieses im Zusammenhang mit dem Versprechen des Erbverzichts erklärt wurde.

Für diese einseitige Fokussierung mag ursächlich gewesen sein, dass sich die Parteien über die Rückforderung der Ausgleichsleistung gestritten hatten. Der BGH hielt es daher vermutlich für entscheidungserheblich, allein die Frage nach der vertragstypologischen Qualifikation des Versprechens der Ausgleichsleistung zu beantworten. Tatsächlich sind jedoch Zweifel angebracht, ob es für die Beantwortung der Streitfrage ausreichend ist, sich allein auf *ein* Leistungsversprechen zu konzentrieren und dieses vertragstypologisch einzuordnen. Das Kausalgeschäft eines entgeltlichen Erbverzichts wird nämlich nach der ganz h.M. als ein zweiseitiger, in der Regel sogar gegenseitiger Vertrag qualifiziert, wobei auch eine konditionale oder kausale Verknüpfung denkbar ist.[326] Angesichts dessen wäre es angezeigt gewesen, das Kausalgeschäft in seiner Gesamtheit vertragstypologisch einzuordnen. Hierbei hätte der BGH auf die Methodiken zur vertragstypologischen Qualifikation von atypischen Verträgen zurückgreifen können.[327] Bei einem Kaufvertrag

---

326 OLG Düsseldorf, Urt. v. 20. Dezember 2013 – I-7 U 153/12 = ZEV 2014, 265 (266); OLG Celle, Urt. v. 26. Juli 2007 – 6 U 12/07 = ZEV 2008, 485; BeckOGK/*Everts*, § 2346 BGB, Rn. 38; Edenfeld, ZEV 1997, 134 (136); Holthaus, Leistungsstörungen beim entgeltlichen Erbverzicht, S. 11; Keller, ZEV 2005, 229; Kroiß, ErbR 2019, 466 (470); MüKoBGB/*Wegerhoff*, § 2346 BGB, Rn. 24; Zimmer, NJW 2017, 513 (515); als allgemeine Meinung bezeichnend und mit ausführlichen Nachweisen bereits Schotten, DNotZ 1998, 163 (165), kritisch: Degenhart, RPfleger 1969, 145 (148); für konditionale oder kausale Verknüpfung v. Proff, NJW 2016, 539 (540); MüKoBGB/*Koch*, § 516 BGB, Rn. 28.

327 Vgl. unter F.I.1. und F.I.2.

kommt auch niemand auf die Idee, das Versprechen der Kaufpreiszahlung isoliert zu betrachten und dieses dann als Schenkung einzuordnen. Aus den gleichen Gründen können auch die beiden Leistungsversprechen des Kausalgeschäfts eines entgeltlichen Erb- oder Pflichtteilsverzicht nicht isoliert betrachtet werden; es handelt sich hierbei ebenfalls um einen gegenseitigen Vertrag.

Die Fokussierung allein auf die Einordnung der Ausgleichsleistung hat zur Folge, dass der BGH den Schenkungsbegriff, den er für seine vertragstypologische Qualifikation als allein maßgeblich heranziehen möchte, missversteht. Er übersieht nämlich dessen Zweigliedrigkeit, bestehend aus der objektiven Zuwendung, durch die der Schenker das Vermögen des Beschenkten zulasten seines eigenen mehrt, und der Einigung beider Parteien über die Unentgeltlichkeit dieser Zuwendung.[328] Der subjektiven Einigung der Parteien über die Unentgeltlichkeit der Zuwendung steht das Gegenseitigkeitsverhältnis zwischen dem Versprechen des Verzichts auf ein Erbe als Gegenleistung für das Versprechen einer Ausgleichsleistung entgegen.[329]

Der BGH lässt in seiner Entscheidung damit letztlich die Frage unbeantwortet, wie er angesichts des Gegenseitigkeitsverhältnisses der beiden Leistungsversprechen des Kausalgeschäfts eines entgeltlichen Erbverzichts das für den Schenkungsbegriff wesentliche Merkmal der subjektiven Unentgeltlichkeit überwinden will.[330] Sofern der BGH in seiner Entscheidung davon ausgeht, dass es für die Qualifikation als Schenkung dieses subjektiven Merkmals der Einigung über die Unentgeltlichkeit nicht mehr bedarf, hätte er zuvor den Großen Senat anrufen müssen, vgl. § 132 Abs. 2 GVG.

Der vom BGH im Übrigen angestellte Vergleich zu den Rechtsinstituten der Anordnung der Ausgleichung bzw. Anrechnung geht wohl

---

328 Für die Zweigliedrigkeit des Schenkungsbegriffs statt vieler BeckOGK/*Harke*, § 516 BGB, Rn. 8.

329 Ausführlich hierzu unter E.II.3.a und E.III.2.a.

330 RG (Großer Senat), Urt. v. 30. Januar 1940 – V 76/38 = RGZ 163, 348 (356); BGH, Urt. v. 27. November 1991 – IV ZR 164/90 (Koblenz) = BGH, NJW 1992, 564 (565); BeckOGK/*Herresthal*, § 311 BGB, Rn. 41 f.; MüKoBGB/*Koch*, § 516 BGB, Rn. 27 f. m. w. N.

auf entsprechende Überlegungen in der Literatur zurück.[331] Bei diesen Überlegungen wird jedoch übersehen, dass die Rechtsinstitute der Anordnung der Anrechnung und des Pflichtteilsverzichts nicht miteinander vergleichbar sind.[332]

Sofern man schließlich annimmt, der BGH habe nicht nur die Ausgleichsleistung qualifiziert, sondern insgesamt das Kausalgeschäft eines entgeltlichen Erbverzichts i.w.S., kann die vom BGH gefundene Lösung ebenfalls nicht überzeugen. Nach Ansicht des BGH würden damit die Schenkungsvorschriften insgesamt auf das Kausalgeschäft eines entgeltlichen Erbverzichts i.w.S. anzuwenden sein. Dies hätte jedoch zur Folge, dass nicht nur die Ausgleichsleistung, sondern auch der Erbverzicht selbst u.a. wegen groben Undanks nach § 530 BGB widerrufen werden könnte. Jedenfalls letzteres soll jedoch durch § 517 BGB, wie eingangs bereits dargestellt,[333] gerade nicht möglich sein. Im Übrigen würde es sehr überraschen, wenn dem unentgeltlichen Erbverzicht keine Schenkung als Rechtsgrund zugrunde liegt,[334] dem entgeltlichen Erbverzicht i.w.S. dagegen schon.

Vor diesem Hintergrund wird deutlich, dass die Entscheidung des BGH in beiden Auslegungsmöglichkeiten nicht überzeugen kann. Dogmatisch sauberer wäre es in allen Fällen gewesen, wenn der BGH das zugrundeliegende schuldrechtliche Rechtsgeschäft insgesamt, d.h. ganzheitlich typologisiert hätte. Hierzu hätte er auf die methodischen Grundsätze bei der Typologisierung typengemischter bzw. atypischer Rechtsgeschäfte zurückgreifen können.

---

331 Bereits Speckmann, NJW 1970, 117.

332 Hierzu ausführlich unter E.III.1.b. und E.III.2.b.

333 Vgl. A.II.1.

334 So aber BeckOGK/*Everts*, § 2346 BGB, Rn. 4; BeckOGK/*Harke*, § 517 BGB, Rn. 8; BeckOK/*Litzenburger*, § 2346 BGB, Rn. 34; Burandt/Rojahn/*Große-Boymann*, § 2346 BGB, Rn. 27; Damrau/Tanck/*Kurze*, § 2346 BGB, Rn. 7; Keller, ZEV 2005, 229 (232); ebenfalls MüKoBGB/*Koch*, § 517 BGB, Rn. 5; MüKoBGB/*Wegerhoff*, § 2346 BGB, Rn. 5; Schotten, DNotZ 1998, 163 (164); Staudinger/*Schotten*, 2022, § 2346 BGB, Rn. 225 f.; v. Proff, DNotZ 2017, 84 (102).

c) Zusammenfassung

In dieser Entscheidung nimmt der BGH erstmals Stellung zum Kausalgeschäft des entgeltlichen Erbverzichts i.w.S. Ob sich die von ihm vorgenommene Einordnung auf das Versprechen der Ausgleichsleistung beschränkt oder für das Kausalgeschäft des entgeltlichen Erbverzichts insgesamt Geltung beansprucht, bleibt offen.

Unabhängig davon vermag das Ergebnis des BGH jedoch bei keiner der beiden denkbaren Auslegungsmöglichkeiten zu überzeugen. Soweit der BGH davon ausgeht, nur das Versprechen der Ausgleichsleistung im Rahmen eines entgeltlichen Erbverzichts sei regelmäßig als Schenkung zu qualifizieren, übersieht er den Gegenseitigkeitscharakter des Kausalgeschäfts. Dieses besteht einerseits aus dem Versprechen der Ausgleichsleistung und anderseits aus dem Versprechen auf den Erbverzicht. Die Versprechen werden jeweils mit Rücksicht aufeinander abgegeben und wären nicht ohne das jeweils andere Versprechen erfolgt. Sie stehen damit in einem Gegenseitigkeitsverhältnis. Letztlich fehlt es daher für die Annahme einer Schenkung am subjektiven Merkmal der Einigung über die Unentgeltlichkeit.

Soweit der BGH die vertragstypologische Qualifikation insgesamt für das Kausalgeschäft eines entgeltlichen Erbverzichts gelten lassen möchte, d.h. auch hinsichtlich des Versprechens des Erbverzichts, so übersieht er dabei den entgegenstehenden § 517 BGB.

Unklar bleibt in der Entscheidung des BGH auch, ob die vertragstypologische Einordnung nur für das Kausalgeschäft des Erbverzichts i.w.S. gelten soll. Nur zu diesem ist die Entscheidung ergangen. Allerdings legt die Urteilsbegründung nahe, dass die Entscheidungsgrundsätze auch auf das Kausalgeschäfts eines Pflichtteilsverzichts übertragen werden können.[335]

Insgesamt wirft die Entscheidung daher mehr Fragen auf, als sie beantwortet.

335 Vgl. etwa BGH, Urt. v. 7. Juli 2015 – X ZR 59/13 = BGH, NJW 2016, 324 (326.), Rn. 19;

V. Zusammenfassung

Die Rechtsprechungsgrundsätze, die sich aus der dargestellten Judikatur des BGH zur Thematik des entgeltlichen Erb- und Pflichtteilsverzichts ergeben, lassen sich wie folgt zusammenfassen:

- Eine Ausgleichsleistung für einen entgeltlichen Pflichtteilsverzicht ist unentgeltlich i. S. d. § 3 Abs. 1 Nr. 4 AnfG a.F. bzw. § 4 AnfG.[336]
- Gewährt der Erblasser dem Verzichtenden für dessen Verzicht auf sein gesetzliches Erbrecht eine Ausgleichsleistung, können die Erben diese nicht im Rahmen eines Pflichtteilsergänzungsanspruchs nach § 2325 Abs. 1 BGB zurückfordern. Dies gilt jedenfalls solange, wie sich die Ausgleichsleistung wertmäßig im Rahmen dessen hält, was der Verzichtende voraussichtlich von Todes wegen geerbt hätte. Auf den Wert eines dem Verzichtenden zustehenden Pflichtteilsanspruchs kommt es insoweit hingegen nicht (mehr) an.[337] In der dogmatischen Herleitung bleibt unklar, ob die Ausgleichsleistung dabei als entgeltlich zu qualifizieren oder aber § 2325 Abs. 1 BGB teleologisch zu reduzieren ist.
- Einer Ausgleichsleistung für einen entgeltlichen Erbverzicht kann als Rechtsgrund eine Schenkung zugrunde liegen. Der Verzicht auf das Erb- und Pflichtteilsrecht nimmt der Ausgleichsleistung jedenfalls insoweit nicht den Charakter der Unentgeltlichkeit, als er nach dem Willen der Vertragsparteien der Ausgleichung der lebzeitigen Zuwendung bei der Erbfolge dienen soll. Ein solcher Wille ist mangels gegenläufiger Anhaltspunkte regelmäßig anzunehmen, wenn die Höhe der Ausgleichsleistung in etwa der Erberwartung entspricht oder diese gar übersteigt.[338]

---

so im Ergebnis auch BeckOGK/*Everts*, § 2346 BGB, Rn. 41; Keim, ZEV 2016, 94; Müller, ZNotP 2016, 82 (83); a. A. v. Proff, NJW 2016, 539 (540); Staudinger/*Herzog*, 2021, § 2325 Rn. 101.

336 BGH, Urt. v. 28. Februar 1991 – IX ZR 74/90 = BGH, NJW 1991, 1610.

337 BGH, Urt. v. 3. Dezember 2008 – IV ZR 58/07 = BGH, NJW 2009, 1143.

338 BGH, Urt. v. 7. Juli 2015 – X ZR 59/13 = BGH, NJW 2016, 324.

E. Zur Frage der Entgeltlichkeit oder Unentgeltlichkeit des Kausalgeschäfts von Erbverzicht und Pflichtteilsverzicht

Es wurde bereits dargestellt, dass nach der Gesetzessystematik der Pflichtteilsverzicht ein auf das Pflichtteilsrecht beschränkter Erbverzicht ist. Der Erbverzicht i.w.S. ist damit die Kombination aus einem Erbverzicht i.e.S. und einem Pflichtteilsverzicht. Es stellt sich daher die Frage, ob und inwieweit sich die Rechtsinstitute des Erbverzichts i.e.S. und des Pflichtteilsverzichts sowie die ihnen jeweils zugrundeliegenden Kausalgeschäfte unterscheiden.

I. Unterschiede zwischen Pflichtteilsverzicht und Erbverzicht i.e.S.

1. Gegenstand des Verzichts:

Der erste wesentliche Unterschied zwischen den beiden Rechtsinstituten liegt in dem jeweiligen Gegenstand des Verzichts. Beim Pflichtteilsverzicht wird auf das Pflichtteilsrecht verzichtet und dadurch das gesetzlich angeordnete Schuldverhältnis des Pflichtteilsrechts aufgehoben.[339] Gegenstand des isolierten Erbverzichts ist der Verzicht auf die prämortale Rechtsposition. Hierbei wird die sich aus dem Familienband ergebende erbrechtliche Beziehung zwischen Erblasser und seinem künftigen Erben aufgehoben.[340]

339 BGH, Urt. v. 13. November 1996 – IV ZR 62/96 (München) = BGH, NJW 1997, 521 (522).

340 Vgl. hierzu Kapitel B.I.1 und B.I.2.

2. Rechtssicherheit

Die jeweiligen Gegenstände der beiden Verzichte unterscheiden sich auch hinsichtlich ihrer Rechtssicherheit. Das Pflichtteilsrecht ist ein bereits zu Lebzeiten des Erblassers bestehendes konkretes Rechtsverhältnis zwischen diesem und dem Pflichtteilsberechtigten.[341] Es sichert die „*grundsätzlich zwingende Nachlassteilhabe der Kinder des Erblassers*"[342] ab. Der Erblasser kann dem Pflichtteilsberechtigten das Pflichtteilsrecht einseitig nur aus den in § 2333 BGB abschließend normierten Gründen entziehen. Die Voraussetzungen hierfür dürften regelmäßig nicht vorliegen.[343] Demgegenüber kann der Erblasser die prämortale Rechtsposition des künftigen gesetzlichen Erben jederzeit einseitig durch letztwillige Verfügung beseitigen. Aus diesem Grund wird der isolierte Erbverzicht teilweise mit einem Losgeschäft verglichen,[344] bei dem der künftige Erbe auf seine „Chance", Erbe zu werden, verzichtet.[345] Im Ergebnis ist die Rechtsposition des Pflichtteilsberechtigten daher sicherer als die des künftigen gesetzlichen Erben.[346]

3. Auswirkung auf Erbfolge und Pflichtteil

Der Pflichtteilsverzicht führt nicht zu einer Änderung der gesetzlichen Erbfolge, sondern lässt diese unberührt.[347] Der Verzichtende kann also

341 BGH, Urt. v. 1. März 1974 – IV ZR 58/72 (Karlsruhe/Freiburg) = BGH, NJW 1974, 1084; BGH, Urt. v. 1. Oktober 1958 – V ZR 53/58 (München) = BGH, NJW 1958, 1964, (1965); BeckOGK/*Obergfell*, § 2303 BGB, Rn. 18; Burandt/Rojahn/*Horn*, § 2303 BGB, Rn. 15; Lange/Kuchinke, Erbrecht, S. 870 f.; MüKoBGB/*Lange*, § 2303 BGB, Rn. 16; a. A. Gierse, Die Abschlussmöglichkeiten des Erb- und Pflichtteilsverzicht nach dem Tode des Erblassers, S. 64.

342 BVerfG, Beschl. v. 19. April 2005 – 1 BvR 1644/00 = BVerfG, NJW 2005.

343 Rheinbay, Erbverzicht, S. 110.

344 Gierse, Abschlussmöglichkeiten eines Erb- und Pflichtteilsverzichts, S. 38 m. w. N.

345 BeckOGK/*Everts*, § 2346 BGB, Rn. 3; BeckOK/*Litzenburger*, § 2346, Rn. 2 BGB; zurückzuführen wohl auf Lange/Kuchinke, Erbrecht, S. 183; Mikat (Hrsg.)/ *Lange*, Festschrift Nottarp, S. 119 (121); kritisch hierzu Metzler, Ausschlagung und Erbverzicht in der dogmatischen Analyse, S. 126 ff.

346 Lange, ErbR 2017, 305 (309 f.); Rheinbay, Erbverzicht, S. 110.

347 MüKoBGB/*Wegerhoff*, § 2346 BGB, Rn. 21.

weiterhin nach den Regeln der gesetzlichen Erbfolge als Erbe berufen werden. Auch die Möglichkeit, durch letztwillige Verfügung von Todes wegen zum Erben berufen zu werden, bleibt von einem Pflichtteilsverzicht unberührt. Der Erbverzicht i.e.S. wirkt sich dagegen unmittelbar auf die gesetzliche Erbfolge aus. Der Verzichtende kann nicht mehr Erbe nach den Regeln der gesetzlichen Erbfolge werden. Dagegen bleibt es möglich, dass der Verzichtende durch letztwillige Verfügung von Todes wegen zum Erben berufen wird.

In diesem Zusammenhang ist nochmals auf den Streit über die Auslegung des § 2310 S. 2 BGB hinzuweisen. Nach richtiger Ansicht führt der Pflichtteilsverzicht – ebenso wie der Erbverzicht i.w.S. – dazu, dass der Verzichtende bei der Berechnung unberücksichtigt bleibt. Dies hat zur Folge, dass sich die Pflichtteilsquote der verbleibenden Berechtigten erhöht.[348] Demgegenüber führt der Erbverzicht i.e.S. entgegen dem Wortlaut des § 2310 S. 2 BGB nach bisher unbestrittener Auffassung dazu, dass der Verzichtende bei der Berechnung der für den Pflichtteilsanspruch maßgeblichen Erbquote mitgezählt wird.[349]

4. Unterschiedliche Ausgestaltung von gesetzlichem Erb- und Pflichtteilsrecht

Schließlich sind das Pflichtteilsrecht und die gesetzliche Erbfolge unterschiedlich ausgestaltet. Kern des Pflichtteilsrechts ist der Pflichtteilsanspruch nach § 2317 BGB. Dieser ist ein auf Geld gerichteter schuldrechtlicher Anspruch, den der Pflichtteilsberechtigte gegen den Erben geltend machen kann. Daraus folgt für den Pflichtteilsverzicht, dass dieser aufgrund der schuldrechtlichen Ausgestaltung des Pflichtteils-

---

348 Vgl. hierzu ausführlich B. IV.; ebenso Staudinger/*Otte*, 2021, § 2310 BGB, Rn. 20 ff.; a. A. BGH, Urt. v. 17. März 1982 – IV a ZR 27/81 (Frankfurt) = BGH, NJW 1982, 2497 jedoch ohne Begründung; BeckOGK/*Szalai*, § 2310 BGB, Rn. 16; Burandt/Rojahn/*Horn*, § 2310 BGB, Rn. 17; DNotI-Report 2019, 83 f.; Schotten, RNotZ 2015, 412 (413 f.); v. Proff, ZEV 2016, 173.

349 BeckOGK/*Szalai*, § 2310 BGB, Rn. 17 f.; BeckOK/*Müller-Engels*, § 2310 BGB, Rn. 8; MüKoBGB/*Lange*, § 2310 BGB, Rn. 8; Staudinger/*Otte*, 2021, § 2310 BGB, Rn. 18; v. Proff, ZEV 2016, 173.

rechts umfassend modifiziert werden kann.[350] Demgegenüber beruht die Erbfolge auf dem Gedanken der Universalsukzession und des „Vonselbsterwerbs“, vgl. §§ 1922, 1942 BGB. Für den Erbverzicht sind daher wegen des Gedankens der Universalsukzession umfassende Modifikationen, wie z.B. eine Beschränkung auf bestimmte Gegenstände, nicht möglich.[351]

In diesem Zusammenhang sei auch erwähnt, dass eine Vorausabtretung des Pflichtteilsanspruchs ebenso zulässig ist, wie ein antizipierter Verzicht auf das Pflichtteilsrecht; wohingegen die Vorausverfügungen über den künftigen Erbteil nach h.M. unzulässig ist.[352]

II. Unterschiede der Kausalgeschäfte

Die unterschiedliche dogmatische Ausgestaltung der gesetzlichen Erbfolge und des Pflichtteilsrecht wirkt sich auf die Dogmatik des Erbverzichts i.e.S. bzw. des Pflichtteilsverzichts aus. Die beiden Rechtsinstitute unterscheiden sich. Damit ist aber noch nicht die Frage beantwortet, ob diese Unterschiede auch Auswirkungen auf das jeweils zugrunde liegende Kausalgeschäft haben.

1. Möglichkeit des Selbstvollzuges

Ein wesentlicher Unterschied besteht zunächst hinsichtlich der Rechtssicherheit der jeweils aufgegebenen Rechtsposition zwischen einem Erbverzicht i.e.S. und einem Pflichtteilsverzicht.

Dem Erbverzicht i.e.S. liegt ein Kausalgeschäft zugrunde, durch das sich der Verzichtende gegenüber dem Erblasser verpflichtet, seine prä-

---

350 BeckOGK/*Everts*, § 2346 BGB, Rn. 79; Staudinger/*Schotten*, 2022, § 2346 BGB, Rn. 74.

351 Hahn, ZEV 2016, 360 (364); Schlitt/Müller, PflichtteilsR-HdB, § 10 Rn. 34 f.

352 Vgl. ausführlich mit Nachweisen für die h.M. Henssler, RNotZ 2010, 221 (237); ebenso BeckOGK/*Schreindorfer*, § 311b BGB, Rn. 438.1; Limmer, DNotZ 1998, 927 (929 ff.); MüKoBGB/*Ruhwinkel*, § 311b BGB, Rn. 143 f.; a. A. für den Erbteil BGH, Urt. v. 11. Mai 1988 – IVa ZR 325/86 (Hamm)= BGH, NJW 1988, 2726.

mortale Rechtsposition als Erbe aufzugeben. Dieses Ergebnis kann der Erblasser aber wegen der schwachen Rechtsposition des gesetzlichen Erben jederzeit durch Enterbung selbst herbeiführen. Soweit es dem Erblasser damit möglich ist, das gewünschte Ergebnis der Enterbung einseitig herbeizuführen, stellt dies die Möglichkeit des Selbstvollzuges dar. Der Selbstvollzug kann als zivilrechtliche Besonderheit gewertet werden. Zwar ist die Selbsthilfe dem Zivilrecht nicht gänzlich fremd,[353] doch beschränkt sie sich im Bereich des Vertragsrechts auf einige wenige Normen, wie z.B. die Aufrechnung nach §§ 387 ff. BGB oder das Selbsthilferecht des Vermieters nach § 562b BGB.

Hinsichtlich des einem Pflichtteilsverzichts zugrundeliegenden Kausalgeschäft besteht für den Erblasser dagegen keine Möglichkeit des Selbstvollzuges. Das Versprechen des Verzichtenden, sein gesetzliches Pflichtteilsrecht aufzugeben, kann der Erblasser nämlich nicht einseitig herbeiführen.

Dieser Umstand hat, wie noch zu zeigen ist, Auswirkungen auf die Qualifikation des den Rechtsinstituten zugrundeliegenden Rechtsgeschäfts bezüglich der Frage der Entgeltlichkeit. Die Frage der Entgeltlichkeit ist wiederum ein wesentliches Unterscheidungsmerkmal für die Qualifikation von Schuldverhältnissen.[354]

2. Entgeltlichkeit/Unentgeltlichkeit

Bereits mehrfach wurde angesprochen, dass sowohl hinsichtlich des Kausalgeschäfts eines Erb- als auch eines Pflichtteilsverzichts umstritten ist, ob dieses als „entgeltlich“ zu qualifizieren ist. Auch der BGH hat sich mit dieser Frage in unterschiedlicher Art und Weise bereits mehrfach beschäftigt.[355] Da sich Pflichtteilsverzicht und Erbverzicht i.e.S., wie aufgezeigt, unterscheiden, wird für das jeweilige Kausalgeschäft dieser beiden Rechtsinstitute nachfolgend die Frage nach der Entgeltlichkeit untersucht.

353 Vgl. etwa §§ 226 ff, 562b, 704, 859 f., 910, 962 BGB.
354 Medicus/Lorenz, Schuldrecht BT, Einleitung Rn. 4.
355 Vgl insoweit ausführlich Kapitel D.

a) Entgeltlichkeit des Kausalgeschäfts eines entgeltlichen Erbverzichts i.e.S.

Zur Erinnerung: Das Kausalgeschäft eines entgeltlichen Erbverzichts i.e.S. beinhaltet das Versprechen auf die gesetzliche Erbfolge, nicht jedoch auf das Pflichtteilsrecht, zu verzichten, sowie das Versprechen einer Ausgleichsleistung für diesen Verzicht.

aa) Argumente für die Unentgeltlichkeit

Insbesondere *Speckmann* und *Haegele* vertreten die Ansicht, der isolierte Erbverzicht sei keine Gegenleistung, die einer Ausgleichsleistung für den Erbverzicht das Merkmal der Unentgeltlichkeit nehme.[356] *Speckmann* geht sogar so weit zu formulieren, „[d]*aß aber der Verzicht auf etwas, das der andere jederzeit nach freiem Belieben entziehen kann, ein Entgelt soll darstellen können, ist eine m.E. unhaltbare Auffassung.*“[357] Durch den isolierten Erbverzicht befreie sich der Erblasser allein von dem Gefühl der moralischen Bindung, seinem gesetzlichen Erben etwas vererben zu müssen. Diese Befreiung von einem moralischen Gefühl habe keinen Entgeltcharakter, der einer Ausgleichsleistung für einen isolierten Erbverzicht als Gegenleistung gegenüberstehe.[358] Nach dieser Auffassung sei daher, wenn überhaupt nur, der Pflichtteilsverzicht eine denkbare entgeltliche Gegenleistung für eine Ausgleichsleistung, nicht aber der isolierte Erbverzicht.

bb) Argumente für die Entgeltlichkeit

Gegen diese Auffassung wendet sich insbesondere *Rheinbay*. Ungeachtet der Möglichkeit des Selbstvollzuges bei Erbverzicht i.e.S., qualifiziert *Rheinbay* diesen als Gegenleistung für die Ausgleichszahlung und

356 Haegele, BWNotZ 1971, 36 (39); Speckmann, NJW 1970, 117.
357 Speckmann, NJW 1970, 117 (119).
358 Speckmann, NJW 1970, 117 (119).

damit das zugrunde liegende Kausalgeschäft insgesamt als entgeltliches Geschäft.[359] Dazu zieht er – wie schon *Lange*[360] – einen Vergleich zum Losgeschäft: Ein Los vermittle, ebenso wie die Stellung als künftiger Erbe, die Chance auf einen Vermögenserwerb. Noch bevor sich die Chance auf einen tatsächlichen Vermögenserwerb realisiere, könne diese Chance wirtschaftlich verwertet werden. So könne das Los verkauft werden, bzw. der gesetzliche Erbe könne seinen künftigen gesetzlichen Erbteil an seine künftigen Miterben veräußern, vgl. § 311 Abs. 5 BGB. Die Möglichkeit des Verzichts auf den künftigen gesetzlichen Erbteil gegenüber dem Erblasser gegen eine Ausgleichsleistung stelle eine weitere Verwertungsmöglichkeit für den Verzichtenden dar. Die Chance auf den Vermögenserwerb durch den Erbfall, d.h. die prämortale Rechtsposition des künftigen Erben, sei daher bereits aufgrund ihrer wirtschaftlichen Verkehrsfähigkeit als entgeltlich zu qualifizieren und der Verzicht hierauf eine relevante Gegenleistung.[361]

Soweit *Speckmann* meint, der Verzicht auf das über den Pflichtteil hinausgehende gesetzliche Erbrecht sei keine *„echte, d.h. einen Vermögenswert beinhaltende Gegenleistung“*, hält *Rheinbay* ihm entgegen, dass ein solches Kriterium dem Schenkungsbegriff des § 516 BGB nicht entnommen werden könne.[362] Unter Bezugnahme auf den Schenkungsbegriff führt *Rheinbay* vielmehr aus, dass eine die Schenkung ausschließende Gegenleistung grundsätzlich keinen materiellen Vermögenswert beinhalten muss. Dem ist zuzustimmen. Die Gegenleistung liegt auch dann vor, wenn diese „nur“ immateriellen Charakter hat.[363]

---

359 Rheinbay, Erbverzicht, S. 102.

360 Mikat (Hrsg.)/*Lange*, Festschrift Nottarp, S. 119 (122).

361 Hierzu im Ganzen Rheinbay, Erbverzicht, S. 100.

362 Ebd. S. 103.

363 BGH, Beschl. v. 6. November 2013 – XII ZB 434/12 = BGH, NJW 2014, 294 (296) m. w. N.; Höfling, Schenkung und unentgeltliche Verfügung, S. 113; MüKo-BGB/*Koch*, § 516 BGB, Rn. 25; Staudinger/*Kanzleiter*, 2018, § 2287 BGB, Rn. 3; a. A. jedenfalls zu § 2287 BGB Staudinger/*Raff*, 2022, § 2287 BGB, Rn. 17; zu §§ 2325 ff. BGB ebenfalls andere Ansicht Pentz, FamRZ 1998, 660 (661).

cc) Stellungnahme

Im Ergebnis ist die Ansicht von *Rheinbay*, wonach das Kausalgeschäft eines entgeltlichen, isolierten Erbverzichts ein entgeltliches Geschäft sei, dennoch abzulehnen. Für die Frage der Unentgeltlichkeit bzw. Entgeltlichkeit kommt es, wie *Rheinbay* selbst zurecht anmerkt, auch auf ein subjektives Kriterium an.[364] Die Begrifflichkeiten der Entgeltlichkeit bzw. Unentgeltlichkeit knüpfen an den Schenkungsbegriff des § 516 Abs. 1 BGB an.[365]

(i) Der Schenkungsbegriff

Ein Schenkungsvertrag setzt nach § 516 BGB in objektiver Hinsicht eine durch die Erfüllung des Vertrages bewirkte Entreicherung des Schenkers und eine dadurch bedingte Bereicherung des Beschenkten voraus. In subjektiver Hinsicht bedarf es der Einigung der Beteiligten darüber, dass diese Zuwendung unentgeltlich erfolgen und der Vermögenszuwachs des Beschenkten nicht (vollständig) durch eine Gegenleistung des Schenkers ausgeglichen werden soll.[366] Kennzeichnend für den Schenkungsbegriff ist somit die Zweigliedrigkeit, bestehend aus der (objektiven) Zuwendung, durch die der Schenker das Vermögen des Beschenkten zu Lasten seines eigenen Vermögens vermehrt, und der (subjektiven) Einigung der Beteiligten über die Unentgeltlichkeit dieser

364 Rheinbay, Erbverzicht, S. 71; ebenso Höfling, Schenkung und unentgeltliche Verfügung, S. 115.

365 Lange, ErbR 2017, 305 (308) für den Pflichtteilsverzicht; Grüneberg/*Weidenkaff*, § 516 BGB, Rn. 8; krit. BGH, Urt. v. 7. Juli 2015 – X ZR 59/13 = BGH NJW 2016 324 (325) Rn. 16 knüpft zwar im konkreten Fall ebenfalls an den Schenkungsbegriff an, grenzt den Begriff der Unentgeltlichkeit im Schenkungsrecht allerdings zum Unentgeltlichkeitsbegriff im Pflichtteilsrecht und Anfechtungsrecht ab, ebenso v. Proff, NJW 2016, 539 (541); krit. auch Höfling, Schenkung und unentgeltliche Verfügung, S. 375 ff. Ein unterschiedliches Verständnis der Schenkungsbegriffe in §§ 516 ff. und in §§ 2325 ff. BGB widerspricht aber der bisher h.M. vgl. Apelt, Güterstandswechsel, S. 27.

366 Ständige Rechtsprechung, vgl. u. a. BGH (X. Zivilsenat), Urt. v. 20. Oktober 2020 – X ZR 7/20 = BeckRS 2020, 36312, Rn. 17.

Zuwendung.[367] Das Merkmal der Einigung über die Unentgeltlichkeit ist negativ definiert, d.h. es darf keine Erfüllung einer Verbindlichkeit, keine Rechtsgrundlosigkeit, kein sonstiger Rechtsgrund und kein Leistungsaustausch vorliegen.[368] Ein die Unentgeltlichkeit ausschließender Leistungsaustausch ist bei Verknüpfungen sowohl nach Art eines gegenseitigen Vertrages als auch durch Aufstellen einer Bedingung oder eines entsprechenden Rechtszwecks gegeben (sog. synallagmatische, konditionale, kausale Verknüpfung).[369]

Rheinbay vertritt die Ansicht, der Erbverzicht i.e.S. nehme der Ausgleichsleistung des Erblassers jedenfalls in subjektiver Hinsicht die Unentgeltlichkeit. Er verweist richtigerweise darauf, dass eine die Unentgeltlichkeit ausschließende Gegenleistung auch immateriellen Charakter haben kann.[370] Allerdings übersieht *Rheinbay*, dass die Gegenleistung zwar auch nur immateriellen Charakter haben kann, dass sie aber immer vom Willen und der Mitwirkung des anderen Teils abhängig sein muss.[371] Es ist dem Begriff der Gegenleistung immanent, dass die Gegenpartei eine Leistung erbringen muss. Gerade daran fehlt es aber beim Erbverzicht i.e.S. Für den Erblasser besteht hier nämlich die Möglichkeit des Selbstvollzuges. Er kann den Verzichtenden jederzeit selbst einseitig durch eine letztwillige Verfügung enterben und ist daher

367 BeckOGK/*Harke*, § 516 BGB, Rn. 8.

368 BeckOGK/*Harke*, § 516 BGB, Rn. 58; MüKoBGB/*Koch*, § 516 BGB, Rn. 24 und 27 m. w. N.

369 BGH, NJW 1992, 564; RG (Großer Senat), Urt. v. 30. Januar 1940 – V 76/38 = RGZ 163, 348 (356); BeckOGK/*Herresthal*, § 311 BGB, Rn. 41 f.; MüKoBGB/*Koch*, § 516 BGB, Rn. 27 f. m. w. N.

370 Rheinbay, Erbverzicht, S. 103; ebenso: BGH, Beschl. v. 6. November 2013 – XII ZB 434/12 = BGH, NJW 2014, 294 (296) m. w. N.; Höfling, Schenkung und unentgeltliche Verfügung, S. 113; MüKoBGB/*Koch*, § 516 BGB, Rn. 25; Staudinger/*Kanzleiter*, 2018, § 2287 BGB, Rn. 3; a. A. jedenfalls zu § 2287 BGB Staudinger/*Raff*, 2022, § 2287 BGB, Rn. 17; zu §§ 2325 ff. BGB ebenfalls andere Ansicht Pentz, FamRZ 1998, 660 (661).

371 So etwa im Fall der Entlohnung für besondere Bemühungen, die zum Gewinn einer Meisterschaft beitragen, vgl. BGH, Urt. v. 28. Mai 2009 – Xa ZR 9/08 (LG Potsdam) = BGH, NJW 2009, 273, Rn. 10 f.; ebenso die weiteren Beispiele, vgl. zur Übersicht MüKoBGB/*Koch*, § 516 BGB, Rn. 25.

zur Erreichung des Enterbungszwecks nicht auf die Mitwirkung oder Zustimmung des Verzichtenden angewiesen.

Zu Recht argumentiert *Rheinbay* daher auch nicht mit einer Erweiterung der Testierfreiheit des Erblassers. Um es mit seinen eigenen Worten zu sagen: „*Der einzige Vorteil für den Erblasser liegt daher nur in dem Umstand, daß das Ausscheiden des Abgefundenen nicht einseitig, sondern vertraglich im beiderseitigen Einvernehmen erfolgt.*“[372]

Damit ist aber die „Leistung“ des Verzichtenden nur in dem zu sehen, was *Speckmann* als Befreiung des Erblassers von einem Gefühl der moralischen Bindung beschrieben hat.[373] Würde man mit *Rheinbay* bereits die Befreiung von diesem Gefühl für die Bejahung einer relevanten, d.h. die Unentgeltlichkeit ausschließenden Gegenleistung ausreichen lassen, wäre der Begriff *ad absurdum* geführt.

Zunächst würde ein solches Verständnis die Relevanz der gesetzlichen Erbfolge maßlos überhöhen und die Bedeutung der letztwilligen Verfügung in den Hintergrund treten. Es würde fälschlicherweise der Eindruck erweckt werden, die gesetzliche Erbfolge schaffe eine Art Präjudizierung, von der sich der Erblasser, möchte er davon abweichend letztwillig testieren, freikaufen muss. Dies widerspricht aber dem in § 1937 BGB normierten Gedanken: Der Erblasser kann den Erben durch einseitige Verfügung jederzeit frei bestimmen. Wie der Gesetzessystematik zu entnehmen ist, ist dieser Gedanke vorrangig zur gesetzlichen Erbfolge. Zwar steht die gesetzliche Erbfolge in §§ 1924 ff. BGB zu Beginn des fünften Buches des BGB und bildet damit die Grundlage für das Erbrecht. Der nachfolgende § 1937 BGB normiert aber insoweit den Spezialfall, der nach dem *lex specialis*-Prinzip den Grundfall der gesetzlichen Erbfolge verdrängt.

Würde man die These von *Rheinbay* konsequent weiterdenken, so müsste man im Ergebnis eine Schenkung bereits dann ausschließen, wenn der Schenker hofft, der Beschenkte werde ihm durch die Zuwendung zugetan, wohlgesinnt oder dankbar sein. Damit wäre aber die Fallgruppe der Schenkung faktisch ausgeschlossen, denn welcher

---

372 Rheinbay, Erbverzicht, S. 101 f. Unterstreichung auch im Original.
373 Speckmann, NJW 1970, 117 (119).

Schenker erhofft sich durch seine Zuwendung nicht eines der vorgenannten Gefühle beim Beschenkten? Im Übrigen ist darauf hinzuweisen, dass die Schenkung nur bei grobem Undank nach § 530 BGB widerrufen werden kann. Zeigt der Beschenkte schlicht keine Dankbarkeit, schließt dies die Schenkung nicht aus. Nach Ansicht des BGH lässt sich auch der Rechtsprechung nicht entnehmen, *„daß jedes beliebige Interesse ausreiche, die Werthaltigkeit einer Zuwendung zu bejahen“*.[374]

Die These von *Rheinbay*, dass allein die Herbeiführung von Einvernehmlichkeit ausreicht, um den Entgeltcharakter eines Geschäfts zu begründen, ist daher abzulehnen. Der einvernehmliche Verzicht auf die gesetzliche Erbfolge reicht für die Begründung des Entgeltcharakters des Kausalgeschäfts eines Erbverzichts i.e.S nicht aus.

(ii) Vermögenswert des Erbverzichts i.e.S.

Im Übrigen ist der Ansicht von *Rheinbay* entgegenzutreten, wonach dem Erbverzicht i.e.S. ein Vermögenswert zukomme und dieser daher als eine die Unentgeltlichkeit ausschließende Gegenleistung qualifiziert werden könne.

Zwar ist *Rheinbay* zunächst in einem Punkt zuzustimmen: Schließt der künftige gesetzliche Erbe mit den übrigen gesetzlichen Erben ein Verpflichtungsgeschäft über die Veräußerung seines künftigen gesetzlichen Erbteils gem. § 311b Abs. 5 BGB ab, so kann dem Vertragsgegenstand in diesem Zusammenhang eine wirtschaftliche Bedeutung nicht abgesprochen werden.[375] Für die künftigen gesetzlichen (Mit-)Erben mag der gesetzliche Erbteil eine wirtschaftliche Bedeutung haben, für die sie zu zahlen bereit sind. *Rheinbay* übersieht jedoch, dass dies für das Kausalgeschäft eines isolierten entgeltlichen Erbverzichts aufgrund der divergierenden Beteiligten nicht gilt. Denn die Zahlungsbereitschaft des Erblassers für einen solchen Erbverzicht ist bei rationa-

374 BGH, Urt. v. 28. Februar 1991 – IX ZR 74/90 = BGH, NJW 1991, 1610 (1611).
375 Rheinbay, Erbverzicht, S. 100.

lem Verhalten[376] mit Null anzusetzen. Der Erblasser kann das „Ziel" der Enterbung auch ohne Mitwirkung des Verzichtenden durch letztwillige Verfügung quasi kostenlos erreichen. Dem isolierten Erbverzicht kommt daher keine wirtschaftliche Bedeutung zu.

Nichts anderes ergibt sich aus dem häufig angestellten Vergleich des Erbverzichts mit dem Losgeschäft. Zwar ist ein Los verkäuflich und ein rationaler Käufer würde wohl für das Los jedenfalls den Preis zahlen, der sich aus dem Produkt aus Gewinnwahrscheinlichkeit und Gewinnhöhe ergibt. Allerdings ist der von einigen Autoren angestrengte Los-Vergleich für den isolierten, entgeltlichen Erbverzicht unvollständig. Richtigerweise müsste die Vergleichsfrage hier lauten: Würde die Losgesellschaft das Los gegen Zahlung zurückerwerben, wenn sie das Los auch jederzeit einseitig durch Änderung der Spielregeln ungültig machen könnte? Nur diese Frage beschreibt den Gegenstand des isolierten, entgeltlichen Erbverzichts korrekt. Der Erblasser kann durch den isolierten Erbverzicht – wie dargestellt – nichts gewinnen, was er nicht bereits schon hat. Der isolierte Erbverzicht führt nicht zu einer Erweiterung der Testierfreiheit des Erblassers. Unabhängig vom Erbverzicht kann der Erblasser den Verzichtenden durch letztwillige Verfügung einfach enterben. Auch im Übrigen gewinnt der Erblasser durch den Erbverzicht nichts außer dem Gefühl der Einvernehmlichkeit. Die Situation ist daher nur mit der einer Lotteriegesellschaft vergleichbar, die vor der Frage steht, ob sie das Los gegen Zahlung zurückerwerben soll, wenn sie es auch selbst jederzeit einseitig durch Änderung der Spielregeln für ungültig erklären könnte. Die Zahlungsbereitschaft für diese „Gewinnchance" ist – rationales Verhalten der Beteiligten unterstellt[377] – wiederum mit Null anzusetzen. Dies liegt daran, dass die Zahlungsbereitschaft für Gewinnchancen aus ökonomischer Sicht dem Produkt aus Gewinnwahrscheinlichkeit und Gewinnhöhe entspricht.

376 Zu den Grundlagen des Konzept des homo oeconomicus, Eidenmüller, Effizienz als Rechtsprinzip, S. 22 ff. und S. 29 ff.

377 Zu den Grundlagen des Konzept des homo oeconomicus, Eidenmüller, Effizienz als Rechtsprinzip, S. 22 ff. und S. 29 ff.

Ist die Höhe des Gewinns jedoch Null, so wird auch die Zahlungsbereitschaft immer Null sein.

Im Ergebnis ist also die Frage der Entgeltlichkeit bzw. Unentgeltlichkeit abhängig von den beteiligten Personen unterschiedlich zu bewerten. Dies wird bedingt durch das subjektive Kriterium der Einigung über die (Un-)Entgeltlichkeit. Während der Veräußerung des künftigen Erbteils durch den gesetzlichen Erben an die übrigen gesetzlichen Erben gem. § 311b Abs. 5 BGB durchaus ein Vermögenswert innewohnt, gilt dies nicht für die „Veräußerung" an den Erblasser. Diesem steht nämlich die Möglichkeit offen, das Ziel der Enterbung ohne Mitwirkung des Verzichtenden jederzeit kostenlos selbst herbeiführen zu können.

Die These von *Rheinbay*, wonach dem Erbverzicht ein Vermögenswert zukomme, ist daher abzulehnen.

b) Isolierter, entgeltlicher Pflichtteilsverzicht

Ebenso umstritten ist auch, ob das Kausalgeschäft des entgeltlichen Pflichtteilsverzichts als entgeltliches oder unentgeltliches Rechtsgeschäft zu qualifizieren ist. Zur Erinnerung: Durch das Kausalgeschäft des entgeltlichen Pflichtteilsverzichts verpflichtet sich der Pflichtteilsberechtigte, auf seinen gesetzlichen Pflichtteil zu verzichten und lässt sich dafür vom Erblasser eine Ausgleichsleistung versprechen. Da bei einem isolierten entgeltlichen Pflichtteilsverzicht die Möglichkeit des Selbstvollzuges ausgeschlossen ist, stehen die beiden Leistungsversprechen in einem Gegenseitigkeitsverhältnis. Das eine Leistungsversprechen wurde mit Rücksicht auf das jeweils andere abgegeben und umgekehrt.

aa) Meinungsspektrum

Der Meinungsstreit zur Frage der Entgeltlichkeit wird beim Kausalgeschäft des entgeltlichen Pflichtteilsverzicht bislang eher am Rande geführt.[378] Stattdessen konzentriert sich dieser überwiegend auf den Erbverzicht i.w.S.[379] Die Diskussion wird dabei sowohl im Zusammenhang mit den Vorschriften des Schenkungsrechts nach §§ 516 ff. BGB, als auch im Zusammenhang mit den Regelungen über die Pflichtteilsergänzung nach §§ 2325 ff. BGB geführt. Teilweise wird dabei vertreten, es handele sich um unterschiedliche Diskussionen, deren jeweiliger Diskussionsstand nicht übertragbar sei, obwohl das Gesetz jeweils den Begriff der „Schenkung" verwendet.[380]

Letztlich gibt es eine Vielzahl ergebnisorientierter Einzelfalllösungen, die jeweils abhängig davon sind, ob ein entgeltlicher Pflichtteilsverzicht oder ein entgeltlicher Erbverzicht i.w.S. vereinbart wurde, oder ob es um Fragen der Rückforderbarkeit nach §§ 528 ff. BGB oder aber der Pflichtteilsergänzung nach § 2325 BGB geht. Vor diesem Hintergrund verwundert es kaum, dass eine fehlende Systematisierung beklagt wird.[381] Ursache für diese Meinungsvielfalt und Streitstandkomplexität ist letztlich das falsche Auslegungsverständnis der h.M. zu § 2310 S. 2 BGB.[382]

Im Hinblick auf die vertragstypologische Einordnung des Kausalgeschäfts eines entgeltlichen Erbverzichts durch den BGH in Verbindung mit §§ 528, 530 BGB wird teilweise vertreten, dass die Entscheidungsgrundsätze uneingeschränkt auf das Kausalgeschäft des entgeltlichen

378 Vgl. etwa Lange, ErbR 2017, 305 (309), der im Übrigen davon ausgeht, dass *„sich bisher keine obergerichtliche oder gar höchstrichterliche Entscheidung mit der Frage beschäftigen müssen, ob die Abfindung für einen reinen Pflichtteilsverzicht entgeltlichen oder unentgeltlichen Charakter besitzt.*"; v. Proff, NJW 2016, 539.

379 Zum Meinungsspektrum für den Erbverzicht i.w.S. Übersicht in BGH, Urt. v. 7.7.2015 – X ZR 59/13 = BGH NJW 2016, 324 (325), Rn. 12.

380 BGH, Urt. v. 7.7.2015 – X ZR 59/13 = BGH NJW 2016, 324 (325), Rn. 16; ebenso v. Proff, NJW 2016, 539 (541); für die ehebedingte Zuwendung auch BGH, Urt. v. 27. November 1991 – IV ZR 164/90 = BGH NJW 1992, 564; ebenso Klingelhöffer, NJW 1993, 1097 (1099); a. A. Lange, ErbR 2017, 305 (308) und statt vieler Apelt, Güterstandswechsel, S. 27; zum Schenkungsbegriff und der unentgeltlichen Verfügung im Erbrecht allgemein: Höfling, Schenkung und unentgeltliche Verfügung.

381 So etwa BeckOGK/*Everts*, § 2346 BGB, Rn. 41.

382 Zur Streitdarstellung vgl. ausführlich B.VI.2 und B.VI.3.

Pflichtteilsverzichts übertragbar seien.[383] Demnach wären auf das Kausalgeschäft des entgeltlichen Pflichtteilsverzichts die Vorschriften des Schenkungsrechts anwendbar. Die Übertragbarkeit der Entscheidungsgrundsätze wird u.a. mit dem (falschen) Auslegungsverständnis der h.M. zu § 2310 S. 2 BGB begründet.[384] Diesem Auslegungsverständnis kann jedoch nicht gefolgt werden.[385]

Für eine differenzierende Lösung tritt namentlich *von Proff* ein.[386] Er differenziert danach, ob nach dem Willen der Parteien der Pflichtteilsverzicht oder die Vermögensübertragung im Mittelpunkt des Rechtsgeschäfts steht. Während im ersten Fall ein entgeltliches Rechtsgeschäft zu bejahen sei, sei für den zweiten Fall von einem unentgeltlichen Rechtsgeschäft auszugehen. Allerdings ist bei *von Proff* die Tendenz erkennbar, das Kausalgeschäft im Grundsatz den Regeln über die Ausstattung bzw. der ehebedingten Zuwendung unterwerfen zu wollen. Demnach wäre das Kausalgeschäft nicht als Schenkung, sondern als Ausstattung oder ehebedingte Zuwendung zu qualifizieren.[387] Die Anwendbarkeit der §§ 528, 530 BGB wäre dann ausgeschlossen. Zugleich hält *von Proff* die Kompensationsleistung für einen Pflichtteilsverzicht im Rahmen der §§ 2325 ff. BGB für „pflichtteilsergänzungsfest", sodass auch insoweit keine Schenkung vorliegen würde.[388]

Eine Gegenmeinung zu § 2325 BGB geht hingegen davon aus, dass der Pflichtteilsverzicht der Ausgleichsleistung nicht das Merkmal der

---

383 BeckOGK/*Everts*, § 2346 BGB, Rn. 41; Keim, ZEV 2016, 94; Müller, ZNotP 2016, 82 (83); a. A. Staudinger/*Herzog*, 2021, § 2325 Rn. 101; v. Proff, NJW 2016, 539 (540).

384 Keim, ZEV 2016, 94: „*Da der bloße Pflichtteilsverzicht keine Erhöhung der Pflichtteilsansprüche anderer Pflichtteilsberechtigter nach § 2310 S. 2 BGH zur Folge hat, ist im Rahmen der Pflichtteilsergänzung trotz der BGH-Entscheidung aus dem Jahre 2008 die Abfindung für den bloßen Pflichtteilsverzicht weiterhin als Schenkung anzusehen.*"

385 Vgl. hierzu ausführlich B.VI.3.

386 Nachfolgend im Ganzen v. Proff, NJW 2016, 539 ff.

387 v. Proff, NJW 2016, 539 (541 f.).

388 v. Proff, NJW 2016, 539 (540); im Ergebnis ebenso Streßig, ErbR 2016, 2 (5) aber zugleich gegen eine schematische Anwendung.

Unentgeltlichkeit nimmt.[389] Nach dieser Gegenmeinung ist das Kausalgeschäft des entgeltlichen Pflichtteilsverzichts also zumindest im Kontext der Pflichtteilsergänzung nach §§ 2325 ff. BGB als Schenkung zu qualifizieren.

Für eine generelle Einordnung des Kausalgeschäfts des entgeltlichen Pflichtteilsverzichts als unentgeltliches Geschäft hat sich insbesondere *Speckmann* ausgesprochen.[390] Dem steht eine insbesondere von *Rheinbay* vertretene Gegenmeinung gegenüber, die grundsätzlich von der Entgeltlichkeit ausgeht.[391]

Das Meinungsspektrum zu dieser Frage ist also durchaus vielschichtig.

(i) Argumente für die Unentgeltlichkeit

Soweit ersichtlich geht das zentrale Argument[392] für die Unentgeltlichkeit des Kausalgeschäfts des isolierten, entgeltlichen Pflichtteilsverzichts auf *Speckmann* zurück. Dieser stützt seine These auf einen Vergleich mit § 2315 Abs. 1 BGB.[393]

Danach könne der Erblasser statt eines entgeltlichen Pflichtteilsverzichts auch eine Zuwendung an den Pflichtteilsberechtigten verfügen und dabei die Anrechnung der Zuwendung auf den Pflichtteil anordnen. Eine solche Zuwendung mit Anrechnungsbestimmung führe zum gleichen Ergebnis wie ein isolierter, entgeltlicher Pflichtteilsverzicht. Da aber eine Zuwendung mit Anrechnungsbestimmung unzweifelhaft eine Schenkung sei, könne für den entgeltlichen Pflichtteilsverzicht

389 BeckOGK/*Everts*, § 2346 BGB, Rn. 42.4; im Ergebnis auch Lange, ErbR 2017, 305 (310 f.).

390 Speckmann, NJW 1970, 117.

391 Haegele, BWNotZ 1971, 36 (39); Reul, MittRhNotK 1997, 373; Rheinbay, Erbverzicht, S. 112 ff.; Tendenz bzgl. Entgeltlichkeit, aber im Ergebnis Einzelfallentscheidung: Kollhosser, AcP 1994, 231 (259 ff.).

392 So etwa auch BGH, Urt. v. 7.7.2015 – X ZR 59/13 = BGH NJW 2016, 324 (325).

393 Speckmann, NJW 1970, 117 (119); dem folgend etwa BeckOGK/*Everts*, § 2346 BGB, Rn. 42.4; a. A. Haegele, BWNotZ 1971, 36 (39); Kollhosser, AcP 1994, 231 (259 ff.); Lange, ErbR 2017, 305 (310); Reul, MittRhNotK 1997, 373.

nichts anderes gelten. Alles andere wäre eine nicht zu rechtfertigende Ungleichbehandlung wirtschaftlich *„völlig gleichliegender Sachverhalte"*.[394]

In der Sache hat der BGH diese Argumentation für den entgeltlichen Erbverzicht i.w.S. übernommen.[395] Auch wenn die in Bezug genommene Entscheidung zum entgeltlichen Erbverzicht i.w.S. ergangen ist, hat sich der BGH durchaus auf eine pflichtteilsrechtliche Argumentation gestützt.[396] Es verwundert daher nicht, dass in der Literatur teilweise die Übertragbarkeit der Entscheidungsgrundsätze zum Kausalgeschäft eines entgeltlichen Erbverzicht i.w.S. auf das Kausalgeschäft des entgeltlichen Pflichtteilsverzicht befürwortet wird.[397]

Des Weiteren begründet der BGH seine Auffassung damit, dass es nicht gerechtfertigt sei, dem Schenker im Falle seiner Verarmung die Möglichkeit zu nehmen, die Zuwendung nach § 528 BGB zurückzufordern, weil der beschenkte Verzichtende auf sein, in diesem Fall wertloses Erb- und Pflichtteilsrecht verzichtet habe. Dies widerspräche dem von den Parteien gewollten Ausgleich bzw. ihrem Ziel, die lebzeitige Verfügung entsprechend der letztwilligen Verfügung auszugestalten. Ebenso wenig wäre es nach Ansicht des BGH gerechtfertigt, dem Schenker bei grobem Undank des Beschenkten die Möglichkeit des Widerrufs der Zuwendung nach § 530 BGB zu versagen. Zwar seien die Voraussetzungen einer Pflichtteilsentziehung nach § 2333 BGB insgesamt strenger als die für den Schenkungswiderruf. In den Fällen des § 2333 Abs. 1 Nr. 1–Nr. 3 BGB seien die Voraussetzungen für einen Schenkungswiderruf damit aber erst recht erfüllt. Wenn der Schenker sogar den Pflichtteil nach § 2333 BGB entziehen könne, müsse die Ent-

394 Ebd.

395 BGH, Urt. v. 7. Juli 2015 – X ZR 59/13 = BGH, NJW 2016, 324 (325 f.), Rn. 17 f.

396 BGH, Urt. v. 7. Juli 2015 – X ZR 59/13 = BGH, NJW 2016, 324 (326.), Rn. 19: *„Der Verzicht auf das Erb- oder Pflichtteilsrecht (…) der Zuwendung jedenfalls insoweit nicht den Charakter der Unentgeltlichkeit* [nimmt], *als er – nach dem Willen der Vertragsparteien – der Ausgleichung der lebzeitigen Zuwendung bei der Erbfolge dienen soll."* Unterstreichung nicht im Original.

397 BeckOGK/*Everts*, § 2346 BGB, Rn. 41; Keim, ZEV 2016, 94; Müller, ZNotP 2016, 82 (83); a. A. Staudinger/*Herzog*, 2021, § 2325 Rn. 101; v. Proff, NJW 2016, 539 (540).

ziehung der Zuwendung für einen Erb- und Pflichtteilsverzicht nach § 530 BGB erst recht möglich sein.[398]

Aus den vorgenannten Gründen hält es der BGH daher für interessensgerecht, die mit der Qualifikation des Rechtsgeschäfts als Schenkung verbundenen Rechtsfolgen – konkret die Rückforderungsrechte der §§ 528, 530 BGB – auf den Abfindungsvertrag eines entgeltlichen Erbverzichts i.w.S. anzuwenden. Da der BGH in seiner Begründung – wie bereits angesprochen – auch auf den Pflichtteilsverzicht rekurriert, erscheint die Übertragbarkeit der Entscheidungsgrundsätze des BGH zur vertragstypologischen Qualifikation des Abfindungsvertrages eines entgeltlichen Erbverzichts i.w.S. auf das Kausalgeschäft eines entgeltlichen Pflichtteilsverzichts durchaus konsequent.[399]

Der BGH kommt zum Ergebnis, dass „[d]*er Verzicht auf das Erb- oder Pflichtteilsrecht (…) der Zuwendung jedenfalls insoweit nicht den Charakter der Unentgeltlichkeit* [nimmt], *als er – nach dem Willen der Vertragsparteien – der Ausgleichung der lebzeitigen Zuwendung bei der Erbfolge dienen soll. Ein solcher Wille ist bei Fehlen gegenläufiger Anhaltspunkte regelmäßig anzunehmen, wenn die Höhe der Zuwendung in etwa der Erberwartung entspricht oder diese gar übersteigt. Demgegenüber kann es gegen eine Schenkung sprechen, wenn die Zuwendung wertmäßig deutlich hinter der Erberwartung zurückbleibt.*“[400]

Wendet man diese Entscheidungsgrundsätze des BGH auf das Kausalgeschäfts eines entgeltlichen Pflichtteilsverzichts an, wäre dieses regelmäßig als unentgeltlich zu qualifizieren und die Schenkungsvorschriften wären damit anwendbar.

---

398 Insgesamt hierzu BGH, Urt. v. 7. Juli 2015 – X ZR 59/13 = BGH, NJW 2016, 324 (326.), Rn. 18.

399 Vgl. BGH, Urt. v. 7. Juli 2015 – X ZR 59/13 = BGH, NJW 2016, 324 (326.), Rn. 19; im Ergebnis auch BeckOGK/*Everts*, § 2346 BGB, Rn. 41; Keim, ZEV 2016, 94; Müller, ZNotP 2016, 82 (83); a. A. Staudinger/*Herzog*, 2021, § 2325 Rn. 101; v. Proff, NJW 2016, 539 (540).

400 BGH, Urt. v. 7. Juli 2015 – X ZR 59/13 = BGH, NJW 2016, 324 (326.), Rn. 19.

(ii) Argumente für die Entgeltlichkeit

Gegen die vorstehende Auffassung wendet sich insbesondere *Rheinbay*.[401] In Fortführung seiner These, dass bereits das Kausalgeschäft des entgeltlichen Erbverzichts i.e.S. als entgeltliches Rechtsgeschäft zu qualifizieren sei, sieht er für das Kausalgeschäft des entgeltlichen Pflichtteilsverzichts noch gewichtigere Argumente für dessen Entgeltlichkeit.

Zunächst bewertet *Rheinbay* die Rechtsposition des Verzichtenden beim entgeltlichen Pflichtteilsverzichtsvertrag als rechtssicherer als beim entgeltlichen Erbverzicht i.e.S.[402] Unabhängig davon, was genau Gegenstand des Pflichtteilsverzichts sei, stehe fest, dass das Pflichtteilsrecht vom Erblasser nur unter den engen Voraussetzungen des § 2333 BGB einseitig entzogen werden könne. Diese seien jedoch regelmäßig nicht erfüllt. Für das Kausalgeschäft des entgeltlichen Pflichtteilsverzichts besteht daher keine Möglichkeit des Selbstvollzuges.

Dieser gesicherten Rechtsposition misst *Rheinbay* analog zu seiner Argumentation beim Erbverzicht i.e.S. mit Verweis auf § 311b Abs. 5 BGB (bzw. dessen Vorgängernorm § 312 Abs. 2 BGB) eine wirtschaftliche Verwertbarkeit zu, die bereits für sich genommen die Entgeltlichkeit des Kausalgeschäfts begründe.[403]

Aus Sicht der Vertreter der h.M. zu § 2310 S. 2 BGB konsequent ist auch die Feststellung von *Rheinbay*, dass der Erblasser durch den Pflichtteilsverzicht profitiere, indem sich seine Testierfreiheit erweitere. Der Pflichtteilsverzicht führt dazu, dass die Pflichtteilansprüche des Verzichtenden entfallen. Eine Anwachsung der Pflichtteilsansprüche der übrigen Pflichtteilsberechtigten tritt nach dem Auslegungsverständnis der h.M. nicht ein, weil § 2310 S. 2 BGB nach dem Verständnis der h.M. auf den Pflichtteilsverzicht keine Anwendung findet.[404]

---

401 Rheinbay, Erbverzicht, S. 112 ff.; im Ergebnis ebenso Haegele, BWNotZ 1971, 36 (39); Klingelhöffer, Pflichtteilsrecht, Rn. 596; Kollhosser, AcP 1994, 231 (259 ff.); Lange, ErbR 2017, 305 (310); Reul, MittRhNotK 1997, 373; Theiss/Boger, ZEV 2006, 143 (144 f.).

402 Rheinbay, Erbverzicht, S. 110; ebenso Lange, ErbR 2017, 305 (309 f.).

403 Rheinbay, Erbverzicht, S. 110; ebenso Lange, ErbR 2017, 305 (309 f.).

404 Str. für die h.M. BGH, Urt. v. 17. März 1982 – IV a ZR 27/81 (Frankfurt) = BGH, NJW 1982, 2497 jedoch ohne Begründung; BeckOGK/*Szalai*, § 2310 BGB, Rn. 16.;

Nach diesem Auslegungsverständnis erweitert der Pflichtteilsverzicht die Testierfreiheit des Erblassers. Zutreffend erkennt *Rheinbay*, dass diese Rechtsfolge letztlich nur dem Erben des Erblassers zugutekommt. Denn nicht der Erblasser, sondern der Erbe ist mit den Pflichtteilsansprüchen der Pflichtteilsberechtigten konfrontiert. Dem Erblasser werde aber „*die Möglichkeit eröffnet, in erweitertem Umfang entgeltliche Erbverträge zu schließen*",[405] da sich die Pflichtteilslast für den Nachlass insoweit verringere. Daraus folgt *Rheinbay*, dass der Pflichtteilsverzicht einen Vermögenswert (gerade) auch für den Erblasser beinhalte.[406]

Einem isolierten, entgeltlichen Pflichtteilsverzicht sei daher Austauschcharakter beizumessen, bei dem der Erblasser seine Testierfreiheit erweitere und dem Verzichtenden dafür im Gegenzug eine Abfindung gewähre.[407] Dies begründe den entgeltlichen Charakter des Kausalgeschäfts eines entgeltlichen Pflichtteilsverzichts. Dieser Sichtweise hatte sich auch das OLG Düsseldorf angeschlossen, welches davon ausgegangen war, dass „[d]*ie Schaffung dieser Testierfreiheit (...) im Sinne einer Gegenleistung auch einen wirtschaftlichen Wert* [habe]. *Der Verzicht werde in der Regel gegen Abfindung erklärt. Dabei ließen sich die Parteien meist von der Vorstellung leiten, was das Erbe wert sein könnte. Trotz der Unsicherheit der künftigen Entwicklung sei eine wertbezogene Einschätzung nicht ausgeschlossen.*"[408]

Dem zentralen Argument *Speckmanns*, das Kausalgeschäft eines entgeltlichen Pflichtteilsverzichts sei aufgrund der Vergleichsbetrachtung mit einer Zuwendung unter Anordnung der Anrechnung gem.

Burandt/Rojahn/*Horn*, § 2310 BGB, Rn. 17; DNotI-Report 2019, 83 f.; Schotten, RNotZ 2015, 412 (413 f.); a. A. Staudinger/*Otte*, 2021, § 2310 BGB, Rn. 20 ff; im Ganzen hierzu vgl. B. IV.

405 Insgesamt hierzu Rheinbay, Erbverzicht, S. 112.

406 Rheinbay, Erbverzicht, S. 112.

407 Rheinbay, Erbverzicht, S. 112; ebenso im Ergebnis ebenso Haegele, BWNotZ 1971, 36 (39); Klingelhöffer, Pflichtteilsrecht, Rn. 596; Kollhosser, AcP 1994, 231 (259 ff.); Lange, ErbR 2017, 305 (310); Reul, MittRhNotK 1997, 373; Theiss/Boger, ZEV 2006, 143 (144 f.).

408 BGH, Urt. v. 28. Februar 1991 – IX ZR 74/90 = BGH, NJW 1991, 1610 mit Verweis auf Urteilsbegründung des OLG Düsseldorfs als Berufungsgericht.

§ 2315 Abs. 1 BGB als unentgeltlich zu qualifizieren sei, widerspricht *Rheinbay*. Er sieht die Vergleichbarkeit der beiden Rechtsinstitute als nicht gegeben an. Zunächst entkräftet *Rheinbay* das Argument der *„wirtschaftlich völlig gleichliegenden Sachverhalte“*.[409] Er weist darauf hin, dass die Anrechnungsvorschrift nur dann den Pflichtteilsanspruch der Höhe nach mindert bzw. den Pflichtteilsanspruch gänzlich ausschließt, wenn die Zuwendung genau der Höhe des Pflichtteilsanspruchs entspricht. Liegt die Zuwendung aber unter der Höhe des späteren Pflichtteilsanspruchs, fehlt es bereits an der wirtschaftlichen Vergleichbarkeit der Sachverhalte.[410] Denn bei der Zuwendung unter Anrechnung auf den Pflichtteil bleibt der Pflichtteilsanspruch grundsätzlich bestehen. Er wird lediglich im Umfang der anzurechnenden Zuwendung gemindert. Beim Pflichtteilsverzicht entfällt nicht nur der Pflichtteilsanspruch, sondern das gesamte Pflichtteilsrecht wird aufgehoben. In diesem Fall bestehen daher auch keine Pflichtteilsergänzungsansprüche.

Ein Unterschied zwischen den Rechtsinstituten bestehe auch hinsichtlich der nicht absehbaren Vermögensentwicklung, wie *Rheinbay* konsequenterweise bemerkt. Der Verzichtende stelle sich gegenüber dem Zuwendungsempfänger insbesondere im Falle einer positiven Vermögensentwicklung des Erblassers schlechter,[411] wie das nachfolgende Beispiel verdeutlicht:

> P ist der pflichtteilsberechtigte Sohn des verheirateten E. Der Umfang des Pflichtteilsanspruchs des P beläuft sich auf die Hälfte seines gesetzlichen Erbrechts, d.h. in diesem Fall auf 1/4 des Nachlasswerts. Der Wert des Vermögens des Erblassers beläuft sich zunächst auf EUR 400.000. Hiervon wendet E dem P EUR 100.000 unter Anrechnung auf den Pflichtteil zu. Das Vermögen des E wächst bis zum Erbfall trotz dieser Zuwendung auf EUR 700.000. Obwohl P bereits EUR 100.000 unter Anrechnung der Zuwendung auf seinen Pflichtteil erhalten hat, kann er einen Pflichtteilsanspruch in

409 Speckmann, NJW 1970, 117 (119).
410 Rheinbay, Erbverzicht, S. 114 ff.
411 Rheinbay, Erbverzicht, S. 115.

Höhe von weiteren EUR 100.000 geltend machen. Hätte P die EUR 100.000 jedoch im Gegenzug für einen Pflichtteilsverzicht erhalten, hätte P von der positiven Vermögensentwicklung des E nicht mehr profitiert. Sein Pflichtteilsanspruch wäre ausgeschlossen.

Darüber hinaus stellt *Rheinbay* auch konstruktive Unterschiede zwischen den beiden Rechtsinstituten fest. Während die Rechtsfolgen der Zuwendung unter Anordnung der Anrechnung kraft einseitiger Bestimmung des Erblassers und des Gesetzes einträten, beruhe die Rechtsfolge beim Kausalgeschäft des entgeltlichen Pflichtteilsverzichts auf der Erfüllung des Versprechens durch den Pflichtteilsberechtigten. Es sei gerade diese Gegenleistung des Pflichtteilsberechtigten, die der Einordnung der erhaltenen Ausgleichsleistung als unentgeltliche Schenkung entgegenstehe.[412]

Zusammengefasst hält *Rheinbay* die Rechtsinstitute der Anordnung der Ausgleichung und des Pflichtteilsverzichts für konstruktiv nicht miteinander vergleichbar.

bb) Stellungnahme

Richtigerweise ist das Kausalgeschäft, das einem isolierten, entgeltlichen Pflichtteilsverzicht als Rechtsgrund zugrunde liegt, als entgeltliches Geschäft zu qualifizieren.

(i) Der Schenkungsbegriff

Im Ausgang kann für die Argumentation auf den Schenkungsbegriff abgestellt werden. Dieser ist zweigliedrig ausgestaltet, bestehend aus der (objektiven) Zuwendung, durch die der Schenker das Vermögen des Beschenkten zulasten seines eigenen mehrt, und der (subjektiven) Einigung beider Parteien über die Unentgeltlichkeit dieser Zuwendung.[413]

412 Rheinbay, Erbverzicht, S. 116.
413 BeckOGK/*Harke*, § 516 BGB, Rn. 8.

Der entgeltliche Pflichtteilsverzicht ist jedenfalls kein subjektiv unentgeltliches Geschäft – im Einzelnen:

(1) Objektiver Teil: Die Zuwendung

Hinsichtlich des objektiven Bestandteils des Schenkungsbegriffs – der Zuwendung – kann den Vertretern, die für den unentgeltlichen Charakter des Kausalgeschäfts plädieren, noch zugestimmt werden. Der Pflichtteilsverzicht ist im Grundsatz objektiv unentgeltlich und führt beim Erblasser nicht zu einer objektiven Vermögensmehrung – im Einzelnen:

Die Erfüllung des Ausgleichungsversprechens ist eine Zuwendung, die zu einer Bereicherung des Verzichtenden führt. Das Vermögen des Erblassers wird dadurch unmittelbar geschmälert, d.h. dieser wird entreichert. Dem steht kein Mittelzufluss auf Seiten des Erblassers gegenüber, der den Wert seiner Kompensationsleistung objektiv ausgleicht oder verringert. Entgegen der Ansicht von *Rheinbay* erlangt der Erblasser grundsätzlich auch nicht ein Mehr an Testierfreiheit durch den Pflichtteilsverzicht. Bei richtigem Verständnis des § 2310 S. 2 BGB erhöht sich durch den Pflichtteilsverzicht nämlich die Pflichtteilsquote der übrigen Berechtigten.[414] Der Erblasser bzw. dessen Erben sind daher mit einer im Ergebnis gleichbleibenden Pflichtteilsquote belastet, weshalb der Erblasser seine Testierfreiheit im Grundsatz nicht erweitert.

Eine Erweiterung der Testierfreiheit tritt – entsprechend der Überlegungen von *Rheinbay* zum Erbverzicht i.w.S. – nur in den folgenden Fällen ein:[415]

1. Der Vertragspartner ist der einzige Pflichtteilsberechtigte des Erblassers. In diesem Fall kann keine Erhöhung der Pflichtteilsansprüche der übrigen Berechtigten erfolgen, schlicht und einfach, weil es keine weiteren Berechtigten gibt.

---

414 Vgl. B.VI.3.

415 Nachfolgend im Ganzen: Rheinbay, Erbverzicht, S. 121 ff.

2. Der Erblasser schließt mit allen Pflichtteilsberechtigten zugleich einen entgeltlichen Pflichtteilsverzicht ab. Im Ergebnis fallen alle Pflichtteilsberechtigten weg. Dies hat im Ergebnis die gleiche Folge wie der vorherige Fall.
3. Der Erblasser schließt mit dem ungeliebten Pflichtteilsberechtigten einen Pflichtteilsverzicht ab. In diesem Fall erhöht sich zwar der Pflichtteilsanspruch der übrigen Berechtigten. Dies ist aus Sicht des Erblassers aber immer dann nicht weiter störend, wenn der Erblasser die übrigen Berechtigten nach seiner Vorstellung sowieso begünstigen wollte.

Nur in den vorstehend genannten Fällen erlangt der Erblasser tatsächlich oder faktisch ein „Mehr" an Testierfreiheit. *Rheinbay* erkennt darin einen objektiven Vermögenswert.[416] Auch in der Rechtsprechung hat diese Ansicht bereits Zustimmung gefunden.[417] Jedenfalls für die genannten Fälle verdient dies Zustimmung. In den übrigen Fällen führt der Pflichtteilsverzicht jedoch nicht zu einer objektiven Vermögensmehrung des Erblassers.

Es wäre jedoch verkürzt, wenn man aus diesem Grundsatz den Schluss zieht, das Kausalgeschäft eines entgeltlichen Pflichtteilsverzichts sei als Schenkung zu typologisieren.[418]

---

416 Rheinbay, Erbverzicht, S. 124, a. A. Reul, MittRhNotK 1997, 373 (380).

417 BGH, Urt. v. 28. Februar 1991 – IX ZR 74/90 = BGH, NJW 1991, 1610 mit Verweis auf Urteilsbegründung des OLG Düsseldorfs als Berufungsgericht, welches nach den Urteilsausführungen des BGH ausgeführt hatte, dass „[d]*ie Schaffung dieser Testierfreiheit (...) im Sinne einer Gegenleistung auch einen wirtschaftlichen Wert* [habe]. *Der Verzicht werde in der Regel gegen Abfindung erklärt. Dabei ließen sich die Parteien meist von der Vorstellung leiten, was das Erbe wert sein könnte.*

418 So etwa für den Erbverzicht i.w.S. Dietz, MittBayNot 2009, 475 (477); Höfling, Die Schenkung und die unentgeltliche Verfügung im Erbrecht, 2019, S. 114; Muscheler, Erbrecht Bd. I, Rn. 2342; zu Recht kritisch BeckOGK/*Everts*, § 2346 BGB, Rn. 39; v. Proff, NJW 2016, 539 (540).

(2) Subjektiver Teil: Einigung über die Unentgeltlichkeit

Die objektive Unentgeltlichkeit allein begründet noch keine Schenkung. Der Schenkungsbegriff ist nach obiger Begriffsdefinition zweigliedrig aufgebaut und setzt daher neben der Zuwendung noch voraus, dass sich beide Vertragsparteien darüber einig sind, dass die Zuwendung unentgeltlich erfolgt (Stichwort: subjektive Unentgeltlichkeit).[419]

Es wurde bereits ausgeführt, dass das Merkmal der Einigung über die Unentgeltlichkeit negativ abgegrenzt wird.[420] Ebenfalls ausgeführt wurde bereits, dass die Gegenleistung auch einen immateriellen Charakter haben kann.[421]

Richtigerweise ist das Kausalgeschäft des entgeltlichen Pflichtteilsverzichts ein gegenseitiger Vertrag.[422] Beide Parteien verpflichten sich zu ihrer Leistung gerade mit Blick auf die Gegenleistung des anderen. Anders als beim Erbverzicht i.e.S. kann keine Partei das gewünschte Ergebnis selbst einseitig herbeiführen. Es besteht keine Möglichkeit der Selbstvollzuges. Die Mitwirkung der anderen Partei ist *conditio sine qua non*. Die Kompensationsleistung kann daher nicht vom Verzicht getrennt betrachtet werden, denn der Verzicht wäre ohne die Kompensation nicht erfolgt und umgekehrt wäre die Kompensation

---

419 v. Proff, NJW 2016, 539 (540).

420 BeckOGK/*Harke*, § 516 BGB, Rn. 58; MüKoBGB/*Koch*, § 516 BGB, Rn. 24 und 27 m. w. N.

421 BGH, Beschl. v. 6.November 2013 – XII ZB 434/12 = BGH, NJW 2014, 294 (296) m. w. N.; Höfling, Schenkung und unentgeltliche Verfügung, S. 113; MüKoBGB/*Koch*, § 516 BGB, Rn. 25; Staudinger/*Kanzleiter*, 2018, § 2287 BGB, Rn. 3; a. A. jedenfalls zu § 2287 BGB Staudinger/*Raff*, 2022, § 2287 BGB, Rn. 17; zu §§ 2325 ff. BGB ebenfalls andere Ansicht Pentz, FamRZ 1998, 660 (661).

422 So auch Gerlach-Worch, ErbR 2022, 552 (555); im Übrigen für den Erbverzicht i.w.S. OLG Düsseldorf, Urt. v. 20. Dezember 2013 – I-7 U 153/12 = ZEV 2014, 265 (266); OLG Celle, Urt. v. 26. Juli 2007 – 6 U 12/07 = ZEV 2008, 485; BeckOGK/*Everts*, § 2346 BGB, Rn. 38; Edenfeld, ZEV 1997, 134 (136); Holthaus, Leistungsstörungen beim entgeltlichen Erbverzicht, S. 11; Keller, ZEV 2005, 229; Kroiß, ErbR 2019, 466 (470), MüKoBGB/*Wegerhoff*, § 2346 BGB, Rn. 24; Zimmer, NJW 2017, 513 (515); als allgemeine Meinung bezeichnend und mit ausführlichen Nachweisen bereits Schotten, DNotZ 1998, 163 (165), kritisch: Degenhart, RPfleger 1969, 145 (148).

ohne den Verzicht nicht gezahlt worden.[423] Dieser Zusammenhang wird auch in der Literatur erkannt, namentlich etwa von *Lange*, der zur folgender Feststellung gelangt: „*Es liegt nahe, dass er* [Anm.: der Verzichtende] *sich diese unentziehbare Nachlassbeteiligung „abkaufen" lässt. Ähnliches gilt beim reinen Pflichtteilsverzicht für den Erblasser, der mit diesem Schritt etwas erhalten möchte, was er mittels einer bloßen testamentarischen Enterbung nicht erreichen kann: die Erweiterung seiner Testierfreiheit. Für diesen ideellen Wert muss er in vielen Fällen eine Abfindungsleistung an den Pflichtteilsberechtigten erbringen, was er ansonsten vielleicht unterlassen hätte. Schon wegen der Motivlagen der Beteiligten liegt eine Schenkung beim reinen Pflichtteilsverzicht jedenfalls nicht in jedem Fall auf der Hand.*"[424]

Diese synallagmatische Verknüpfung der beiden Versprechen steht der Einordnung des Kausalgeschäfts als unentgeltliches Geschäft im Ergebnis entgegen.

Die Wechselbezüglichkeit der Versprechen wird auch nicht dadurch aufgehoben, dass in der Praxis der abstrakte Pflichtteilsverzicht – also das Verfügungsgeschäft – *uno actu* in der Urkunde des schuldrechtlichen Vertrags, d. h. im zeitlichen Zusammenhang mit dem Verpflichtungsgeschäft, vereinbart wird. Zwar wird teilweise – im Kontext der Formbedürftigkeit – argumentiert, dass es der Begründung eines Verpflichtungsgeschäfts nicht mehr bedürfe, wenn dieses in unmittelbaren zeitlichen Zusammenhang mit dem Vollzug steht. Werde der Pflichtteilsverzicht *uno actu* erklärt, bedürfe er nur einer Rechtsgrundabrede und nicht der Begründung eines Verpflichtungsgeschäfts.[425] Diese Ansicht steht gedanklich der früher weit verbreiteten Auffassung nahe, wonach der Erb- und Pflichtteilsverzicht ihren Rechtsgrund in sich selbst

423 So auch Münch, FPR 2012, 302 (304) für die Kompensation für den Verzicht auf den Unterhaltsanspruch und Zugewinnanspruch.

424 Lange, ErbR 2017, 305 (309 f.).

425 Keller, ZEV 2005, 229 (232); ebenso v. Proff, DNotZ 2017, 84 (98).

tragen.[426] Letztere Ansicht wurde bereits abgelehnt.[427] Die Vertreter der Ansicht, dass ein *uno actu* erklärter Pflichtteilsverzicht nur einer Rechtsgrundabrede und nicht eines Verpflichtungsgeschäfts bedürfe, gehen im Übrigen selbst davon aus, dass das Kausalgeschäft eines entgeltlichen Verzichts als ein gegenseitiger Vertrag zu qualifizieren sei.[428] Dies ist konsequent. Bei einem Kaufvertrag des täglichen Lebens, bei dem Leistung und Gegenleistung ebenfalls unmittelbar bewirkt werden, wird auch niemand ernsthaft vertreten, es liege kein gegenseitiger Vertrag, sondern nur eine bloße Rechtsgrundabrede vor. Daran ändert sich auch dann nichts, wenn sich jemand im Rahmen eines Kaufvertrages zur Vorleistung verpflichtet. Die Vorleistungspflicht bei einem Kaufvertrag lässt dessen Synallagma unberührt. Die Wechselbezüglichkeit des Leistungsversprechens beim entgeltlichen Pflichtteilsverzicht trotz Vollzug *uno actu* steht damit der Annahme der subjektiven Unentgeltlichkeit des Kausalgeschäfts zwingend entgegen.

Die Einordnung des Kausalgeschäfts eines entgeltliches Pflichtteilsverzichts als entgeltliches Rechtsgeschäft steht auch nicht entgegen, dass dem Leistungsversprechen des Pflichtteilsverzichts objektiv kein Vermögenswert zukommt. Dies ergibt sich bereits aus einer Vergleichsbetrachtung zum Eherecht:

Die Abfindung zur Erleichterung oder Ermöglichung der Scheidung ist nach h.M. keine Schenkung, weil der Abfindungsempfänger mit seiner Zustimmung zur Scheidung eine die Unentgeltlichkeit ausschließende Gegenleistung erbringt.[429] Für das Kausalgeschäft des entgeltlichen Pflichtteilsverzichts kann nichts anderes gelten. Auch hier wird die Kompensation als Gegenleistung dafür gezahlt, dass der Verzichtende auf eine ihm vom Gesetz zugewiesene Position – den Pflichtteil

---

426 Planck/*Greiff*, Bürgerliches Gesetzbuch, Vorbem. zu § 2346, Anm. 4; Meyer, FS Enneccerus, VI S. 1 (9 f.); Löwenstein-Wertheim-Rosenberg, Erbverzicht und Abfindungsvertrag, S. 39; Walsmann, Der Verzicht, S. 297; Woesch, Der Erbverzicht, S. 18.

427 Kapitel C.

428 Keller, ZEV 2005, 229 (232); ebenso v. Proff, DNotZ 2017, 84 (102).

429 BGH, Urt. v. 8. Oktober 1955 – IV ZR 82/55 (OLG Celle 5. November 1954) = BeckRS 1955, 31373431.

– verzichtet. Dieser kann dem Pflichtteilsberechtigten grundsätzlich nicht einseitig, sondern nur unter den Voraussetzungen des § 2333 BGB entzogen werden. Für den Pflichtteilsverzicht ist die Mitwirkung des Pflichtteilsberechtigten also ebenso erforderlich, wie die Mitwirkung des Ehegatten für die Scheidung. Das Kausalgeschäft des entgeltlichen Pflichtteilsverzichts ist insoweit mit dem Abfindungsvertrag einer Scheidungsvereinbarung vergleichbar. Bei letzterem wird allerdings niemand ernsthaft behaupten, dass es sich um ein unentgeltliches Geschäft handelt, nur weil die Zustimmung zur Scheidung keinen objektiver Wert hat.

Der vorstehenden Argumentation kann auch nicht entgegengehalten werden, die Schenkung unter Auflagen (§§ 525 ff. BGB) beweise, dass auch ein Schenkungsvertrag ein Synallagma beinhalten kann, ohne dass das Merkmal der subjektiven Unentgeltlichkeit entfalle.[430] Kennzeichnend für die Schenkung unter Auflagen ist, dass die Auflage aus der Zuwendung selbst bestritten werden kann. Damit beinhaltet die Schenkung unter Auflagen zwar auch einen Austausch von Leistungen; der Leistungsaustausch steht aber – anders als beim gegenseitigen Vertrag – in einem einseitigen Abhängigkeitsverhältnis.[431] Während bei einem Austauschgeschäft die Leistungen in einem Bezug zueinander stehen, verringert die Schenkungsauflage lediglich die Zuwendung. Die Auflage wird aus der Zuwendung selbst bestritten und schmälert diese. Die Abgrenzung zwischen einem Austauschgeschäft und einer Schenkung unter Auflagen wird hauptsächlich mittels des Parteiwillens vorgenommen. Zu prüfen ist dabei, ob nach dem Parteiwillen ein Leistungsaustausch oder nur die Verringerung der Zuwendung gewollt ist.[432]

Die Schenkung unter Auflagen kann daher nicht als Beweis für die These angeführt werden, wonach eine Schenkung ein Synallagma beinhalten kann. Für diesen Beweis fehlt der Schenkung unter Auflagen

430 So etwa aber v. Proff, NJW 2016, 539 (541).

431 BeckOGK/*Harke*, § 525 BGB, Rn. 1; Staudinger/*Chiusi*, 2021, § 525 BGB, Rn. 15 mit Verweis auf Rechtsprechung des RG.

432 Staudinger/*Chiusi*, 2021, § 525 BGB, Rn. 15 m. w. N.

der dafür erforderliche Gedanke des „*do ut des*" und damit das Synallagma selbst.

Zusammenfassend lässt sich das Folgende festhalten:

- Bereits der Schenkungsbegriff steht einer Einordnung des Kausalgeschäfts eines entgeltlichen Pflichtteilsverzichtsvertrages als unentgeltliches Geschäft entgegen. Möchte man im Übrigen zu einem anderen Ergebnis gelangen, geht dies nur für den Preis der Abkehr vom zweigliedrigen Schenkungsbegriff. Sollte diese Abkehr durch die Rechtsprechung vorgenommen werden, wäre eine vorherige Anrufung des Großen Senats erforderlich, vgl. § 132 Abs. 2 GVG. Soweit ersichtlich ist dies bisher nicht geschehen. Im Übrigen würde eine solche Gesetzesauslegung dem Gesetzeswortlaut des § 516 Abs. 1 BGB widersprechen.[433]
- Außerdem spricht für die Annahme der subjektiven Entgeltlichkeit des Kausalgeschäfts eine Vergleichsbetrachtung zur Scheidungsabfindung. In beiden Fällen wird auf eine gesetzlich zugewiesen Rechtsposition verzichtet. Die Zustimmung der Scheidung hat dabei ebenso wenig einen objektiven Vermögenswert wie der Verzicht auf den Pflichtteil.
- Ein Schenkungsvertrag enthält kein Synallagma – auch nicht bei einer Schenkung unter Auflage. Die Auflage wird aus der Zuwendung selbst bestritten. Es kommt daher zu keinem Leistungsaustausch, sondern nur zu einer Verringerung des Werts der Zuwendung.

(3) Zusammenfassung

Das Kausalgeschäft eines entgeltlichen Pflichtteilsverzichts lässt sich nicht unter den Schenkungsbegriff subsumieren. Es fehlt in bestimmten Konstellationen an der objektiven Unentgeltlichkeit, jedenfalls aber an der subjektiven Unentgeltlichkeit. Der Pflichtteilsverzicht stellt eine

433 „(…) *wenn beide Teile darüber einig sind, dass die Zuwendung unentgeltlich erfolgt.*" Unterstreichung nicht im Original.

Gegenleistung für die Ausgleichszahlung dar. Hierfür spricht auch eine Vergleichsbetrachtung zur Scheidungsabfindung, die ebenfalls keine Schenkung, sondern ein entgeltliches Geschäft ist.

(ii) Vergleichsbetrachtung mit § 2315 Abs. 1 BGB

Der zur Begründung der Unentgeltlichkeit oftmals angestellte Vergleich zur Anordnung der Anrechnung nach § 2315 Abs. 1 BGB kann nicht überzeugen. Die Rechtsinstitute der entgeltlichen Pflichtteilsverzichts und der Anordnung der Anrechnung sind nicht vergleichbar – im Einzelnen:

Wendet der Erblasser einem Pflichtteilsberechtigten etwas *freigiebig*[434] aus seinem Vermögen zu Lebzeiten zu, kann der Erblasser vor oder spätestens bei der Zuwendung durch einseitige, empfangsbedürftige Willenserklärung[435] anordnen, dass sich der Pflichtteilsberechtigte die Zuwendung auf seinen späteren Pflichtteilsanspruch anrechnen lassen muss. Die Anordnung wird einseitig durch den Erblasser getroffen, ohne dass es insoweit einer Mitwirkung des Zuwendungsempfängers bedarf.[436] Ein schuldrechtlicher Anspruch gegen den Zuwendungsempfänger wird durch die Anordnung nicht begründet. Die Anordnung der Ausgleichung bzw. Anrechnung wird daher auch nicht als eine Auflage i.S. einer Schenkung unter Auflage nach § 525 BGB qualifiziert.[437] Trotz Anordnung der Anrechnung nach § 2315 Abs. 1 BGB erfolgt die

434 OLG Oldenburg, Urt. v. 5. November 2013 – 12 U 94/13 = OLG Oldenburg, NJOZ 2014, 1164; BeckOK/*Müller-Engels*, § 2315 BGB, Rn. 3; Burandt/Rojahn/*Horn*, § 2315 BGB, Rn. 5; MüKoBGB/*Lange*, § 2315 BGB, Rn. 6 ff.; Staudinger/*Otte*, 2021, § 2315 BGB, Rn. 8, 10 f.

435 OLG Düsseldorf, Urt. v. 26. November 1993 – 7 U 287/92 = OLG Düsseldorf, ZEV 1994, 173; OLG Karlsruhe, Urt. v. 22. Dezember 1989 – 10 U 103/89 = OLG Karlsruhe, NJW-RR 1990, 393; Lange/Kuchinke, Erbrecht, S. 914.

436 MüKoBGB/*Lange*, § 2315 BGB, Rn. 11 und 20; Staudinger/*Otte*, 2021, § 2315 BGB, Rn. 27.

437 BGH, Urt. v. 10. November 1954 – II ZR 165/53 (Düsseldorf) = BGH, NJW 1955, 1353.

Zuwendung freigiebig und damit unentgeltlich.[438] Die h.M. sieht darin das wesentliche Argument dafür, dass bei einem Kausalgeschäft für einen entgeltlichen Pflichtteilsverzicht das Versprechen des Pflichtteilsverzichts der dafür versprochenen Gegenleistung, also der Ausgleichsleistung, nicht den Charakter der Unentgeltlichkeit nimmt.[439]

Rechtsgedanken zur Anordnung der Anrechnung lassen sich aber nur dann auf das Kausalgeschäft eines entgeltlichen Pflichtteilsverzichts übertragen, wenn eine vergleichbare Interessenlage der beiden Rechtsinstitute gegeben ist.[440]

(1) Zunächst: Scheinbare Vergleichbarkeit

Auf den ersten Blick scheint diese gegeben zu sein. Durch die Zuwendung unter Anordnung der Anrechnung „nimmt" der Erblasser dem Pflichtteilsberechtigten einen Teil seines späteren Pflichtteilsanspruchs vorweg. Die Zuwendung mit Anordnung der Anrechnung nach § 2315 Abs. 1 BGB hat insoweit das gleiche Ergebnis wie ein gegenständlich beschränkter bzw. der Höhe nach beschränkter Pflichtteilsverzicht. Im Umfang des Zuwendungswertes gelangt der Pflichtteilsanspruch nicht zur Entstehung.

Gegen diesen Vergleich kann richtigerweise nicht eingewendet werden, dass die Anordnung der Anrechnung einseitig erfolge, während für den Pflichtteilsverzicht die Mitwirkung des Verzichtenden erforderlich sei. Richtig ist zwar, dass die Anrechnung selbst einseitig angeordnet werden kann. Die Schenkung oder Zuwendung bedarf jedoch der Zustimmung des Empfängers. Diese kann er verweigern, so dass er faktisch auch die Anrechnung verweigern kann.[441] Es ist also keineswegs

438 BGH, Urt. v. 7.7.2015 – X ZR 59/13 = BGH, NJW 2016, 324 (326); statt vieler Staudinger/*Schotten*, 2022, § 2346 BGB, Rn. 240 m. w. N.

439 BGH, Urt. v. 7.7.2015 – X ZR 59/13 = BGH, NJW 2016, 324 (326); statt vieler Speckmann, NJW 1970, 117 (119); Staudinger/*Schotten*, 2022, § 2346 BGB, Rn. 240 m. w. N.

440 Allg. Voraussetzungen für eine Analogie BGH, Urt. v. 24. Februar 2021 – VIII ZR 36/20 = BGH NJW, 2021, 1942 (1945) Rn. 38.

441 MüKoBGB/*Lange*, § 2315 BGB, Rn. 20; Staudinger/*Otte*, 2021, § 2315 BGB, Rn. 27.

so, dass der Pflichtteilsanspruch durch die Anordnung der Anrechnung einseitig vom Erblasser geschmälert werden kann. Vor diesem Hintergrund liegt daher eine vergleichende Betrachtung der Rechtsinstitute, insbesondere unter dem Gesichtspunkt des gegenständlich beschränkten Pflichtteilsverzichts, zunächst nahe.

(2) Inkonsequenzen des Vergleichs

Eine Vergleichbarkeit kann aber vom Gesetzgeber nicht gewollt sein. Wäre die Anordnung der Anrechnung nach § 2315 Abs.1 BGB tatsächlich vergleichbar mit einem gegenständlich beschränkten Pflichtteilsverzicht, müsste – um den Vorwurf eines Umgehungsgeschäfts zu vermeiden – auch für die Anordnung die Formvorschrift des § 2348 BGB gelten.[442] Die Anordnung der Anrechnung ist jedoch formfrei, solange das mit ihr verbundene Rechtsgeschäft formfrei ist. Ist dagegen das Rechtsgeschäft der Zuwendung formbedürftig, so bedarf die Anordnung nur dieser Form.[443] Denkt man den Rechtsgedanken der Vergleichbarkeit konsequent zu Ende, so müsste die Formvorschrift des § 2348 BGB auch für die Anrechnungsanordnung entsprechend gelten.[444] Diese Auffassung wird jedoch, soweit ersichtlich, nicht vertreten. Lediglich für die nachträgliche Anordnung sollen die Vorschrif-

---

442 In diese Richtung BGH, Urt. v. 28. Oktober 2009 – IV ZR 82/08 = MittBayNot 2010, 320 (322).

443 BGH, Urt. v. 28. Oktober 2009 – IV ZR 82/08 = MittBayNot 2010, 320 (322); OLG München, Endurt. v. 6. Februar 2019 – 20 U 2354/18 = OLG München, ErbR 2019, 308 (310); BeckOK/*Müller-Engels*, § 2315 BGB, Rn. 7; Horn, ZNotP 2017, 206 (210) = ErbR 2017, 194 (198); Thubauville, MittRhNotK 1992, 289 (297).

444 Der BGH stellt in der Entscheidung BGH, Urt. v. 28. Oktober 2009 – IV ZR 82/08 = MittBayNot 2010, 320 (322) insoweit allerdings fest: „*Nach § 2315 Abs. 1 BGB kann der Erblasser die Anrechnung auf den Pflichtteil und damit dessen Verringerung im Erbfall nach den für das Zuwendungsgeschäft geltenden Formvorschriften wirksam bei der Zuwendung anordnen. Gäbe es diese Möglichkeit nicht, bedürfte es zur Wirksamkeit der Anrechnungsanordnung eines Pflichtteilsverzichts in der Form des § 2348 BGB, weil der Erblasser den Pflichtteil nicht durch letztwillige Verfügung einschränken kann.*“ Unterstreichungen nicht im Original.

ten über den gegenständlich beschränkten Pflichtteilsverzicht gelten.[445] Wenn aber die Anwendung des § 2348 BGB auf die Anrechnungsanordnung nicht vertreten wird, müsste konsequenterweise der Normzweck der Anrechnungsanordnung nach § 2315 Abs. 1 BGB in einer bloßen Formerleichterung für einen gegenständlich beschränkten Pflichtteilsverzicht gesehen werden. Auch diese Auffassung wird jedoch, soweit ersichtlich, nicht vertreten.

Obwohl also die Vergleichbarkeit der Rechtsinstitute des § 2315 Abs. 1 BGB und des Pflichtteilsverzichts propagiert wird und dafür durchaus Argumente fruchtbar gemacht werden können, werden die Konsequenzen, die sich aus der Vergleichbarkeit der beiden Rechtsinstitute ergeben, nicht vertreten. Dies spricht letztlich für die fehlende Vergleichbarkeit der beiden Rechtsinstitute. Darauf hat bereits *Rheinbay* richtigerweisen hingewiesen.[446]

(3) Konstruktive Unterschiede

Zunächst hatte *Rheinbay* u.a. auf konstruktive Unterschiede zwischen den beiden Rechtsinstituten aufmerksam gemacht. So setzt die Anordnung der Anrechnung nach § 2315 Abs. 1 BGB eine auf Freigiebigkeit beruhende Zuwendung voraus.[447] Daran fehlt es, wenn eine Leistungspflicht besteht.[448] Das Kausalgeschäft des entgeltlichen Pflichtteilsverzichts begründet jedoch wechselseitig eben solche Leistungspflichten.

Demnach ist zwar die These der h.M., dass die Anrechnungsanordnung nach § 2315 Abs. 1 BGB der Zuwendung nicht den Charakter der Freigiebigkeit nimmt, für sich genommen zutreffend. Sie besagt aber noch nichts über die Vergleichbarkeit der Rechtsinstitute der Anrech-

---

445 Nachträgliche Anordnung als Pflichtteilsverzicht: BeckOK/*Müller-Engels*, § 2315 BGB, Rn. 10; Horn, NJW 2020, 2609 (2610); Mayer, ZErb 2007, 133 (133); Thubauville, MittRhNotK 1992, 289 (297 f.).

446 Vgl. nachfolgend insgesamt Rheinbay, Erbverzicht, S. 112 ff.

447 OLG Oldenburg, Urt. v. 5. November 2013 – 12 U 94/13 = OLG Oldenburg, NJOZ 2014, 1164; Burandt/Rojahn/*Horn*, § 2315 BGB, Rn. 5 f.; MüKoBGB/*Lange*, § 2315 BGB, Rn. 6 ff.; Staudinger/*Otte*, 2021, § 2315 BGB, Rn. 8, 10 f.

448 Ebd.

nungsanordnung und des entgeltlichen Pflichtteilsverzichts. Vielmehr setzt die Anrechnungsanordnung gerade eine auf Freigiebigkeit beruhende Zuwendung voraus.[449] Wenn aber eben dies Voraussetzung ist, dann ist zugleich denklogisch ausgeschlossen, dass die Anordnung der Anrechnung der Zuwendung den Charakter der Freigiebigkeit nehmen kann. Andernfalls würde das konstitutive Merkmal der Zuwendung selbst entfallen. Die Aussage, wonach die Anordnung der Anrechnung nach § 2315 Abs. 1 BGB der Zuwendung nicht den Charakter der Unentgeltlichkeit nimmt, stellt also nur das Offensichtliche fest. Ein Rückschluss auf den entgeltlichen Pflichtteilsverzicht kann daraus aber nicht gezogen werden.

Das Kausalgeschäft des entgeltlichen Pflichtteilsverzichts begründet dagegen wechselseitige und klagbare Leistungspflichten. Diese stehen der Annahme der Freigiebigkeit entgegen.

(4) Unterschiedliche Zweckrichtung

Neben diesen konstruktiven Unterschieden, ist auch die Zweckrichtung der beiden Rechtsgeschäfte jeweils eine andere.

Durch § 2315 BGB soll eine doppelte Beteiligung des pflichtteilsberechtigten Zuwendungsempfängers am Nachlass des Erblassers vermieden werden.[450] Konkret soll verhindert werden, dass der Empfänger einerseits die Zuwendung und anderseits im Todesfall seinen ungeschmälerten Pflichtteilsanspruch erhält. Die Zuwendung unter Anordnung der Anrechnung kann daher als eine nicht rückzahlbare „Anzahlung auf den Pflichtteilsanspruch“ verstanden werden. Diese verkürzt den Pflichtteilsanspruch, führt aber keine finale Vermögenstrennung herbei.

---

449 OLG Oldenburg, Urt. v. 5. November 2013 – 12 U 94/13 = OLG Oldenburg, NJOZ 2014, 1164; BeckOK/*Müller-Engels*, § 2315 BGB, Rn. 3; Burandt/Rojahn/*Horn*, § 2315 BGB, Rn. 5; MüKoBGB/*Lange*, § 2315 BGB, Rn. 6 ff.; Staudinger/*Otte*, 2021, § 2315 BGB, Rn. 8 und 10 f.

450 Staudinger/*Otte*, 2021, § 2315 BGB, Rn. 1.

Das Kausalgeschäft des entgeltlichen Pflichtteilsverzichts hat demgegenüber den endgültigen Ausschluss des Pflichtteilsrechts in der Person eines bestimmten Pflichtteilsberechtigten insgesamt oder in Bezug auf einen bestimmten Vermögensgegenstand zum Zweck. Die dafür vom Erblasser gewährte Kompensation beruht nicht auf dessen Freigebigkeit, sondern auf der durch das Kausalgeschäft begründeten Leistungspflicht im Sinne einer Gegenleistung. Mit dem Kausalgeschäft des entgeltlichen Pflichtteilsverzichts soll entweder eine vollständige oder – beim gegenständlich beschränkten Pflichtteilsverzicht – eine endgültige Vermögenstrennung in Bezug auf einen bestimmten Vermögensgegenstand erreicht werden.[451] Eine Teilhabe des Pflichtteilsberechtigten an der Vermögensentwicklung des Erblassers ist nicht mehr erwünscht. Die durch den entgeltlichen Pflichtteilsverzicht herbeigeführte endgültige Vermögenstrennung zwischen den Parteien ermöglicht es diesen, fortan ohne Rücksicht aufeinander getrennte Wege zu gehen.

(5) Fehlende wirtschaftliche Vergleichbarkeit

Schließlich sind die beiden Rechtsinstitute auch in wirtschaftlicher Hinsicht nicht miteinander vergleichbar.

Beim entgeltlichen Pflichtteilsverzicht besteht die Möglichkeit, dass der Erblasser in der Folge verarmt, so dass der Verzichtende durch den Verzicht im Ergebnis wirtschaftlich besser dasteht, als wenn er im Erbfall den Pflichtteil verlangt hätte. Ebenso denkbar ist aber auch die umgekehrte Entwicklung, dass sich der Verzichtende mit einem zu geringen Betrag hat „abspeisen" lassen, weil der Erblasser nach dem Geschäft reich geworden ist. Es kann also festgehalten werden: Sinkt das Vermögen des Erblassers, steht der Verzichtende durch die Kompensationsleistung oft besser da. Wächst hingegen das Vermögen des Erblassers, so nimmt der Verzichtende aufgrund seines Verzichts

451 Mikat (Hrsg.)/*Lange*, Festschrift Nottarp, 119 (130).

an diesem Vermögenszuwachs nicht mehr teil.[452] Da keine der Parteien die zukünftigen wirtschaftlichen Entwicklungen sicher vorhersagen kann, lässt sich der entgeltliche Pflichtteilsverzicht als ein Spekulationsgeschäft bezeichnen.[453]

Die Risikoverteilung bei einem Kausalgeschäft für einen entgeltlichen Pflichtteilsverzichtsvertrag lässt sich wie folgt darstellen:

- Die Vermögensentwicklung einer Person unterliegt stets gewissen Schwankungen und lässt sich nicht sicher vorhersagen.
- Aufgrund der Schwierigkeit, verlässliche Aussagen über die zukünftige Entwicklung des Vermögens zu machen, ist es sinnvoll, aus den Vermögensschwankungen der Vergangenheit eine Prognose für die Zukunft abzuleiten.
- Im Regelfall sind dabei folgende Extremfälle denkbar: Der Erblasser kann verarmen, sodass in diesem Fall der Verzichtende ein „gutes" Geschäft gemacht hat. Ebenso möglich ist, dass der Erblasser zu Reichtum kommt, sodass der Verzichtende ein „schlechtes" Geschäft macht.
- Solange die Parteien für diese Extremfälle keine Anpassungsregel vorsehen, ist es ihre privatautonome Entscheidung, dass sich das Chancen-/Risikoverhältnis gegenseitig ausgleicht. Selbst über das Konstrukt der Störung der Geschäftsgrundlage nach § 313 BGB ist keine Anpassung möglich, da die Unsicherheit über die zukünftige Vermögensentwicklung den Parteien bei Abschluss der Vereinbarung bekannt ist und die Vereinbarung gerade abgeschlossen wird, um dieser Unsicherheit zu begegnen.[454]

452 Dieses Risiko erkennt auch der BGH, Urt. v. 13. November 1996 – IV ZR 62/96 (München) = BGH, NJW 1997, 521 (522).

453 Klingelhöffer, Pflichtteilsrecht, Rn. 623; für den Zuwendungsverzicht Kornexl, Der Zuwendungsverzicht, 1998, Rn. 112 ff.; Reul, MittRhNotK 1997, 373 (387); Staudinger/*Schotten*, 2022, Einl. zu §§ 2346 ff. Rn. 29 ff.

454 Im Ergebnis auch Kipp/Coing, ErbR, § 82 VI d); Mikat (Hrsg.)/ *Lange*, Festschrift Nottarp, 119 (130) auch bei besonders extrem Fällen wie einem Lottogewinn; Staudinger/v*Schotten*, 2022, Einl. zu §§ 2346 ff., Rn. 32; Weirich, DNotZ 1986, 5 (13); Zimmermann, Der Verlust der Erbschaft, Rn. 87 mit Verweis auf BGH, NJW 1997, 653 zum Höferecht.

- Die vorstehend beschriebenen Unsicherheiten sind die Parteien bereit einzugehen, um eine rechtssichere und für beide Seiten bindende, endgültige Lösung zu erreichen, die einer finalen Vermögenstrennung dient.[455]

Bei der Anordnung der Anrechnung besteht für den Zuwendungsempfänger kein Risiko hinsichtlich der zukünftigen Vermögensschwankungen des Erblassers. Wächst das Vermögen des Erblassers, so partizipiert der Zuwendungsempfänger daran weiterhin. Durch die Anordnung der Anrechnung bleibt der Pflichtteilsberechtigte vermögensrechtlich also weiterhin mit dem Erblasser verbunden, während der Pflichtteilsverzicht eine endgültige Vermögenstrennung bewirkt. Der Spekulationscharakter des entgeltlichen Pflichtteilsverzichts ist der Anordnung der Anrechnung nach § 2315 Abs. 1 BGB somit fremd.

(6) Zwischenergebnis

Richtigerweise hat es keine Auswirkung auf die Qualifikation des Kausalgeschäfts des entgeltlichen Pflichtteilsverzichts, dass die Anordnung der Anrechnung der Zuwendung im Rahmen des § 2315 Abs. 1 BGB nicht den Charakter der Freigiebigkeit nimmt und die Zuwendung daher als Schenkung qualifiziert wird.

Die Rechtsinstitute des Pflichtteilsverzichts und der Anordnung der Anrechnung sind aus den vorstehenden Gründen nicht miteinander vergleichbar. Rechtsgedanken des einen Rechtsinstituts lassen sich daher nicht auf das andere Rechtsinstitut übertragen.

(iii) Parallele zum Erbschaftsvertrag gem. § 311b Abs. 5 BGB

Nicht nur beim entgeltlichen Pflichtteilsverzicht, sondern auch beim Erbschaftsvertrag nach § 311b Abs. 5 BGB wird das Pflichtteilsrecht „abgekauft". Statt den entgeltlichen Pflichtteilsverzicht mit der Anord-

---

455 Mikat (Hrsg.)/*Lange*, Festschrift Nottarp, 119 (130).

nung der Anrechnung zu vergleichen, bietet es sich stattdessen an, den Pflichtteil mit dem Erbschaftsvertrag nach § 311b Abs. 5 BGB zu vergleichen.

(1) Vergleichbare Rechtsfolge

Der Erbschaftsvertrag wird zwischen den künftigen Erben in notarieller Form geschlossen. Gegenstand kann dabei sowohl der gesetzliche Erbteil als auch das Pflichtteilsrecht sein. Durch den Erbschaftsvertrag erhalten die Erwerber einen Anspruch gegen den Veräußerer auf Übertragung seines Pflichtteils. In diesem Zusammenhang sei noch angemerkt, dass die h.L. auch Vorausverfügungen über den Pflichtteil für zulässig hält.[456] Dies kann z.B. in Form einer antizipierten Abtretung des Pflichtteilsanspruchs erfolgen. Argumentiert wird dabei mit dem schuldrechtlichen Charakter des Pflichtteilsanspruchs.[457] Der Erbschaftsvertrag kann daher bereits auch zu Lebzeiten des Erblassers vollzogen werden. Mit dem Vollzug des Erbvertrages wächst den Erwerbern der Pflichtteil zu. Diese Rechtsfolge entspricht der Rechtsfolge des Pflichtteilsverzichts jedenfalls dann, wenn § 2310 S. 2 BGB auf den entgeltlichen Pflichtteilsverzicht entsprechend angewendet wird.

(2) Spekulationsgeschäft

Sowohl das Kausalgeschäft des entgeltlichen Pflichtteilsverzichts als auch der Erbschaftsvertrag sind ihrem Charakter nach Spekulationsgeschäfte. Für das Kausalgeschäft des entgeltlichen Pflichtteilsverzicht wurde dies bereits dargelegt.[458] Für den entgeltlichen Erbschaftsvertrag

---

456 BeckOGK/*Schreindorfer*, § 311b BGB, Rn. 438.1; Henssler, RNotZ 2010, 221 (237); Limmer, DNotZ 1998, 927 (929 ff.); MüKoBGB/*Ruhwinkel*, § 311b BGB, Rn. 143 f. der nur aus Praktikabilitätsgründen zustimmt; a. A. für den Erbteil BGH, Urt. v. 11. Mai 1988 – IVa ZR 325/86 (Hamm) = BGH, NJW 1988, 2726.

457 Staudinger/*Schumacher*, 2023, § 311b Abs. 4 und Abs. 5 BGB, Rn. 32.

458 Vgl. E.III.2.b).

gilt dies in gleicher Weise: Auch hier kann sich der Wert des Nachlasses ändern, ohne dass dies für die Vertragsbeteiligten vorhersehbar ist.[459]

(3) Unterschiedliche Vertragsparteien

Ein Unterschied zwischen diesen beiden Rechtsinstituten besteht allein hinsichtlich der Vertragsparteien. Während der Erbschaftsvertrag zwischen den künftigen Erben bzw. Pflichtteilsberechtigten geschlossen wird, wird das Kausalgeschäft des entgeltlichen Pflichtteilsverzichts zwischen dem Erblasser und dem Pflichtteilsberechtigten geschlossen. Dieser Unterschied rechtfertigt jedoch keine andere vertragstypologische Einordnung. Dies gilt umso mehr, als der Erbschaftsvertrag auch den Interessen des Erblassers dienen kann.[460] Dies ist etwa dann der Fall, wenn der Erblasser nicht mehr in der Lage ist, die Erbfolge zu gestalten.[461]

Im Übrigen darf es keinen Unterschied machen, ob nun ein künftiger Erbe bzw. Pflichtteilsberechtigter einem anderen Pflichtteilsberechtigten dessen Pflichtteil abkauft, oder ob dies der Erblasser selbst erledigt. Schließlich kann nicht verhindert werden, dass der Erblasser einem seiner Pflichtteilsberechtigten die finanziellen Mittel überlässt, mit denen dieser den Pflichtteil eines anderen Pflichtteilsberechtigten erwerben kann. In einer solchen Konstellation würde der Pflichtteilserwerb letztlich mit Mitteln des Erblassers erfolgen.

(4) Zwischenergebnis

Aufgrund des Vorstehenden ist die Vergleichbarkeit von Erbschaftsvertrag und dem Kausalgeschäft eines entgeltlichen Pflichtteilsverzichts gegeben. Soweit ersichtlich vertritt aber niemand, dass der entgeltliche

459 Ausführlich hierzu: Henssler, RNotZ 2010, 221 (238 f.); Krug/Kroiß, Anwaltsformulare Erbrecht, § 4 Rn. 244; Grüneberg/*Grüneberg*, § 311b BGB, Rn. 74; v. Proff, ZEV 2013, 183 (186 f.).

460 Dutta, ZfPW 2017, 34 (45 f.).

461 Ebd.

Erbschaftsvertrag nach § 311b Abs. 5 BGB eine Schenkung sei. Es ist daher nicht nachvollziehbar, warum das Kausalgeschäft eines entgeltlichen Pflichtteilsverzichts als unentgeltlich qualifiziert werden soll.

Die vom BGH angestrengte Vergleichsbetrachtung zur Zuwendung unter Anordnung der Ausgleichung bzw. Anrechnung kann aus den aufgeführten Argumenten nicht überzeugen. Vorzugswürdiger ist stattdessen ein Vergleich zum Erbschaftsvertrag gem. § 311b Abs. 5 BGB, für den – soweit ersichtlich – nicht die Einordnung als unentgeltliche Schenkung vertreten wird.

(iv) Argumentation unter Berücksichtigung der Rechtsfolgen

In seiner Entscheidung zur Typologisierung des Abfindungsvertrages eines Erbverzichts i.w.S. hielt es der BGH für interessensgerecht, die Rechtsfolgen des Schenkungsrechts – konkret die Rückforderungsrechte des §§ 528, 530 BGB – auf den Abfindungsvertrag anzuwenden. Der BGH begründete dies unter anderem damit, dass es nicht gerechtfertigt sei, dem Erblasser im Falle seiner Verarmung die Möglichkeit der Rückforderung der Gegenleistung nach § 528 BGB nur deshalb zu versagen, weil der Verzichtende auf sein – in diesem Fall wertloses – Erb- und Pflichtteilsrecht verzichtet hat.[462] Wie bereits erwähnt, stützt der BGH seine Argumentation auch auf pflichtteilsrechtliche Erwägungen, weshalb in der Literatur teilweise eine Übertragbarkeit der Entscheidungsgrundsätze auf das Kausalgeschäft des entgeltlichen Pflichtteilsverzichts vertreten wird.[463] Diese an den Rechtsfolgen orientierte Argumentation des BGH vermag nicht zu überzeugen.

462 BGH, Urt. v. 7. Juli 2015 – X ZR 59/13 = BGH, NJW 2016, 324 (326.), Rn. 18; ausführlich besprochen bereits unter D.IV.1.

463 Vgl. BGH, Urt. v. 7. Juli 2015 – X ZR 59/13 = BGH, NJW 2016, 324 (326), Rn. 19; im Ergebnis auch BeckOGK/*Everts*, § 2346 BGB, Rn. 41; Keim, ZEV 2016, 94; Müller, ZNotP 2016, 82 (83); a. A. Staudinger/*Herzog*, 2021, § 2325 BGB, Rn. 101; v. Proff, NJW 2016, 539 (540).

(1) Unzulässigkeit der Berücksichtigung nachträglicher Umstände

Der Ansatz des BGH, die Einordnung des Kausalgeschäfts als entgeltliches oder unentgeltliches Geschäft anhand nachträglicher Umstände und in Abhängigkeit von der gewünschten Rechtsfolge vorzunehmen, ist schon deshalb verfehlt, weil ein Rechtsgeschäft nicht Schenkung ist, damit es bestimmte Rechtsfolgen hat, sondern weil es Schenkung ist, hat es bestimmte Rechtsfolgen.[464]

Die Frage, ob ein Geschäft als entgeltlich oder unentgeltlich zu qualifizieren ist, muss bereits im Zeitpunkt des Vertragsabschlusses beantwortet werden. Spätere Entwicklungen sind nicht zu berücksichtigen, da sie dem Risiko der Parteien unterliegen.[465] Zudem ist zu berücksichtigen, dass eine Partei, die einen Vorteil bereits realisiert hat, nicht mit einer Person gleichzusetzen ist, die noch abwartet.[466]

(2) Ex-post Betrachtung als Eingriff in die Privatautonomie

Die noch zutreffende Grundannahme der Argumentation des BGH lautet: Die Parteien wollen ihre lebzeitige Verfügung *entsprechend* der letztwilligen Verfügung ausgestalten. Bei dieser Annahme scheint der BGH aber besonders darauf bedacht zu sein, dass der Erblasser durch den Ausgleichungsvertrag keinen Nachteil erleidet.[467]

Vorzugswürdig wäre vielmehr die Überlegung, welche Bedeutung der Formulierung „entsprechend" beizumessen ist. Dabei ist zu berücksichtigen, dass die Parteien bei der „*entsprechenden*" Ausgestaltung der

---

464 So im Grundgedanken auch Lotmar, Der Arbeitsvertrag, S. 1674.

465 Grünewald, ZErb 2016, 117 (121).

466 Ebd.

467 BGH, Urt. v. 7. Juli 2015 – X ZR 59/13 = BGH, NJW 2016, 324 (325) Rn. 18: „*Verliert der Zuwendende nach der Zuwendung sein verbliebenes Vermögen und gerät hierdurch in wirtschaftliche Not, wäre es nicht zu rechtfertigen, ihm den Anspruch aus § 528 BGB gegen den Beschenkten zu versagen (und dementsprechend auch nach § 93 I SGB XII übergeleitete Ansprüche des Sozialhilfeträgers auszuschließen), weil der Beschenkte auf sein – in diesem Fall wertloses – Erb- und Pflichtteilsrecht verzichtet hat.*"

lebzeitigen und der letztwilligen Verfügung vor einer Vielzahl praktischer Probleme stehen. Außerdem ist es wichtig, sich zu vergegenwärtigen, dass sich der Verzichtende durch den entgeltlichen Pflichtteilsverzicht final von der Vermögensentwicklung des Erblassers abkoppelt.[468] In diesem Zusammenhang wurde bereits der Spekulationscharakter des Kausalgeschäfts eines entgeltlichen Pflichtteilsverzichts angesprochen.[469]

Vor diesem Hintergrund gilt für die *entsprechende* Ausgestaltung der lebzeitigen und der letztwilligen Verfügung bei einem entgeltlichen Pflichtteilsverzicht: Den Parteien ist der exakte Zeitpunkt des Erbfalles unbekannt. Ebenso unbekannt ist ihnen der Umfang des Nachlassvermögens zur Zeit des Erbfalls. Dennoch wollen sie bereits zu Lebzeiten einen *entsprechenden* und (wichtig!) einen finalen Ausgleich herbeiführen.

Aus Praktikabilitätsgründen könnten die Parteien für die Bemessung der Ausgleichshöhe einen hypothetischen Erbfall im Zeitpunkt des Vertragsschlusses fingieren. In diesem Fall entspricht die Ausgleichszahlung dem Wert, den der Verzichtende im Wege des gesetzlichen Pflichtteilsrechts erhalten würde, wenn der Erblasser im Moment der Vereinbarung des Ausgleichsvertrages versterben würde.[470] Dabei gehen die Parteien davon aus, dass die zukünftige Vermögensentwicklung des Erblassers regelmäßig der bisherigen Vermögensentwicklung des Erblassers entspricht.

Haben die Parteien hingegen Anhaltspunkte dafür, dass sich eine von der Vergangenheit erheblich abweichende Vermögensentwicklung abzeichnet, kann dies Einfluss auf die Höhe der Ausgleichszahlung haben.[471] Den Parteien steht es nämlich frei, die Höhe der Ausgleichszahlung durch verschiedene Faktoren zu verfeinern. Zu berücksichtigen sind beispielsweise das Alter und der Gesundheitszustand des

468 Mikat (Hrsg.)/*Lange*, Festschrift Nottarp, 119 (130).

469 Vgl. E.III.2.b); ebenso Klingelhöffer, Pflichtteilsrecht, Rn. 623; für den Zuwendungsverzicht Kornexl, Der Zuwendungsverzicht, 1998, Rn. 112 ff.; Reul, MittRhNotK 1997, 373 (387); Staudinger/*Schotten*, 2022, Einl. zu §§ 2346 ff. Rn. 29 ff.

470 Dietz, MittBayNot 2009, 473 (477); Theiss/Boger, ZEV 2006, 143 (145).

471 Kornexl, Der Zuwendungsverzicht, Rn. 118.

Erblassers, die Zusammensetzung des Vermögens und die damit verbundene Volatilität des Vermögens, die allgemeine Wirtschaftslage, die Kaufkraftentwicklung bzw. der Verbraucherpreisindex und der Zinsvorteil.[472]

Bei Abschluss des Kausalgeschäfts des entgeltlichen Pflichtteilsverzichts ist den Parteien somit der Spekulationscharakter bekannt. In diesem Bewusstsein steht es ihnen frei, die Methode zur Bestimmung der Höhe der Ausgleichszahlung zu wählen. Die Parteien können entweder eine Pauschallösung oder eine detaillierte prognostische Schätzung zur Ermittlung des Ausgleichsbetrages vornehmen. Entscheidend ist aber in jedem Fall, dass sich die Parteien beim entgeltlichen Pflichtteilsverzicht *ex ante* in Kenntnis des spekulativen Charakters über die Höhe der Ausgleichsleistung einigen.

Bezieht man bei dieser Ausgangslage – wie der BGH – spätere Vermögensentwicklungen für die Frage des entgeltlichen bzw. unentgeltlichen Charakters des Kausalgeschäfts *ex post* mit ein, wird dadurch in die von den Parteien privatautonom *ex ante* vereinbarte Risikoverteilung eingegriffen. Dies verändert nachträglich nicht nur die Risikoverteilung, sondern damit insgesamt den Charakter des Rechtsgeschäfts. Ein solcher korrigierender Eingriff ist jedoch nur in den besonderen Fällen der §§ 134, 138, 242 BGB veranlasst. Im Übrigen ist die verfassungsrechtlich verankerte Privatautonomie zu respektieren.

(3) Mögliche Alternative für eine lebzeitige Verfügung entsprechend der letztwilligen Verfügung: Anordnung der Anrechnung

Im Übrigen besteht keine Notwendigkeit, das Kausalgeschäft des entgeltlichen Pflichtteilsverzichts in einer Weise zu verbiegen, dass die lebzeitige Verfügung *gleich* der letztwilligen Verfügung erfolgt.

Will sich der Erblasser eine Korrekturmöglichkeit für den Fall von Vermögensveränderungen vorbehalten, so ist eine Zuwendung

472 Angelehnt an Kornexl, Der Zuwendungsverzicht, Rn. 116.

unter Anordnung der Anrechnung gem. § 2315 Abs. 1 BGB das Mittel der Wahl.[473] Für eine solche Zuwendung ist anerkannt, dass die Anordnung der Anrechnung ihr nicht den Charakter einer Schenkung nimmt,[474] so dass die Rückforderungsmöglichkeit nach § 528 BGB für die Zuwendung bestehen bleibt. Dies ist angesichts der dargestellten konstruktiven und wirtschaftlichen Unterschiede im Vergleich zum Pflichtteilsverzicht folgerichtig.[475]

Für die Vorwegnahme der Erbfolge stehen den Beteiligten damit grundsätzlich zwei verschiedene Möglichkeiten zur Verfügung: Zum einen die Zuwendung unter Anordnung der Anrechnung nach § 2315 Abs. 1 BGB und zum anderen der entgeltliche Pflichtteilsverzicht.

Der entgeltliche Pflichtteilsverzicht dient dabei einer finalen Vermögenstrennung. Für beide Seiten besteht hier gleichermaßen die Chance bzw. das Risiko, ein „gutes" oder „schlechtes" Geschäft zu machen. Dafür ist der entgeltliche Pflichtteilsverzicht rechtssicher und die Kompensationszahlung kann nicht aus den in §§ 528 ff. BGB genannten Gründen zurückgefordert werden.

Die Anordnung der Anrechnung ist hingegen als eine nicht rückzahlbare „Anzahlung auf den Pflichtteilsanspruch" zu begreifen. Die Parteien bleiben hier weiterhin vermögensrechtlich verbunden. Der Zuwendungsempfänger hat die Chance, an einer positiven Vermögensentwicklung des Erblassers zu profitieren. Anderseits trägt er das Risiko, die Zuwendung aus den in §§ 528 ff. BGB genannten Gründen an den Erblasser zurückzahlen zu müssen.

Entgegen der teilweise vertretenen Auffassung handelt es sich damit nicht um vergleichbare Rechtsinstitute, sondern um zwei grundverschiedene Rechtsinstitute mit unterschiedlichen Wirkungen.[476] Zwischen diesen beiden Möglichkeiten können der Erblasser und der Verzichtende im Ergebnis frei wählen. Da die Parteien den Pflichtteils-

---

473 Hennerkes/Kirchdörfer, Die Familie und ihr Unternehmen, S. 199, die diesen Weg als *„milderes Mittel"* bezeichnen.

474 Statt vieler Staudinger/*Schotten*, 2022, § 2346 BGB, Rn. 240 m. w. N.; vgl. hierzu auch die Ausführungen unter E.III.2.b).

475 Ausführlich hierzu unter E.II.2.b).bb).(ii).

476 Vgl. E.III.2.b).

verzicht ebenso wie den Erbverzicht nur notariell beurkundet erklären können (vgl. § 2348 BGB), kann nicht einfach davon ausgegangen werden, dass den notariell beratenen Parteien die Gestaltungsmöglichkeiten und ihre Folgen unbekannt sind. Richtigerweise ist vielmehr das Gegenteil anzunehmen: Die notariell beratenen Parteien des entgeltlichen Pflichtteilsverzichts dürften sich der damit verbundenen Folgen bewusst sein und wollen diese bewusst herbeiführen.[477]

Die mit der hier vorgeschlagenen Finalität des Pflichtteilsverzichts verbundene Rechtssicherheit ist auch in der Praxis relevant. Kommt es im familiären Umfeld zu Streitigkeiten und gelingt es einen entgeltlichen Pflichtteilsverzicht auszuhandeln, so ist es der Wille der Parteien, fortan möglichst getrennte Wege zu gehen. Gerade in diesen Fällen ist es daher wichtig, dass der Bestand des Pflichtteilsverzichts nicht mehr von der weiteren Vermögensentwicklung des Erblassers abhängig gemacht werden kann.

Aus diesen Gründen widerspricht die Anwendung des Widerrufsrechts wegen Verarmung nach § 528 BGB auf das Kausalgeschäft des entgeltlichen Pflichtteilsverzichts der von den Parteien gewollten Risikoverteilung und dem mit dem Pflichtteilsverzicht verfolgten Zweck. Die Anwendung der Schenkungsvorschriften auf das Kausalgeschäft des entgeltlichen Pflichtteilsverzichtsvertrags ist daher auch unter Berücksichtigung der damit verbundenen Rechtsfolgen abzulehnen.

(v) Berücksichtigung der Auffassung des historischen Gesetzgebers

Es entspricht im Übrigen auch der Rechtsansicht der ersten Kommission, die Schenkungsregeln nicht auf das Kausalgeschäft des entgeltlichen Pflichtteilsverzichts anzuwenden.[478] Diese hatte bereits die folgenden Überlegungen angestellt:

477 Im Ergebnis auch Kornexl, Der Zuwendungsverzicht, Rn. 118 und 212 f.

478 Diese, nachfolgend dargestellte Überlegung, bereits bei Staudinger/*Otte*, 2021, § 2310 BGB, Rn. 25.

„Mit größerem Rechte könnte daran gedacht werden, die für einen Erbverzicht gewährte Abfindung einer Schenkung gleichzustellen, zumal in Rücksicht darauf, daß der Verzichtende bei der Berechnung des Pflichttheilsbruchttheiles mitgezählt wird (§ 1984). Dafür läßt sich geltend machen, daß das Pflichttheilsrecht durch die für einen Erbverzicht gewährte übermäßige Abfindung ebenso beeinträchtigt werden könne, wie durch eine Schenkung, und daß die aleatorische Natur einer solchen Abfindung die Feststellung überaus erschwere, ob oder inwieweit eine Schenkung untergelaufen sei. Allein die Behandlung einer jeden solchen Abfindung als Schenkung würde viel zu weit führen. Damit würde jedes derartige Geschäft in's Schwanken gebracht werden und die praktische Bedeutung des Institutes des Erbverzichtes in einer Weise eingeengt, welche mit den Bedürfnisses des Lebens nicht im Einklang steht. Wie bei allen aleatorischen Geschäften, so muß auch hier der Prüfung des einzelnen Falles überlassen werden, ob ein mit Schenkung gemischtes Geschäft vorliegt oder nicht.“[479]

Diese Überlegung ist umso bemerkenswerter, weil die erste Kommission noch vorgeschlagen hatte, den Verzichtenden im Rahmen des § 1984 BGB (bzw. nunmehr § 2310 BGB) mitzuzählen. Infolge des Verzichts wäre es daher nicht zu einer Quotenerhöhung bei den übrigen Berechtigten gekommen. Im Ergebnis wären die übrigen Pflichtteilsberechtigten durch einen entgeltlichen Erb- und Pflichtteilsverzicht also schlechter gestellt worden, denn der Wert des Pflichtteilsanspruchs wäre aufgrund des geringeren Nachlasswertes bei gleichbleibender Quote abgesunken. Bei dieser Ausgangslage liegt es eigentlich nahe, die Ausgleichsleistung für einen entgeltlichen Erb- und Pflichtteilsverzicht als Schenkung einzuordnen. Dies hätte zur Folge, dass die den Nachlass schmälernde Ausgleichsleistung im Rahmen der Pflichtteilsergänzung (§§ 2325 ff. BGB) auszugleichen gewesen wäre. Dennoch lehnte es die erste Kommission ab, die Ausgleichsleistung für einen entgeltlichen Verzicht als Schenkung anzusehen.

---

479 Mot., Bd. V, S. 450 = Mugdan, Materialien zum BGB, Bd. V, S. 240.

Die zweite Kommission wich vom Vorschlag der ersten Kommission insoweit ab, als dass der Verzichtende des Erbverzichts im Rahmen des § 1984 (jetzt § 2310 S. 2 BGB) nicht mitgezählt wird. Diese Abweichung hat zur Folge, dass der Erbverzicht nach geltender Rechtslage die Pflichtteilsquote der übrigen Berechtigten erhöht. Nach dem Willen der zweiten Kommission soll damit die ursprüngliche Schlechterstellung durch Minderung des Nachlasses bei gleichbleibender Quote im Rahmen eines entgeltlichen Erbverzichts unabhängig von der Frage, ob die Ausgleichsleistung tatsächlich gewährt wurde, vermieden werden. Die Einschätzung, dass die Kompensationsleistung für einen entgeltlichen Verzicht nicht als Schenkung zu qualifizieren ist, wurde von der zweiten Kommission hingegen nicht in Frage gestellt.[480] Dies ist konsequent, denn andernfalls hätten die übrigen Pflichtteilsberechtigten doppelt profitiert – sowohl durch die Quotenerhöhung aufgrund der Änderung des § 1984 (jetzt § 2310 S. 2 BGB) und – sieht man die Ausgleichsleistung für den Verzicht als Schenkung – durch die Geltendmachung eines Pflichtteilsergänzungsanspruchs nach §§ 2325 ff. BGB.[481]

Bereits bei den Beratungen des BGB hat die erste Kommission also erkannt, dass die mit der Einordnung als Schenkung verbundenen Rechtsfolgen – konkret die §§ 528, 530 BGB – den entgeltlichen Erb- und Pflichtteilsverzicht ins „Schwanken" bringen können und dies *„die praktische Bedeutung des Institutes des Erbverzichtes in einer Weise eingeengt, welche mit den Bedürfnisses des Lebens nicht im Einklang steht."*[482] Diese Rechtsansicht wurde von der zweiten Kommission nicht beanstandet. Es entspricht daher dem Willen des historischen Gesetzgebers, das Kausalgeschäft eines entgeltlichen Erbverzichts nicht als Schenkung zu qualifizieren. Diese Rechtsansicht ist auf das Kausalgeschäft des entgeltlichen Pflichtteilsverzichts übertragbar. Bereits die ers-

---

480 So auch Staudinger/*Otte*, 2021, § 2310 BGB, Rn. 25.

481 Vgl. zu dieser Überlegung in Bezug auf den Erbverzicht BGH, Urt. v. 3. Dezember 2008 – IV ZR 58/07 = BGH, NJW 2009, 1143 (1145).

482 Mot., Bd. V, S. 450 = Mugdan, Materialien zum BGB, Bd. V, S. 240.

te Kommission ging davon aus, dass für den Pflichtteilsverzicht keine andere Regelung als für den Erbverzicht i.w.S. gelten sollen.[483]

(vi) Zwischenergebnis

Zusammenfassend sprechen der zweigliedrige Schenkungsbegriff, die fehlende Vergleichbarkeit mit § 2315 Abs. 1 BGB, die Parallele zu § 311b Abs. 5 BGB, die interessenwidrigen Rechtsfolgen und der entgegenstehende Wille des historischen Gesetzgebers gegen eine Einordnung des Kausalgeschäfts des entgeltlichen Pflichtteilsverzichts als unentgeltliches Geschäft. Stattdessen ist es überzeugender, das Kausalgeschäft des entgeltlichen Pflichtteilsverzichts als ein entgeltliches Geschäft zu qualifizieren.

Während *Rheinbay* das Kausalgeschäft eines Erbverzichts i.e.S.[484] und das eines Pflichtteilsverzichts[485] jeweils als entgeltliches Geschäft versteht, geht *Speckmann*[486] von der gegenteiligen Ansicht aus.

Richtigerweise unterscheiden sich die Kausalgeschäfte des entgeltlichen Erbverzichts i.e.S. und des entgeltlichen Pflichtteilsverzichts im Ergebnis hinsichtlich der Frage der Entgeltlichkeit. Die Frage der Entgeltlichkeit ist ein wesentliches Unterscheidungsmerkmal von

483 Mot., Bd. V, S. 472 = Mugdan, Materialien zum BGB, Bd. V, S. 252: „*Die Vorschrift, daß, wer durch Erbverzicht von der gesetzlichen Erbfolgeausgeschlossen ist, auch kein Pflichttheilsrecht hat (Abs. 2), beruht auf dem Gedanken, dass, da der Erblasser das gesetzliche Erbrecht schon einseitig entziehen kann, für ihn der Erbverzicht in der Regel materielle Bedeutung nur hat, wenn der Verzichtende zugleich das als Ausfluss des gesetzlichen Erbrechtes sich darstellende Pflichttheilsrecht aufgeben will. Dass das Gegentheil im Vertrage bestimmt werden kann, versteht sich von selbst. Wie aber ein solcher Vertrag zu beurtheilen ist, in welchem ausdrücklich nur auf das gesetzliche Erbrecht, nicht auf das Pflichttheilsrecht verzichtet ist, kann dahingestellt bleiben. Es genügt, dass auch ein solcher Vertrag nicht ausgeschlossen ist. Indem gestattet wird, den Vertrag auf die Ausschließung des Pflichttheilsrechtes zu beschränken (Abs. 3), wird ersichtlich, dass der letztere Vertrag den gleichen Rechtsnormen unterworfen ist wie der Vertrag über das Erbrecht.*“ (ohne Unterstreichung im Original).

484 Rheinbay, Erbverzicht, S. 102.

485 Rheinbay, Erbverzicht, S. 112 ff.

486 Speckmann, NJW 1970, 117; ebd., NJW 1970, 117 (119).

Rechtsgeschäften.[487] Mit *Haegele*[488] ist daher die vermittelnde Ansicht vorzugswürdig. Demnach ist das Kausalgeschäft eines entgeltlichen Pflichtteilsverzichts als entgeltlich und das eines entgeltlichen Erbverzichts i.e.S als unentgeltlich zu qualifizieren.

III. Ergebnis

Insgesamt kann das Folgende bilanziert werden:

- Die Kausalgeschäfte eines entgeltlichen Erbverzichts i.e.S. und eines entgeltlichen, isolierten Pflichtteilsverzichts unterscheiden sich in der Frage nach ihrem entgeltlichen Charakter.
- Die Unterschiede der beiden Rechtsinstitute rechtfertigen damit eine unterschiedliche Behandlung und eine unterschiedliche vertragstypologische Einordnung der ihnen jeweils zugrundeliegenden schuldrechtlichen Rechtsgeschäfte.
- Ursache für diese Differenzierung ist, dass der Erblasser das Ergebnis eines entgeltlichen Erbverzichts i.e.S. selbst einseitig im Wege der Selbstvornahme herbeiführen kann. Bei einem entgeltlichen Pflichtteilsverzicht ist dies nicht der Fall. Hier bedarf es der Mitwirkung des Verzichtenden.
- Das Kausalgeschäft des entgeltlichen Erbverzichts i.e.S. ist als unentgeltliches Rechtsgeschäft zu qualifizieren. Die Zuwendung des Erblassers an den Verzichtenden ist in diesem Zusammenhang als Schenkung zu qualifizieren. Dem Erbverzicht i.e.S. kommt kein Vermögenswert zu und er stellt keine Gegenleistung dar. Der Erblasser kann das wirtschaftlich gleiche Ergebnis jederzeit selbst ohne Mitwirkung des Verzichtenden herbeiführen.
- Das Kausalgeschäft eines entgeltlichen Pflichtteilsverzichts ist dagegen als entgeltliches Rechtsgeschäft zu qualifizieren. Der Pflichtteilsverzicht erfordert die Mitwirkung des Verzichtenden und stellt damit eine die Unentgeltlichkeit ausschließende Gegenleistung dar.

487 Medicus/Lorenz, Schuldrecht BT, Einleitung Rn. 4.
488 Haegele, BWNotZ 1971, 36 (39).

Der Gegenseitigkeitscharakter von Leistung und Gegenleistung steht dem Merkmal der subjektiven Unentgeltlichkeit entgegen. Im Übrigen sind Rechtsgedanken zur Anordnung der Anrechnung § 2315 BGB mangels vergleichbarer Interessenlage nicht übertragbar. Der Pflichtteilsverzicht führt nach dem Willen der Parteien eine finale Vermögenstrennung herbei. Schenkungsregeln finden auf dieses Geschäft keine Anwendung.

F. Vertragstypologische Einordnung des Kausalgeschäfts eines entgeltlichen Pflichtteilsverzichts

Das BGB enthält im achten Abschnitt des zweiten Buches einen Katalog von gesetzlich normierten Schuldverhältnissen. Neben diesen „Musterverträgen“ ermöglicht die Vertragsfreiheit die Vereinbarung einer Vielzahl weiterer Verträge; entweder durch die Kombination verschiedener gesetzlich vorgesehener Vertragstypen oder aber durch die Vereinbarung völlig neuer Typen. Die vertragstypologische Einordnung dient sowohl der Systematisierung als auch der Bestimmung der auf das konkrete Rechtsverhältnis anwendbaren Vorschriften.

I. Grundlagen der Vertragstypisierung

Die Vertragsfreiheit des BGB ist in § 311 Abs. 1 BGB einfachgesetzlich verankert. Sie ist Ausfluss der Privatautonomie. Die Vertragsfreiheit gestattet es den Vertragsparteien in den Grenzen der §§ 134, 138, 242, 305 ff. BGB den Inhalt von Verträgen grds. frei festzulegen. Infolgedessen kann es zu Vertragsgestaltungen kommen, die von den gesetzlich geregelten Vertragstypen des Schuldrechts BT abweichen. Zu unterscheiden sind insoweit atypische Verträge und typengemischte Verträge.[489]

489 Looschelders, Schuldrecht BT, Einleitung Rn. 11; Medicus/Lorenz, Schulrecht BT, Rn. 14 ff.

Für die rechtliche Behandlung insbesondere von gemischten Verträge wurden im Wesentlichen zwei[490] Methoden entwickelt – die Absorptions- und die Kombinationsmethode. Die Absorptionsmethode wendet das Recht der Hauptleistung auf den gesamten Vertrag an.[491] Maßgeblich für diese Methode ist also der Vertragsschwerpunkt im Sinne des vertraglich überwiegenden Elements oder einer quantitativen Betrachtung.[492] Das auf den Vertragsschwerpunkt anwendbare Recht wird dann einheitlich auf den gesamten vertraglichen Regelungsinhalt angewendet. Ziel der Absorptionsmethode ist es, ein Regelungsregime für den gesamten Vertrag festzulegen. Demgegenüber betrachtet die Kombinationsmethode die verschiedenen Elemente bzw. Bausteine eines Vertrages gesondert und versucht, für jedes einzelne den jeweils anwendbaren gesetzlichen Vertragstyp zu ermitteln. Bei der Kombinationsmethode können durch die Anwendung verschiedener gesetzlicher Regelungsregime Widersprüche und Unklarheiten entstehen. Diese werden nach dem mutmaßlichen Parteiwillen behandelt und gelöst.[493]

1. Atypische Verträge

Ein atypischer Vertrag liegt vor, wenn sich der konkrete Vertrag keinem gesetzlichen Vertragstypus zuordnen lässt, d.h. sich weder als Variante noch als Kombination mehrerer gesetzlich typisierter Verträge dar-

490 Soweit teilweise eine dritte Methode genannt wird, namentlich die Methode der analogen Rechtsanwendung, entspricht diese im Ergebnis der Kombinationsmethode, vgl. insoweit auch Grüneberg/*Grüneberg*, v. § 311 BGB, Rn. 24.

491 Ausführlich Larenz/Canaris, SchuldR BT II § 63 I (= S. 44); MüKoBGB/*Emmerich*, § 311 BGB, Rn. 29: die Absorptionstheorie basiert auf der Arbeit von Lotmar, Der Arbeitsvertrag I, 1902, S. 176 ff., S. 686 ff. (Lotmar, Der Arbeitsvertrag, 2. Aufl., S. 1667 ff., S. 1759 ff.).

492 BGH, Urt. v. 12. Januar 2017 – III ZR 4/16 = BeckRS 2017, 101163; BGH, Beschl. v. 21. April 2005 – III ZR 293/04 = BGH, NJW 2005, 2008 (2010); BeckOGK/*Herresthal*, § 311 BGB, Rn. 94.

493 BeckOGK/*Herresthal*, § 311 BGB, Rn. 93; Grüneberg/*Grüneberg*, v. § 311 BGB, Rn. 25; MüKoBGB/*Emmerich*, § 311 BGB, Rn. 29: Begründet von Rümelin, Dienstvertrag und Werkvertrag, S. 311 ff. und Hoeniger, Gemischte Verträge, S. 57 ff., 125 ff.; zust. Bartsch, CR 2000, 3 (4 ff.).

stellt.[494] Mangels spezieller gesetzlicher Normen finden auf atypische Verträge grds. die Regelungen des BGB AT und des Schuldrechts AT Anwendung. Welche weiteren gesetzlichen Regeln, insbesondere aus dem Bereich des Schuldrechts BT, darüber hinaus auf solche Verträge Anwendung finden, hängt vom jeweiligen Einzelfall ab. Für die Bestimmung der auf den atypischen Vertrag anwendbaren Normen sind sowohl die Kombinationsmethode als auch die Absorptionsmethode regelmäßig ungeeignet.[495] Beiden Methoden ist nämlich gemeinsam, dass es möglich sein muss, Vertragselemente zu identifizieren, die einem gesetzlichen Vertragstyp entsprechen. Dies ist aber bei atypischen Verträgen gerade nicht der Fall. Entscheidend für das Ob und das Ausmaß der Orientierung an den im BGB normierten Vertragstypen ist daher, inwieweit die Interessenlage der Vertragsparteien eines atypischen Vertrages mit dem Zweck der anzuwendenden gesetzlichen Norm übereinstimmt.[496] Weicht die Interessenlage der Vertragsparteien zu stark von der gesetzlich typisierten Interessenlage ab oder steht der von den Parteien mit dem Vertrag verfolgte Zweck einer Orientierung an den gesetzlich typisierten „Vertragsmustern" entgegen, können die Probleme im Einzelfall nur im Wege der Rechtsfortbildung gelöst werden.[497]

2. Gemischte Verträge

Verbindet ein Vertrag Elemente verschiedener gesetzlicher Vertragstypen, so liegt ein zusammengesetzter oder gemischter Vertrag vor.[498] Der zusammengesetzte Vertrag besteht dabei aus mehreren, gedanklich voneinander trennbaren Vereinbarungen, die durch den Willen

494 BeckOGK/*Herresthal*, § 311 BGB, Rn. 80 u. 83; Grüneberg/*Grüneberg*, v. § 311 BGB, Rn. 14; Looschelders, Schuldrecht BT, Einleitung Rn. 14.
495 Ebd., auch MüKoBGB/*Emmerich*, § 311 BGB, Rn. 27.
496 BeckOGK/*Herresthal*, § 311 BGB, Rn. 82 f.; MüKoBGB/*Emmerich*, § 311 BGB, Rn. 27.
497 BeckOGK/*Herresthal*, § 311 BGB, Rn. 82.
498 Zur Behandlung des gemischten Vertrages in diesem und im nächsten Absatz im Ganzen: Grüneberg/*Grüneberg*, v. § 311 BGB, Rn. 16 bis 22.

der Vertragsparteien zu einem einheitlichen Gesamtvertrag verbunden sind. Dagegen setzt sich der gemischte Vertrag aus Elementen verschiedener gesetzlicher Vertragstypen zusammen, die erst in ihrer Gesamtheit ein sinnvolles Ganzes ergeben.[499] Gemischte Verträge lassen sich weiter unterteilen,[500] wobei die Unterteilung oft nicht trennscharf erfolgt:[501]

Zunächst können die Parteien verschiedene Bausteine gesetzlich vorgesehener Verträge miteinander kombinieren. Dabei ist es zum einen möglich, dass einerseits unterschiedliche Leistungen aus verschiedenen gesetzlich normierten Verträgen neu zusammengestellt werden, während die Gegenleistung einheitlich bleibt. In diesem Fall liegt ein Kombinationsvertrag vor. Es ist aber auch möglich, dass sich sowohl die Leistung als auch die Gegenleistung aus verschiedenen gesetzlich normierten Vertragstypen zusammensetzen (Vertrag mit mehrfachtypischer Leistung).[502] Ein Beispiel für einen Typenkombinationsvertrag ist der Beherbergungsvertrag,[503] ein Beispiel für einen Vertrag mit mehrfachtypischer Leistung ist die Warenlieferung gegen Werkleistung.[504] Auf solche Typenkombinationsverträge ist grundsätzlich die Kombinationsmethode anzuwenden.[505] Die Absorptionsmethode ist nur dann anzuwenden, wenn die Erfassung der verschiedenen Vertragselemente durch unterschiedliche Regelungsregime zu völlig widersprüchlichen oder unpraktikablen Ergebnissen führen würde.[506]

Der sog. Vertrag mit atypischer Gegenleistung ist wiederum dadurch gekennzeichnet, dass die Gegenleistung nicht in Geld, sondern in einer anderen Leistung besteht. Exemplarisch hierfür ist der Hausmeistervertrag, bei dem als Gegenleistung für Dienstleistungen die

---

499 Grüneberg/*Grüneberg*, v. § 311 BGB, Rn. 16, 19.

500 Grüneberg/*Grüneberg*, v. § 311 BGB, Rn. 19 ff.; Larenz/Canaris, Schuldrecht BT II § 63 I (= S. 41 ff.); Staudinger/*Feldmann*, § 311 BGB, Rn. 35 und 42 ff.

501 MüKoBGB/*Emmerich*, § 311 BGB, Rn. 29.

502 BeckOGK/*Herresthal*, § 311 BGB, Rn. 85.

503 Looschelders, Schuldrecht BT, Einleitung Rn. 11.

504 Grüneberg/*Grüneberg*, v. § 311 BGB, Rn. 21 f.

505 Larenz/Canaris SchuldR BT II § 63 II (= S. 47 f.).

506 BGH, Urt. v. 29. Oktober 1980 – VIII ZR 326/79 = BGH, NJW 1981, 341 (342); BeckOGK/*Herresthal*, § 311 BGB, Rn. 97.

Überlassung einer Wohnung vereinbart wird.[507] Gleichzeitig verdeutlicht dieses Beispiel, dass die Abgrenzung nicht wirklich trennscharf ist: Der soeben exemplarisch genannte Vertrag könnte auch als Vertrag mit mehrfachtypischer Leistung eingeordnet werden.

Vereinbaren die Parteien hingegen, dass die jeweiligen Leistungen zwischen zwei verschiedenen Vertragstypen stehen, so dass sie untrennbar miteinander verbunden sind, spricht man von einem Typenverschmelzungsvertrag. Dabei werden die Typenelemente so zu einem neuen Element verschmolzen, dass eine Aufspaltung in die ursprünglichen Regelungen nicht ohne weiteres möglich ist. Beispiele hierfür sind Verträge, bei denen entgeltliche mit unentgeltlichen Regelungen verschmolzen werden, wie dies insbesondere bei der gemischten Schenkung der Fall ist.[508] Für die rechtliche Behandlung des Typenverschmelzungsvertrages gilt: Sowohl die Kombinations- als auch die Absorptionsmethode sind grds. nicht geeignet, den von den Parteien vereinbarten Interessenausgleich entsprechend zu würdigen. Hintergrund ist, dass sich bei beiden Methoden Vertragsbestandteile identifizieren lassen müssen, die den gesetzlich typisierten Verträgen entsprechen.[509] Bei Typenverschmelzungsverträgen werden jedoch die typprägenden Elemente der gesetzlichen Vertragstypen gerade in ihrer neu verschmolzenen Form vereinbart. Insofern nähern sich Typenverschmelzungsverträge den atypischen Verträgen an und es wird deutlich, dass auch insoweit eine Abgrenzung nicht immer trennscharf erfolgen kann.[510] Trotzdem wird die Absorptionsmethode für diesen Vertragstyp als vorzugswürdig angesehen, da sie ein gesetzliches Regelungsregime einheitlich auf den gesamten Vertrag anwendet.[511] Entscheidend sollte aber auch hier der konkrete Einzelfall sein sowie die Frage, ob der Gesetzeszweck der angewandten Normen auch den von den Parteien verfolgten Interessen entspricht. Soweit dies nicht der Fall

507 MüKoBGB/*Emmerich*, § 311 BGB, Rn. 29.
508 BeckOGK/*Herresthal*, § 311 BGB, Rn. 99.
509 BeckOGK/*Herresthal*, § 311 BGB, Rn. 99.
510 MüKoBGB/*Emmerich*, § 311 BGB, Rn. 25.
511 Larenz/Canaris SchuldR BT II § 63 III (= S. 54 f.); a. A. MüKoBGB/*Emmerich*, § 311 BGB, Rn. 29 ohne allgemeine Präferenz.

ist, wird zumindest teilweise eine rechtsfortbildende Neuentwicklung erforderlich sein, die z.B. im Wege einer analogen Anwendung von Rechtsnormen erfolgen kann.[512]

II. Einordnung

Um die vertragstypologische Einordnung des Kausalgeschäfts eines entgeltlichen Pflichtteilsverzichts vornehmen zu können, gilt es sich also die Vertragscharakteristika zu vergegenwärtigen. Im Einzelnen sind dies die Folgenden:

Vertragsparteien des Kausalgeschäfts sind der Erblasser und ein pflichtteilsberechtigter Angehöriger. Die Vertragsparteien stehen also in einem familiären Näheverhältnis. Die aufgrund diesem Näheverhältnis vorgesehene rechtliche Vermögensteilhabe in Form des Pflichtteilsrechts wollen die Parteien jedoch aufheben. Wesentlicher Vertragsinhalt sind demnach das Versprechen des Angehörigen auf den Pflichtteil zu verzichten und das Versprechen des Erblassers, dem Verzichtenden dafür im Gegenzug eine Kompensation zu gewähren. Die beiden Versprechen stehen in einem Gegenseitigkeitsverhältnis (Synallagma), weshalb das Kausalgeschäft insbesondere keinen unentgeltlichen, sondern – wie dargelegt – einen entgeltlichen Charakter aufweist. Schließlich ist charakteristisch, dass es sich für beide Seiten um ein Risikogeschäft handelt, da keine Partei die zukünftige Vermögensentwicklung des Nachlasses mit Sicherheit vorhersagen kann. Im Bewusstsein dieser Unsicherheit wollen die Parteien die letztwillige Verfügung des Erblassers vorwegnehmen und dadurch eine endgültige Vermögenstrennung zwischen Erblasser und Pflichtteilsberechtigten herbeiführen.[513] Dies ermöglicht beiden, fortan getrennte Wege ohne Rücksicht auf den jeweils anderen, gehen zu können.

---

512 BeckOGK/*Herresthal*, § 311 BGB, Rn. 99.

513 Mikat (Hrsg.)/*Lange*, Festschrift Nottarp, 119 (130).

1. Kausalgeschäft als Erbschaftskauf, §§ 2371 ff. BGB

Unter Berücksichtigung der vorstehenden Charakteristika liegt die Annahme nahe, dass sich der Verzichtenden sein Pflichtteilsrecht abkaufen lässt.[514] Konkret könnte ein Erbschaftskauf nach §§ 2371 ff. BGB vorliegen. Nach dem Wortlaut des § 2371 BGB sind als Vertragsgegenstand zunächst nur „angefallene Erbschaften“ erfasst. Gegenstand des Kausalgeschäfts eines entgeltlichen Pflichtteilsverzichts ist jedoch keine Erbschaft. Außerdem ist der Pflichtteilanspruch zur Zeit des Vertragsschlusses noch nicht entstanden. Erst mit dem Erbfall entsteht der Pflichtteilsanspruch, vgl. § 2317 Abs. 1 BGB

Bei dem Kausalgeschäft handelt es sich auch nicht um einen ähnlichen Vertrag gem. § 2385 Abs. 1 BGB. Voraussetzung wäre insoweit ebenfalls, dass es sich um eine „angefallene“ Erbschaft handelt. Diese ist jedoch nicht Gegenstand des Kausalgeschäfts.

Schließlich unterscheiden sich die mit dem jeweiligen Rechtsgeschäft verfolgten Zwecke. Telos der §§ 2371 ff. BGB ist es, die Erbenposition zu liquidieren. Durch die mit der Erbschaft verbundene Universalsukzession rückt der Erbe in alle Rechtspositionen des Erblassers ein, vgl. § 1922 Abs. 1 BGB. Zwar ist diese Position wegen ihrer Höchstpersönlichkeit nicht übertragbar, durch die Vorschriften der §§ 2371 ff. BGB kann jedoch die Gesamtheit der damit verbundenen Rechtspositionen, vergleichbar mit einem „Asset Deal“, als „Bündel“ veräußert werden. Letztlich wird damit die Erbenposition dem Rechts- und Wirtschaftsverkehr zugänglich gemacht. Für den Erbschaftskauf ist es daher wesentlich, dass die Erbschaft bereits angefallen ist. Nur in diesem Fall hat sich die Vermögenswerthaltigkeit des Nachlasses realisiert.

Der mit dem Kausalgeschäft des entgeltlichen Pflichtteilsverzichts verfolgte Zweck ist ein anderer. Es geht nicht darum, den Pflichtteil für den gesamten Rechts- und Wirtschaftsverkehr verkehrsfähig zu machen, sondern darum, im familiären Kontext die Pflichtteilsberechti-

514 In diese Richtung etwa Lange, ErbR 2017, 305 (309 f.).

gung einer bestimmten Person auszuschließen. Damit soll eine endgültige Trennung des Vermögens herbeigeführt werden.

2. Kausalgeschäft als Rechtskauf, § 453 Abs. 1 S. 1 BGB

Aus den bereits genannten Gründen käme auch ein Rechtskauf nach § 453 Abs. 1 S. 1 BGB in Betracht.[515]

Dafür spricht zunächst die Tatsache des Leistungsaustausches: Der Erblasser verspricht die Leistung einer Kompensationszahlung. Im Gegenzug verspricht der Pflichtteilsberechtigte, auf den Pflichtteil zu verzichten. Durch das Geschäft erwirbt also der Erblasser das Recht bzw. den Anspruch i.S.d. § 194 BGB, vom Verzichtenden dessen Pflichtteilsverzicht zu verlangen. Eine Austauschbeziehung liegt vor.

Zu berücksichtigen ist aber, dass mit dieser Logik jeder Austauschvertrag, d.h. auch ein Werk- oder Dienstvertrag stets ein Rechtskaufvertrag wäre. Bei einem Werkvertrag erwirbt der Besteller schließlich ebenfalls das Recht, die Herstellung des Werkes zu verlangen. Dies wäre nach vorstehender Logik gleichfalls ein Rechtskauf. Die Besonderheit des Rechtskaufvertrages liegt also nicht darin, dass überhaupt ein Anspruch erworben wird, denn dieser Umstand ist jeder Leistungsbeziehung immanent. Stattdessen ist die Besonderheit des Rechtskaufvertrages bzw. sein Zweck darin zu sehen, dass der Käufer nach Vollzug des vertraglich begründeten Anspruchs eine zusätzliche (dauerhafte) Rechtsposition erlangt hat, z.B. indem er Inhaber eines Rechts geworden ist. Gerade in diesem Punkt unterscheidet sich das Kausalgeschäft eines entgeltlichen Pflichtteilsverzichts allerdings von einem Rechtskauf. Der Verzichtende verspricht im Rahmen des Kausalgeschäfts eines entgeltlichen Pflichtteilsverzichts dem Erblasser nicht die dauerhafte Verschaffung eines Rechts – im Gegenteil: Gegenstand des Kausalgeschäfts des entgeltlichen Pflichtteilsverzichts ist das Versprechen, auf eine Rechtsposition zu verzichten. Der Erblasser kauft

515 Mikat (Hrsg.)/*Lange*, Festschrift Nottarp, 119 (129 f.); Lange, ErbR 2017, 305 (309 f.).

dem Verzichtenden dessen Pflichtteilsrecht also nicht ab, sondern er bewegt ihn, darauf zu verzichten. Schon nach dem Wortlaut des § 453 Abs. 2 BGB kann dies kein Rechtskauf sein, denn dieser ist auf die „*Übertragung des Rechts*“ gerichtet.[516] Es ist im Übrigen auch nicht der Erblasser, der mit Pflichtteilsansprüchen belastet ist. Die Pflichtteilsansprüche richten sich stattdessen gegen seine Erben.

Schließlich ist mit dem Pflichtteilsverzicht nach richtigem Verständnis von § 2310 S. 2 BGB keine Erweiterung der Testierfreiheit des Erblassers verbunden, da sich durch den Pflichtteilsverzicht die Pflichtteilsquote der übrigen Berechtigten erhöht.[517] Es lässt sich daher auch nicht vertreten, dass sich der Erblasser ein „Mehr“ an Testierfreiheit erkaufe.

Durch das Kausalgeschäft des entgeltlichen Pflichtteilsverzichts wird stattdessen bewirkt, dass die durch das Gesetz und die familiären Banden begründeten Vermögensbeziehungen aufgelöst werden. Diese finale Vermögenstrennung dient der Sicherstellung einer geordneten und streitfreien Nachfolge.

Aus diesen Gründen ist das Kausalgeschäft des entgeltlichen Pflichtteilsverzichts nicht als Rechtskauf zu qualifizieren.

Ein solcher Rechtskauf liegt aber dann nahe, wenn andere Pflichtteilsberechtigte dem veräußerungswilligen Pflichtteilsberechtigten im Rahmen eines Erbschaftsvertrages nach § 311b Abs. 5 BGB dessen Pflichtteil abkaufen.

3. Kausalgeschäft als Schenkung, §§ 516 ff. BGB

Im Zusammenhang mit der Frage des entgeltlichen bzw. unentgeltlichen Charakters des Kausalgeschäfts wurde bereits ausführlich diskutiert, ob die Schenkungsregeln auf das Kausalgeschäft anwendbar sind.

---

516 So auch RegE BT-Drs. 14/6040 S. 242: „*Daraus ergibt sich, dass der Verkäufer eines Rechts verpflichtet ist, dem Käufer das Recht frei von Rechtsmängeln zu verschaffen.*“

517 Str. vgl. hierzu B. IV.

Dies wurde im Ergebnis abgelehnt. Zur Vermeidung von Wiederholungen wird auf die entsprechenden Ausführungen verwiesen.[518]

4. Vorwegnahme der Erbfolge als eigener Vertragstyp

Richtigerweise wurde durch den BGH bereits festgestellt, dass die Parteien regelmäßig mit dem Kausalgeschäft bezwecken, die lebzeitige Verfügung entsprechend der letztwilligen auszugestalten.[519] Die Parteien wollen den Erbfall vorwegnehmen, indem sie ihn bereits zu Lebzeiten fingieren. Der Terminus der „vorweggenommenen Erbfolge" ist kein rechtlich feststehender Begriff.[520] Der BGH versteht darunter *„die Übertragung des Vermögens (oder eines wesentlichen Teiles davon) durch den (künftigen) Erblasser auf einen oder mehrere als (künftige) Erben in Aussicht genommene Empfänger.*"[521]

Bisher wurde die vorweggenommene Erbfolge nicht als eigenständiger Vertragstypus verstanden.[522] Gestützt wurde diese Ansicht auf das Argument, dass die Vielschichtigkeit der möglichen Fallkonstellationen – z.B. Überlassung gegen Nießbrauchsvorbehalt/Leibrente/Versprechen von Versorgungsleistungen/Geld etc. oder ganz ohne entsprechende Gegenleistung – einen einheitlichen Vertragstyp ausschließt.[523] Im Übrigen war die Annahme eines neues Vertragstyps wohl auch deshalb entbehrlich, weil die bereits vorhandenen Vertragstypen unter Rückgriff auf die Grundsätze zu typengemischten Verträgen für die vertragstypologische Einordnung ausreichend waren.

518 Vgl. E.III.

519 BGH, Urt. v. 7. Juli 2015 – X ZR 59/13 = BGH, NJW 2016, 324 (326), Rn. 18 f.

520 Mayer, DNotZ 1996, 604 (609); Waldner, Vorweggenommene Erbfolge, Rn. 3.

521 BGH, Urt. v. 30. Januar 1991 – IV ZR 299/89 = BGH, DNotZ 1992, 32 (33).

522 Kappler/Kappler, Die Vorweggenommene Erbfolge, Rn. 6; ebd. in MittBayNot 2019, 217; Mayer, DNotZ 1996, 604 (610); Waldner, Vorweggenommene Erbfolge, Rn. 11; a. A. Langenfeld/Günther, Grundstückszuwendungen, Kapitel 1 Rn. 48.

523 Ebd.

Der Vielfältigkeit der Erscheinungsformen zum Trotz können für die vorweggenommene Erbfolge zwei Kernelemente abstrahiert werden. Diese sind:[524]

- Übertragung des Vermögens durch den Erblasser auf einen Erben oder Pflichtteilsberechtigten und
- Herstellung eines Ausgleiches zwischen lebzeitiger und letztwilliger Vermögenszuwendung.

Soweit daneben zum Teil noch die Versorgung bzw. Absicherung des Erblassers als Kernelement der vorweggenommenen Erbfolge bezeichnet wird,[525] handelt es sich hierbei richtigerweise nur um einen Zusatz, der für die Vorwegnahme der Erbfolge selbst nicht wesentlich ist. Vereinbaren die Parteien eine solche Absicherung, kann dies auch als eine „*vorweggenommene Erbfolge mit Absicherungsvereinbarung*" bezeichnet werden.

Ein bloßes Scheinargument ist es, wenn behauptet wird, die vorweggenommene Erbfolge könne kein eigenständiger Vertragstyp sein, weil die Vielfalt der Fallkonstellationen hinsichtlich der Ausgestaltung der Absicherung dem entgegenstehe. Soweit diese Vielfalt der denkbaren Fallkonstellationen allein auf den unterschiedlichen Absicherungsmöglichkeiten des Erblassers beruht, betrifft dies nicht den Kern der vorweggenommenen Erbfolge. Betroffen ist in diesem Fall nur eine Variante – nämlich die vorweggenommene Erbfolge mit Absicherungsvereinbarung.

Zwar ist einzuräumen, dass die Vermögensübertragung im Rahmen der vorweggenommenen Erbfolge vom Erblasser zum Erben oder Pflichtteilsberechtigten nicht immer in Geld erfolgen muss, sondern auch andere Formen denkbar sind (z.B. Grundstücksübertragung, Ratenzahlung etc.). Umgekehrt käme aber auch niemand auf die Idee zu behaupten, dass es den Vertragstyp des Kaufvertrages nicht gebe, weil

---

524 Angelehnt an Mayer, DNotZ 1996, 604 (610).

525 Vgl. etwa Mayer, DNotZ 1996, 604 (610); Kappler/Kappler, Die Vorweggenommene Erbfolge, Rn. 11; ebd. in MittBayNot 2019, 217 (218).

die Vielfalt der möglichen Kaufgegenstände so groß sei, dass es nicht *den einen* Kaufvertrag geben könne.

Die These, dass kein einheitlicher Vertragstyp der vorweggenommenen Erbfolge existiert, ist aber aus anderen Gründen zutreffend. Denn die Herstellung des Ausgleichs zwischen der lebzeitigen und der letztwilligen Vermögenszuwendung kann entweder durch die Anordnung der Ausgleichung bzw. Anrechnung nach §§ 2050 Abs. 3, 2315 Abs. 1 BGB oder durch einen Erb- und/oder Pflichtteilsverzicht erreicht werden. Zwischen diesen beiden Rechtsinstituten bestehen jedoch, wie bereits dargelegt, erhebliche Unterschiede, die eine Gleichbehandlung nicht zulassen.[526]

Bei einem entgeltlichen Pflichtteilsverzicht ersetzen die Parteien durch privatautonome Vereinbarung die gesetzlich angeordnete Vermögensteilhabe. Damit bezwecken die Parteien eine finale Vermögenstrennung. Veränderungen im Vermögen des Erblassers haben dabei keine Auswirkungen mehr. Es handelt sich für beide Parteien um ein Risikogeschäft. Verarmt der Erblasser, kann er die Kompensation nicht nach § 528 BGB zurückfordern. Erlangt der Erblasser zu Reichtum, partizipiert der Verzichtenden hieran nicht mehr.

Bei der Zuwendung unter Anordnung der Anrechnung bleiben die Parteien stattdessen vermögensrechtlich weiterhin verbunden. Es handelt sich lediglich um eine Art Anzahlung auf den gesetzlich angeordneten Vermögensteilhabeanspruch. Verarmt der Erblasser, kann er die Zuwendung nach § 528 BGB zurückfordern. Kommt der Erblasser zu unerwartetem Reichtum profitiert der Zuwendungsempfänger hieran.

Im Wesentlichen hängt es also von der Interessenlage der Beteiligten ab, ob sie eine endgültige Trennung und Vorwegnahme der Erbfolge wünschen – dann Erb- oder Pflichtteilsverzicht – oder sie sich die Möglichkeit der Anpassungen auf Veränderungen vorbehalten wollen – dann Anordnung der Anrechnung und Ausgleichung gem. §§ 2050 Abs. 3, 2315 Abs. 1 BGB.

526 Vgl. E.III.2.b.

Je nach Interesse können die Beteiligten zwischen einer Zuwendung mit Anordnung der Anrechnung bzw. Ausgleichung oder einem entgeltlichen Erb- bzw. Pflichtteilsverzicht wählen. Während die Zuwendung mit Anordnung der Anrechnung eine Schenkung ist,[527] ist diese Einordnung insbesondere für den entgeltlichen Pflichtteilsverzicht nach den vorstehenden Ausführungen richtigerweise abzulehnen. Die vorweggenommene Erbfolge ist daher kein eigenständiger Vertragstyp, sondern der Oberbegriff für verschiedene Fallgestaltungen und verschiedene Möglichkeiten der kautelarjuristischen Vertragsgestaltung.[528]

5. Kausalgeschäft als familienrechtliches Rechtsgeschäft *sui generis*

Bereits unter E.II.2.b).bb).(iii) wurde herausgearbeitet, dass das Kausalgeschäft des entgeltlichen Pflichtteilsverzicht bis auf die Vertragsbeteiligten eine große Nähe zum Erbschaftsvertrag nach § 311b Abs. 5 BGB aufweist. Es wäre jedoch verkürzt, das Kausalgeschäft des entgeltlichen Pflichtteilsverzichts daher nur als eine Abwandlung eines Erbschaftsvertrages anzusehen. Dadurch würde nicht ausreichend berücksichtigt werden, dass in beiden Fällen der Vertrag zwischen Personen zustande kommt, die familiär miteinander verbunden sind. Verfolgt man diesen Gedanken weiter, fällt auf, dass es – neben den bereits genannten – noch weitere Rechtsgeschäfte gibt, die eine familienrechtliche Grundlage aufweisen. Hierzu zählen etwa die ehebedingte Zuwendung, die Ausstattung (§ 1624 BGB) und der vorsorgende Ehevertrag (§ 1408 BGB). Sobald ein Rechtsgeschäft einen familienrechtlichen Bezug aufweist, werden diese oftmals als familienrechtliches Rechtsgeschäft *sui generis* bezeichnet.

Es wird noch aufgezeigt, dass zwischen dem Pflichtteilsrecht und der Zugewinngemeinschaft eine Vielzahl von Parallelen bestehen (hierzu unter a)), ebenso wie bei den ihnen jeweils zugrundeliegenden

527 Statt vieler Staudinger/*Schotten*, 2022, § 2346 BGB, Rn. 240 m. w. N.; BGH, Urt. v. 10. November 1954 – II ZR 165/53 (Düsseldorf) = BGH, NJW 1955, 1353.

528 Langenfeld/Günther, Grundstückszuwendungen, Kapitel 1 Rn. 28.

Kausalgeschäften (hierzu nachfolgend unter b)). Diese legt den Schluss nahe, dass es sich bei den beiden Kausalgeschäften jeweils um einen vorweggenommenen familienrechtlichen Ausgleichsvertrag als eine Unterform eines familienrechtlichen Rechtsgeschäfts *sui generis* handelt (hierzu unter c)).

a) Vergleichsbetrachtung zwischen einem Pflichtteilsverzicht und einem vorsorgenden Ehevertrag

Schließen zwei Personen die Ehe, leben sie, soweit sie nichts anderes vereinbart haben, im Güterstand der Zugewinngemeinschaft nach § 1363 Abs. 1 BGB. Wird die Zugewinngemeinschaft beendet, kommt es zum Zugewinnausgleich, wenn der Zugewinn des einen Ehegatten den Zugewinn des anderen übersteigt, vgl. § 1378 Abs. 1 BGB. Der Zugewinnausgleich stellt also die gleichberechtigte Teilhabe beider Ehegatten an dem während der Ehe erworbenen Vermögen sicher. Es steht den Ehegatten dabei grds. frei, ihre güterrechtlichen Verhältnisse durch einen Ehevertrag zu ordnen, vgl. §§ 1408 ff. BGB.

Ebenso wie der Pflichtteilsberechtigte gegenüber dem Erblasser im Voraus auf seinen Pflichtteil verzichten kann, kann auch ein Ehegatte noch während des Bestehens der Ehe gegenüber dem anderen Ehegatten durch einen sog. vorsorgenden Ehevertrag[529] im Voraus auf den Zugewinnausgleich verzichten. Um die Angemessenheit der Scheidungsfolgenvereinbarung zu wahren, werden daher in Eheverträgen regelmäßig – wie auch beim entgeltlichen Pflichtteilsverzicht – Ausgleichszahlungen vereinbart. *Wachter* formuliert, diese Ausgleichszahlungen seien *„gewissermaßen der „Kaufpreis" für den Ehevertrag.*"[530]

Zwischen der Zugewinngemeinschaft und dem Pflichtteilsrecht sowie dem Verzicht auf den Zugewinnausgleich durch einen vorsorgenden Ehevertrag und dem entgeltlichen Pflichtteilsverzicht lassen sich einige Parallelen feststellen – im Einzelnen:

529 Zum Begriff: Münch, FamR, § 7 Rn. 11; BeckOGK/*Reetz*, § 1408 BGB, Rn. 49–51.
530 Wachter, ZEV 2023, 333 (337).

aa) Rechtspositionen kraft gesetzlicher Statusanordnung

Das Pflichtteilsrecht und die Zugewinngemeinschaft entstehen jeweils automatisch aufgrund Begründung einer familiären Beziehung und kraft entsprechender gesetzlicher Anordnung.

Für das Pflichtteilsrecht ist anerkannt, dass es sich um ein zu Lebzeiten zwischen dem Erblasser und den Pflichtteilsberechtigten begründetes konkretes Rechtsverhältnis handelt, das den Tod des Erblassers überdauert und mit den Erben fortgesetzt wird.[531] Dieses Rechtsverhältnis ist gesetzlich angeordnet. Pflichtteilsberechtigt sind die Abkömmlinge, die Eltern und der Ehepartner des Erblassers nach § 2303 BGB.

Der Güterstand der Zugewinngemeinschaft wird durch das Gesetz gem. § 1363 Abs. 1 BGB begründet, sobald zwei Personen die Ehe schließen und sie nichts anderes vereinbaren.

Sowohl das Pflichtteilsrecht als auch die Zugewinngemeinschaft entstehen also zu Lebzeiten kraft gesetzlicher Statusanordnung. Zu beachten ist, dass die Zugewinngemeinschaft bereits zu Lebzeiten unmittelbare Auswirkungen auf die Vermögensverhältnisse der Ehegatten hat. Dies ergibt sich z.B. aus den Vorschriften über die Verfügung über das Vermögen im Ganzen und die entsprechende Verpflichtung diesbezüglich (§ 1365 BGB).

Obwohl das Pflichtteilsrecht ein lebzeitiges Rechtsverhältnis zwischen dem Erblasser und den Pflichtteilsberechtigten begründet,[532] sind pflichtteilsgefährdende Geschäfte des Erblassers zu Lebzeiten nicht unwirksam. Dies liegt daran, dass das Pflichtteilsrecht dem Pflichtteilsberechtigten zu Lebzeiten des Erblassers noch keinen durchsetzbaren Anspruch verschafft. Der Pflichtteilsanspruch entsteht erst

---

531 BGH, Urt. v. 1. März 1974 – IV ZR 58/72 (Karlsruhe/Freiburg) = BGH, NJW 1974, 1084; BGH, Urt. v. 1. Oktober 1958 – V ZR 53/58 (München) = BGH, NJW 1958, 1964, (1965); BeckOGK/*Obergfell*, § 2303 BGB, Rn. 18; Burandt/Rojahn/*Horn*, § 2303 BGB, Rn. 15; Lange/Kuchinke, Erbrecht S. 870 f.; MüKoBGB/*Lange*, § 2303 BGB, Rn. 16; a. A. Gierse, Die Abschlussmöglichkeiten des Erb- und Pflichtteilsverzicht nach dem Tode des Erblassers, S. 64; v. Lübtow, Erbrecht Bd. I, S. 549.

532 Ebd.

mit dem Erbfall, vgl. § 2317 Abs. 1 BGB. Die unbeschränkte Verfügungsfreiheit bleibt daher – anders als bei der Zugewinngemeinschaft – bis zum Tod des Erblassers erhalten.[533] Allerdings werden pflichtteilsgefährdende Rechtsgeschäfte im Erbfall durch die Pflichtteilsergänzungsvorschriften wirtschaftlich teilweise „bereinigt", vgl. §§ 2325 ff. BGB.

bb) Offen für Modifikationen

Obwohl sowohl die Verpflichtung als auch die Verfügung über den Zugewinnausgleichsanspruch vor dessen Entstehung durch § 1378 Abs. 3 S. 3 BGB grds. ausgeschlossen ist,[534] wird nicht nur die weitgehende Abänderung des Zugewinnausgleichs, sondern auch der Ausschluss des Zugewinnausgleichs durch einen sog. vorsorgenden Ehevertrag nach § 1408 Abs. 1 BGB für zulässig erachtet.[535] Unstreitig ist auch die Aufhebung des Pflichtteilsrechts und damit auch des Pflichtteilsanspruchs nach § 2317 BGB durch einen Pflichtteilsverzicht möglich. Die Aufhebung der Zugewinngemeinschaft bzw. des Pflichtteilsrechts durch den Verzicht auf die Rechtsposition stellt jeweils ein Verfügungsgeschäft dar.[536] Sowohl die Zugewinngemeinschaft als auch das Pflichtteilsrecht sind dabei schuldrechtlich ausgestaltet und daher für umfassende Modifikationen im Rahmen des Verzichtsvertrages offen.[537]

Notabene sieht das Recht der Zugewinngemeinschaft auch eine mit § 2315 Abs. 1 BGB vergleichbare Regelung in § 1380 Abs. 1 BGB vor. In beiden Fällen besteht die Wahlmöglichkeit: Entweder einen Verzicht zu vereinbaren, mit der Folge, dass bereits im Vorfeld für den

---

533 Lange/Kuchinke, Erbrecht, S. 870 f.

534 BeckOGK/*Preisner*, § 1378 BGB, Rn. 42.

535 BeckOGK/*Reetz*, § 1408 BGB, Rn. 37; während die h.L. davon ausgeht, dass § 1378 Abs. 3 S. 3 BGB die Ehevertragsfreiheit generell nicht einschränkt vgl. m. w. N. Staudinger/*Burkhard Thiele*, 2016, § 1378 BGB, Rn. 19 kann dies nach h.M. dagegen der Fall sein, vgl. BGH, Urt. v. 16. Dezember 1982 – IX ZR 90/81 (KG) = BGH NJW 1983, 753 f.

536 Vgl. Abschnitt C.

537 Für das Pflichtteilsrecht BeckOGK/*Everts*, § 2346 BGB, Rn. 79; für die Zugewinngemeinschaft Langenfeld/Milzer, Eheverträge und Scheidungsvereinbarungen, Rn. 221, 255.

Fall der Aufhebung der Statusanordnung eine finale Vermögenstrennung herbeigeführt wird. Alternativ besteht die Möglichkeit, lebzeitige Zuwendungen an den jeweiligen Berechtigten unter Anordnung der Anrechnung vorzunehmen. Dadurch wird keine vermögensrechtliche Trennung herbeigeführt, sondern eine nicht rückzahlbare „Anzahlung" auf den gesetzlichen Anspruch geleistet.

cc) Familiäres Vertrauensverhältnis

Sowohl beim Pflichtteilsverzicht als auch beim Verzicht auf den gesetzlichen Zugewinnausgleich durch einen vorsorgenden Ehevertrag wird das Rechtsverhältnis zwischen Personen modifiziert, die miteinander verwandt bzw. familiär besonders verbunden sind. Der Pflichtteilsverzicht kann nur zwischen dem Erblasser und einem Pflichtteilsberechtigten abgeschlossen werden. Pflichtteilsberechtigt sind nach § 2303 Abs. 1 und Abs. 2 BGB die Abkömmlinge, die Eltern und der Ehepartner des Erblassers. Der Verzicht auf den Zugewinnausgleich kann dagegen nur zwischen den Eheleuten selbst vereinbart werden. Bei beiden Rechtsinstituten sind die Beteiligten durch familiäre Beziehung eng miteinander verbunden. Durch das Rechtsgeschäft beabsichtigen die Parteien, einen potentiellen Konfliktpunkt ihrer Beziehung auszuräumen, indem sie die gesetzlich vorgesehene Ausgleichsregelung vorwegnehmen. Damit soll die Beziehung streit- und konfliktfrei gestaltet und die Basis für eine vertrauensvolle Beziehung geschaffen werden.

Beide Rechtsinstitute sind aufgrund der Beteiligten also durch familiäre Besonderheiten geprägt.

dd) Risikogeschäft

Gemeinsam ist den beiden Rechtsinstituten auch, dass es sich um Risikogeschäfte handelt. Die Dauer des Bestehens der familienrechtlichen Beziehung ist für die Beteiligten jeweils ebenso ungewiss, wie die weitere Vermögensentwicklung. Beim vorsorgenden Ehevertrag können die

Ehegatten im Zeitpunkt des Vertragsschlusses nicht abschätzen, wie lange ihre Ehe bestehen wird und wie sich ihre Einkommens- und Vermögensverhältnisse während dieser Zeit entwickeln werden. Beim Pflichtteilsverzicht liegt der Risikocharakter in der für die Beteiligten nicht vorhersehbaren künftigen Entwicklung des Vermögens des Erblassers sowie im Zeitpunkt des Erbfalls.[538]

Zudem realisiert sich bei beiden Rechtsinstituten die wesentliche wirtschaftliche Bedeutung erst zu einem späteren Zeitpunkt. Der Pflichtteilsanspruch als Kern des Pflichtteilsrechts entsteht mit dem Erbfall (§ 2317 Abs. 1 BGB). Der Zugewinnausgleichsanspruch entsteht erst mit der Beendigung des Güterstandes der Zugewinngemeinschaft durch Tod oder in anderen Fällen (§§ 1371, 1372, 1378 BGB).

ee) Zwischenergebnis

Aus den vorstehenden Gründen bestehen zwischen dem Pflichtteilsverzicht und dem Verzicht auf den Zugewinnausgleich durch vorsorgenden Ehevertrag viele Parallelen. Gemeinsamkeiten sind insbesondere die Entstehung durch die gesetzliche Statusanordnung, die Möglichkeit umfassende Modifikationen zu vereinbaren, das familiäre Vertrauensverhältnis und der Risikocharakter.

b) Vergleichsbetrachtung zwischen dem Kausalgeschäft eines entgeltlichen Pflichtteilsverzicht und dem eines vorsorgenden Ehevertrages

Parallelen bestehen jedoch nicht nur zwischen dem entgeltlichen Pflichtteilsverzicht und dem vorsorgenden Ehevertrag, sondern auch zwischen den ihnen jeweils zugrunde liegenden Kausalgeschäften – im Einzelnen:

538 Für den Ehevertrag: Münch, FPR 2012, 302 (304); für den Pflichtteilsverzicht: Klingelhöffer, Pflichtteilsrecht, Rn. 623.

aa) Vertragsgegenstand

Im Ausgangspunkt sind die Vertragsparteien jeweils familiär durch eine Statusbeziehung verbunden. Für den Fall der Beendigung der Statusbeziehung (z.B. durch Scheidung oder durch Tod) sieht das Gesetz einen finanziellen Ausgleichsmechanismus vor, der die Teilhabe an der Vermögensentwicklung während des Bestehens der Statusbeziehung sicherstellen soll. Durch das Kausalgeschäft des entgeltlichen Pflichtteilsverzichts bzw. des vorsorgenden Ehevertrages verspricht eine Vertragspartei den Verzicht auf diesen gesetzlichen Vermögensteilhabeanspruch, während die andere Partei einen finanziellen Ausgleich verspricht. Das Kausalgeschäft ist dabei jeweils ein gegenseitiger Vertrag i.S.d. §§ 320 ff. BGB.[539]

bb) Entgeltcharakter des Geschäfts

In beiden Fällen ist das Kausalgeschäft ein entgeltliches Geschäft. Dafür spricht bereits, dass die Selbstvornahme jeweils ausgeschlossen ist. Die Umsetzung des Kausalgeschäfts bedarf der Mitwirkung der anderen Partei, weshalb deren Versprechen eine Gegenleistung darstellt. Für das Kausalgeschäft das entgeltlichen Pflichtteilsverzichts wurde dies bereits ausführlich dargelegt.[540] Für den vorsorgenden Ehevertrag formuliert z.B. Wachter, dass die in diesem Rahmen versprochene Ausgleichszahlungen „*gewissermaßen der „Kaufpreis“ für den Ehevertrag* [sind].“ Im Zivilrecht sei noch niemand auf den Gedanken gekommen, dass solche Ausgleichszahlungen eine Schenkung sein könnten oder diese wie eine Schenkung zu behandeln seien. Stattdessen werden die Zahlungen im gemeinsamen Interesse der Ehegatten vereinbart, um

539). Für den vorsorgenden Ehevertrag: Jeep, NZFam, 2014, 293 (297); für das Kausalgeschäft eines entgeltlichen Pflichtteilsverzichts: Gerlach-Worch, ErbR 2022, 552 (555).

540 Vgl. hierzu E.III.

den Bestand des Ehevertrags zu gewährleisten. Dieser bilde sodann die individuelle Grundlage für die Lebensgemeinschaft der Ehegatten.[541]

cc) Zweck: Vorsorglich, finale Vermögenstrennung

In beiden Fällen beabsichtigen die Parteien mit dem Kausalgeschäft, den vom Gesetz für den Fall der Beendigung der Statusbeziehung vorgesehenen finanziellen Ausgleichsmechanismus nach ihren eigenen Vorstellungen abzuändern. Diese vom Gesetz abweichende, privatautonome Ausgleichungsregelung treffen die Parteien vorsorglich.[542]

Zweck des Rechtsgeschäfts ist es, schon heute für den Fall der Beendigung einer Statusbeziehung einen privatautonomen Ausgleichsmechanismus zu vereinbaren. Den vom Gesetz vorgesehenen Ausgleichsmechanismus wollen die Parteien also kraft Privatautonomie durch eine individuelle Vereinbarung ersetzen. Im Ergebnis soll dadurch eine finale Vermögenstrennung herbeigeführt werden, indem die gesetzlich vorgesehene Partizipation an der zukünftigen Vermögensentwicklung ausgeschlossen wird. Dies markiert den wesentlichen Unterschied zur Möglichkeit der Zuwendung unter Anordnung der Anrechnung nach § 2315 Abs. 1 BGB bzw. § 1380 Abs. 1 BGB. Bei Letzteren bleiben die Beteiligten weiterhin vermögensrechtlich verbunden. Dafür kann die unentgeltliche Zuwendung nach §§ 528 ff. BGB zurückgefordert werden. Dies entspricht einer nicht rückzahlbaren „Anzahlung“ auf den gesetzlichen Anspruch.

Die Parteien vereinbaren das Kausalgeschäft, obwohl für keinen der Beteiligten absehbar ist, wann sich die familiären Banden auflösen werden und wie sich die Vermögensverhältnisse der Parteien bis dahin entwickelt werden. Der Risikocharakter des Kausalgeschäfts ist daher eine weitere Gemeinsamkeit.[543] Das Risiko besteht für beide Seiten und

541 Wachter, ZEV 2023, 333 (337); ebenso Jeep, NZFam 2014, 293 (297).

542 In diese Richtung auch Jeep, NZFam, 2014, 293 (297).

543 Für den vorsorgenden Ehevertrag: Münch, FPR 2012, 302 (304); Jeep, NZFam, 2014, 293 (297); für den entgeltlichen Pflichtteilsverzicht: Klingelhöffer, Pflichtteilsrecht, Rn. 623; Mikat (Hrsg.)/ *Lange*, Festschrift Nottarp, 119 (130).

wird bereits durch das Kausalgeschäft begründet, da dieses einklagbare Ansprüche auf die jeweils versprochenen Leistungen schafft.

dd) Besonderes Vertrauensverhältnis und Absicht der Streitvermeidung

Auch für die Kausalgeschäfte gilt erneut, dass die Vertragsbeteiligten familiär miteinander verbunden sind. Dadurch besteht ebenfalls ein besonderes Vertrauensverhältnis, das sich von dem unterscheidet, was sonst zwischen Beteiligten des Rechtsverkehrs üblich ist.[544] Um ihre familiäre Beziehung von Streit und Unsicherheiten über die Ausgleichung bei Beendigung der Statusbeziehung freizuhalten, wollen die Parteien die Ausgleichung vorsorglich und endgültig (final!) regeln. Es entspricht daher dem Willen der Parteien, dass die in Erfüllung des Kausalgeschäfts vorgenommenen Leistungen nicht nur kondiktionssicher, sondern auch behaltensfest sind. Könnte aufgrund nachträglich eingetretener Umstände der Bestand der jeweiligen Leistung in Frage gestellt werden, wäre die versprochene Leistung nicht behaltensfest. Dies wäre z.B. dann der Fall, wenn die Ausgleichsleistung für den Verzicht später wegen Verarmung oder wegen groben Undanks zurückgefordert werden könnte.

Die Rückabwicklung aufgrund nachträglicher Veränderungen ist mit Streit verbunden. Eben diesen bezwecken die Parteien durch das Geschäft zu verhindern. Insbesondere die Anwendung der Schenkungsvorschriften widerspricht daher der Interessenlage der Parteien, weil dadurch nachträglich der Bestand der Leistungen in Frage gestellt werden könnte, vgl. §§ 528 ff. BGB. Genau dieser Gedanke hat auch den historischen Gesetzgeber dazu bewogen, die Kompensation für einen entgeltlichen Erbverzicht i.w.S. und einen Pflichtteilsverzicht nicht als Schenkung zu qualifizieren.[545] Die Kausalgeschäfte des entgeltlichen Pflichtteilsverzichts bzw. des vorsorgenden Ehevertrages sind daher nicht als Schenkung zu qualifizieren.

544 In diese Richtung auch Münch, FamR, § 8 Rn. 2.

545 Mot., Bd. V, S. 450 = Mugdan, Materialien zum BGB, Bd. V, S. 240.

ee) Zwischenergebnis

Die Kausalgeschäfte des entgeltlichen Pflichtteilsverzichts und des vorsorgenden Ehevertrages weisen Parallelen hinsichtlich des Vertragsgegenstandes, des verfolgten Zwecks, der Interessenlage, dem Risikocharakter und der familiär, vertrauensvollen Beziehung zwischen den Vertragsbeteiligten auf.

c) Das Kausalgeschäft als vorweggenommener familienrechtlicher Ausgleichsvertrag

Aufgrund der aufgezeigten Parallelen wäre es zu kurz gegriffen, das Kausalgeschäft des entgeltlichen Pflichtteilsverzichts und des vorsorgenden Ehevertrages jeweils nur als familienrechtliches Rechtsgeschäft *sui generis* zu bezeichnen. Vielmehr handelt es sich bei den aufgezeigten Parallelen zwischen den beiden Kausalgeschäften um Merkmale eines eigenständigen Vertragstyps.

Die Praxis in Form von vorsorgenden Eheverträgen oder entgeltlichen Pflichtteilsverzichten zeigt, dass ein erhebliches praktisches Interesse von Familien besteht, die gesetzlich vorgesehenen, finanziellen Ausgleichsmechanismen für den Fall der Beendigung einer Statusbeziehung privatautonom vorsorglich modifizieren zu können. Als Grundlage hierfür vereinbaren die Beteiligten ein entsprechendes Kausalgeschäft.

Sinn und Zweck des Kausalgeschäfts ist die Vereinbarung eines privatautonomen Ausgleichsmechanismus anstelle der gesetzlichen Regelungen. Gegenstand des Vertrages ist, dass sich eine Vertragspartei verpflichtet, auf den bei Beendigung eines Statusverhältnisses bestehenden gesetzlichen Ausgleichsmechanismus zu verzichten – namentlich: Verzicht auf den Zugewinnausgleich bzw. Verzicht auf das Pflichtteilsrecht, während sich die andere Vertragspartei im Gegenzug verpflichtet, eine

Kompensation bzw. einen Ausgleich zu leisten.[546] Das Kausalgeschäft ist ein entgeltlicher, gegenseitiger Vertrag i.S.d. §§ 320 ff. BGB.

Der angestrebte Ausgleich soll bereits vor der Beendigung der Statusbeziehung durchgeführt werden. Damit soll der gesetzlich vorgesehene Ausgleichsmechanismus privatautonom vorweggenommen werden. Es entspricht dem Willen der Parteien, dass der vorgenommene Ausgleich endgültig und bestandskräftig ist. Spätere Änderungen der Vermögensverhältnisse haben auf den vorgenommenen Ausgleich keinen Einfluss. Insoweit wird eine finale Vermögenstrennung herbeigeführt. Dies unterscheidet das Rechtsgeschäft etwa von einer Zuwendung unter Anordnung der Anrechnung nach §§ 1380 Abs. 1 bzw. 2315 Abs. 1 BGB.

Vor dem Hintergrund der persönlichen Verbundenheit der handelnden Akteure könnten Zweifel am Rechtsbindungswillen der Parteien aufkommen.[547] Diese Zweifel lassen sich jedoch bereits wieder durch den Parteiwillen entkräftet. Es entspricht dem Parteiwillen und damit dem Zweck des Rechtsgeschäfts, den Pflichtteilsverzicht kondiktionssicher und dadurch behaltensfest zu gestalten. Der mit dem Rechtsgeschäft verfolgte Zweck erfordert daher gerade einen Rechtsbindungswillen. Für den Rechtsbindungswillen und das erforderliche Erklärungsbewusstsein spricht außerdem der Ausnahmecharakter des Geschäfts, das für die Beteiligten keineswegs alltäglich sein dürfte. Dieser Ausnahmecharakter wird bereits durch die Beurkundungspflicht der jeweiligen Vollzugsverträge unterstrichen, vgl. §§ 1410, 2348 BGB. Das Kausalgeschäft ist daher kein bloßes Gefälligkeitsverhältnis, sondern ein Schuldverhältnis. Die daraus resultierenden Ansprüche sind einklagbar,[548] auch wenn die praktische Relevanz insoweit als gering einzuschätzen ist. Versprechen und Erfüllung dürften regelmäßig *uno actu* erfolgen, d.h. das Erfüllungsgeschäft wird jedenfalls teilweise

546 In diese Richtung auch Jeep, NZFam, 2014, 293 (297).

547 Zum Abschluss stillschweigender „Ehegattenverträge" vgl. Haas, FamRZ 2002, 205 (206 ff.).

548 Für die Ausstattung MüKoBGB/*v. Sachsen Gessaphe*, § 1624 BGB, Rn. 7.

gleichzeitig mit dem schuldrechtlichen Geschäft vorgenommen.[549] Dieser Umstand ist auch eine mögliche Erklärung dafür, dass das Kausalgeschäft bisher nicht näher untersucht wurde.

In Anknüpfung an die von *Langenfeld* begründete Lehre von der Vertragsgestaltung nach Fallgruppen[550] kann das vorstehend beschriebene Kausalgeschäft als eigener kautelarjuristischer Vertragstyp angesehen werden.

Das vorstehend beschriebene Rechtsgeschäft ist als „vorweggenommener familienrechtlicher Ausgleichsvertrag“ zu bezeichnen. Diese Bezeichnung beschreibt den mit dem Rechtsgeschäft verfolgten Zweck. Zugleich werden dadurch die wesentlichen Charakteristika des Rechtsgeschäfts bereits in die Typenbezeichnung mitaufgenommen. Es ist abzugrenzen von einer Schenkung unter Anordnung der Ausgleichung (nachfolgend unter aa)), der ehebedingten Zuwendung (nachfolgend unter bb)) sowie der Ausstattung nach § 1624 BGB (nachfolgend unter cc)).

aa) Abgrenzung zur Schenkung unter Anordnung der Anrechnung (§§ 1380 Abs. 1, 2315 Abs. 1 BGB)

Die Schenkung unter Anordnung der Ausgleichung, die sowohl zwischen Ehegatten im Rahmen des Zugewinnausgleichs (vgl. § 1380 Abs. 1 BGB) als auch zwischen Erblasser und Pflichtteilsberechtigten (vgl. § 2315 Abs. 1 BGB) möglich ist, kann nicht mit dem vorweggenommenen familienrechtlichen Ausgleichsvertrag gleichgesetzt werden.

Der wesentliche Unterschied besteht darin, dass durch den vorweggenommenen familienrechtlichen Ausgleichsvertrag die gesetzlich vorgesehene Vermögensteilhabe während eines Statusverhältnisses endgültig aufgehoben werden soll. Der Ausgleich wird dabei von den Parteien vorweggenommen und privatautonom modifiziert. Diese wol-

549 Für den Erbverzicht: Keller, ZEV 2005, 229 (232); ebenso v. Proff, DNotZ 2017, 84 (98); für die Ausstattung Staudinger/*Lugani*, 2020, § 1624 BGB, Rn. 15.

550 Langenfeld, Vertragsgestaltung, S. 25 ff.

len sich damit bewusst von der künftigen Vermögensentwicklungen entkoppeln. Der von den Parteien privatautonom vorweggenommene Ausgleich soll einer nachträglichen Korrektur und Anpassung nicht zugänglich sein. Für die Beteiligten stellt dies ein Risikogeschäft dar. Die Anordnung der Anrechnung lässt sich dagegen als nicht rückzahlbare „Anzahlung" auf den gesetzlichen Ausgleichsanspruch begreifen. Dieser Unterschied wurde bereits vorstehend behandelt, sodass zur Vermeidung von Wiederholungen verwiesen wird.[551]

bb) Abgrenzung zur ehebedingten Zuwendung

Auch die ehebedingte Zuwendung ist ein familienrechtliches Rechtsinstitut *sui generis*.[552] Das Rechtsinstitut der ehebedingten Zuwendung zeichnet sich durch eine sehr enge persönliche Bindung der Beteiligten aus, schließlich berührt sie das Verhältnis der Ehegatten untereinander. Die ehebedingte Zuwendung hat eine objektiv unentgeltliche Leistung zum Gegenstand, deren zugrunde liegendes schuldrechtliches Rechtsgeschäft dennoch keine Schenkung i.S.d. §§ 516 BGB ff. ist, und zwar „[n]*icht um Ansprüche zu begründen, sondern um solche auszuschließen – konkret geht es um die schenkungsrechtliche Rückforderungsmöglichkeiten (...).*"[553] Die Eheleute „*beziehen die Vermögensübertragung in solchem Fall vielmehr auf ihre Ehe und sehen in ihr einen Beitrag zur Verwirklichung und Ausgestaltung ihrer Lebensgemeinschaft. Ein solcher um der Ehe willen erfolgender Vermögenstransfer aber ist deshalb keine Schenkung, weil ihn die Verfolgung des ehebezogenen Zwecks entgeltlich macht – es fehlt, so das Argument, an der auf der subjektiven Ebene für eine Schenkung notwendigen Einigung über die Unentgeltlichkeit*

551 Vgl. E.III.2.b).

552 BGH, Urt. v. 30. Juni 1999 – XII ZR 230–96 (Schleswig) = BGH NJW 1999, 2962; MüKoBGB/*Koch*, § 1363 BGB, Rn. 26; Straub, Die Rechtsfolgen ehebezogener Zuwendungen im Erbrecht, S. 16 m. w. N.

553 MüKoBGB/*Koch*, § 1363 BGB, Rn. 26.

(§ 516 Abs. 1).“[554] Das schuldrechtliche Rechtsgeschäft ist stattdessen ein Vertrag *sui generis.*[555]

Gleichwohl wird die ehebedingte Zuwendung im Erb- und im Pflichtteilsrecht wie eine Schenkung behandelt.[556] In der Konsequenz ist die ehebedinge Zuwendung daher nicht pflichtteilsergänzungsfest. Insoweit besteht bereits ein praktischer Unterschied zum vorweggenommenen familienrechtlichen Ausgleichsvertrag vor. Dieser ist, wie noch zu zeigen sein wird, pflichtteilsergänzungsfest.[557]

Wesentlicher Unterschied zwischen dem vorweggenommenen familienrechtlichen Ausgleichsvertrag und der ehebedingten Zuwendung ist aber, dass der ehebedingten Zuwendung die *„Vorstellung oder Erwartung zugrunde liegt, daß die eheliche Lebensgemeinschaft Bestand haben werde, oder die sonst um der Ehe willen und als Beitrag zur Verwirklichung oder Ausgestaltung, Erhaltung oder Sicherung der ehelichen Lebensgemeinschaft erbracht wird und die darin ihre Geschäftsgrundlage hat, (…).*“[558] Demgegenüber wird der vorweggenommene familienrechtliche Ausgleichsvertrag gerade für den Fall der Statusaufhebung, also z.B. der Beendigung der Ehe, geschlossen.

Während die ehebedingte Zuwendung also *„deshalb keine Schenkung* [ist], *weil ihn die Verfolgung des ehebezogenen Zwecks entgeltlich macht*“[559], ist der vorweggenommene familienrechtliche Ausgleichsvertrag keine Schenkung, weil ihn die privatautonome Vorwegnahme und Modifikation der gesetzlichen Ausgleichsregelung aus familiären Gründen zum Zwecke der Streitvermeidung entgeltlich macht. Gemeinsam

---

554 Ebd.

555 BGH, Urt. v. 28. März 2006 – X ZR 85/04 (OLG Hamburg) = BGH NJW 2006, 2330 ff.; BGH, Urt. v. 13. Juli 1994 – XII ZR 1/93 (Schleswig) = BGH NJW 1994, 2545 ff.; MüKoBGB *Koch*, § 1363 BGB, Rn. 26; NK-BGB/*Dendorfer-Ditges/Wilhelm*, § 516 BGB, Rn. 31; Soergel/*Eckert*, § 516 BGB, Rn. 58 ff.; Straub, Die Rechtsfolgen ehebezogener Zuwendungen im Erbrecht, S. 16 m. w. N.

556 BGH, Urt. v. 27. November 1991 – IV ZR 164/90 = BGH NJW 1992, 564; MüKoBGB/*Lange*, § 2325 BGB, Rn. 24.

557 Vgl. G.III und G.IV.

558 BGH, Urt. v. 17. Januar 1990 – XII ZR 1/89 = BGH NJW-RR 1990, 386.

559 MüKoBGB/*Koch*, § 1363 BGB, Rn. 26.

ist den beiden Rechtsinstituten aber, dass das subjektive Merkmal der Einigung über die Unentgeltlichkeit fehlt.[560]

Die ehebedingte Zuwendung und der vorweggenommene familienrechtliche Ausgleichsvertrag sind daher als unterschiedliche Vertragstypen voneinander abzugrenzen.

cc) Abgrenzung zur Ausstattung § 1624 BGB

Zu den familienrechtlichen Rechtsgeschäften *sui generis* zählt schließlich auch die Ausstattung nach § 1624 BGB.[561] Wie der vorweggenommene familienrechtliche Ausgleichsvertrag und die ehebedingte Zuwendung ist auch die Ausstattung durch eine enge persönliche Beziehung der Beteiligten im familiären Kontext gekennzeichnet. Die Ausstattung nach § 1624 Abs. 1 BGB betrifft das Verhältnis der Kinder zu ihren Eltern. Der Ausstattung und dem vorweggenommenen familienrechtlichen Ausgleichsvertrag ist gemeinsam, dass die Ausstattung bzw. die Kompensation nicht nur kondiktionssicher, sondern auch behaltensfest erfolgt. Aus diesen Gründen widerspricht es daher in beiden Fällen den Parteiinteressen, wenn die Schenkungsvorschriften – insbesondere die Rückforderung wegen Verarmung nach § 528 BGB oder wegen groben Undanks nach § 530 BGB – auf das jeweilige schuldrechtliche Rechtsverhältnis anwendbar wären.[562] Obwohl die Ausstattung ebenfalls eine objektiv unentgeltliche Leistung zum Gegenstand hat, wird deren zugrundeliegendes schuldrechtliches Rechtsgeschäft gleichwohl nicht als Schenkung typologisiert.[563] Das Gesetz selbst

560 Für den vorweggenommenen familienrechtlichen Ausgleichsvertrag vgl. E.III.2.a.bb); für die ehebezogene Zuwendung statt vieler MüKoBGB/*Koch*, § 1363 BGB, Rn. 26.

561 BeckOGK/*Kienemund*,§ 1624 BGB, Rn. 4; Knodel, ZErb 2006, 225; MüKoBGB/*v. Sachsen Gessaphe*, § 1624 BGB, Rn. 7; Müller, ZEV 2015, 322 (323).

562 BeckOGK/*Kienemund*, § 1624 BGB, Rn. 2; MüKoBGB/*v. Sachsen Gessaphe*, § 1624 BGB, Rn. 1 und 11.

563 Für die Ausstattung, soweit sie nicht übermäßig erfolgt, ergibt sich dies bereits *de lege lata* aus § 1624 Abs. 1 BGB.

untersagt insoweit die Anwendung der Schenkungsregeln, vgl. § 1624 Abs. 1 BGB.

Im Unterschied zur ehebedingten Zuwendung und insoweit parallel zum vorweggenommenen familienrechtlichen Ausgleichsvertrag geht die h.L. für die Ausstattung davon aus, dass diese, soweit sie nicht übermäßig erfolgt, pflichtteilsergänzungsfest ist. Begründet wird dies mit der in § 2316 Abs. 2 BGB vorgesehenen Ausgleichspflicht von Ausstattungen, von der nach § 2316 Abs. 3 BGB auch nicht abgewichen werden kann.[564]

Zweck der Ausstattung ist regelmäßig, dass die Eltern ihren Kindern eine wirtschaftliche Starthilfe für den Start in ein selbständiges Leben geben.[565] Dem Rechtsinstitut liegt die Vorstellung zugrunde, dass Eltern ihren Kindern aus besonderem Anlass einmalig eine finanzielle Unterstützung gewähren, damit diese auf eigenen Beinen stehen und ein selbstständiges Leben führen können. Zwar soll die Ausstattung den Kindern den Start in die Unabhängigkeit von ihren Eltern eröffnen. Anders als beim vorweggenommenen familienrechtlichen Ausgleichsvertrag wird jedoch von den Parteien kein gesetzlich vorgesehener Vermögensausgleich privatautonom vorweggenommen.

Im Übrigen ist zu berücksichtigen: Die Kinder haben keinen Anspruch auf die Ausstattung und sie erbringen hierfür auch keinerlei Gegenleistung. Dementsprechend geben sie auch kein Versprechen einer Gegenleistung ab. Im Unterschied hierzu soll durch den vorweggenommenen familienrechtlichen Ausgleichsvertrages ein vom Gesetzgeber für den Fall der Beendigung einer Statusbeziehung vorgesehener Ausgleichsmechanismus durch eine privatautonome Regelung der Beteiligten ersetzt werden. Das Versprechen des Abschlusses eines Zugewinnausgleichs- oder Pflichtteilsverzichts, wird kompensiert durch finanzielle Ausgleichsleistung. Der vorweggenommene familienrechtliche Aus-

564 BeckOGK/*Reisnecker*, § 2316 BGB, Rn. 25, 105; BeckOGK/*A. Schindler*, § 2325 BGB, Rn. 52 ff.; Everts, MittBayNot 2011, 107 (110), Fischer, ZEV 2023, 286 (287); Schönenberg-Wessel; NJW 2019, 1481 (1482); krit. Burandt/Rojahn/*Horn*, § 2325 BGB, Rn. 32; Müller, ZEV 2015, 322 (323).

565 BeckOGK/*Kienemund*, § 1624 BGB, Rn. 1 ff; BeckOK/*Pöcker*, § 1624 BGB, Rn. 1; MüKoBGB/*v. Sachsen Gessaphe*, § 1624 BGB, Rn. 1.

gleichsvertrag ist damit ein gegenseitiger Vertrag. Dies unterscheidet ihn wiederum von dem Kausalgeschäft *sui generis*, das der Ausstattung zugrunde liegt.

dd) Erbschaftsvertrag als vorweggenommener familienrechtlicher Ausgleichsvertrag

Gemessen an den zuvor benannten Kriterien eines vorweggenommenen familienrechtlichen Ausgleichsvertrag ist der Erbschaftsvertrag nach § 311b Abs. 5 BGB als ein solcher einzuordnen, wenn Vertragsgegenstand das gesetzliche Erbrecht oder das Pflichtteilsrecht ist. Die Vertragsparteien sind auch hier familiär miteinander verbunden. Zweck des Erbschaftsvertrages in diesen Fällen ist, die gesetzlich angeordnete Vermögensteilhabe im Fall der Beendigung einer Statusbeziehung privatautonom abweichend zu regeln. Es ist insoweit unschädlich, dass der Vertrag zwischen den gesetzlichen Erben bzw. den Pflichtteilsberechtigten geschlossen wird. Zu berücksichtigen ist insoweit nämlich, dass die Pflichtteilsansprüche letztlich nicht den Erblasser, sondern des Erben treffen. Es ist daher ebenso möglich, dass nicht der Erblasser, sondern dessen Erben die gesetzlich angeordnete Vermögensteilhabe abweichend regeln wollen. Durch den Erbschaftsvertrag führen die Vertragsparteien ebenfalls eine finale Vermögenstrennung herbei und nehmen den gesetzlichen Vermögensteilhabeanspruch vorweg. Dabei handelt es sich auch hier um ein Risikogeschäft, weil zur Zeit des Vertragsschlusses die Werthaltigkeit des erworbenen Anspruchs noch nicht feststeht.

III. Ergebnis

Im Ergebnis ist das Kausalgeschäft des entgeltlichen Pflichtteilsverzichts ein vorweggenommener familienrechtlicher Ausgleichsvertrag.

Durch den vorweggenommenen familienrechtlichen Ausgleichsvertrag soll der vom Gesetzgeber für den Fall der Beendigung einer Statusbeziehung vorgesehene Ausgleichsmechanismus privatautonom vorweggenommen und modifiziert werden. Mit dieser Vorwegnahme des gesetzlichen Ausgleichs bezwecken die Parteien, ihre familiären Beziehungen von (potentiellen) Streitigkeiten zu befreien und eine endgültige Vermögenstrennung herbeizuführen. Der Zweck und die Tatsache des familiären Näheverhältnisses zwischen den Vertragsbeteiligten haben zur Folge, dass die Parteien in besonderem Maße auf den Bestand des Rechtsgeschäfts vertrauen. Dieses soll daher nicht nur kondiktionssicher, sondern auch behaltensfest sein. Künftige Vermögensänderungen sollen den Bestand des Rechtsgeschäfts daher nicht in Frage stellen können. Die Schenkungsregeln – insbesondere die Vorschriften der §§ 528 ff. BGB – sind aus diesem Grund nicht anwendbar. Dies gilt bereits deshalb, weil es sich bei diesem Vertragstyp um einen gegenseitigen, entgeltlichen Vertrag handelt.

G. Der vorweggenommene familienrechtliche Ausgleichsvertrag in der praktischen Anwendung

Der vorweggenommene familienrechtliche Ausgleichsvertrag ist nicht neu. Er war schon immer da. Neu ist nur, dass dieser in dieser Arbeit als solches ausdrücklich bezeichnet wird. Für die Praxis wichtig ist, wie dieser Vertrag zu behandeln ist. Aufgrund der zuvor angestrengten Parallelbetrachtungen kann dabei auch miteinbezogen werden, wie das Kausalgeschäft insbesondere eines entgeltlichen Pflichtteilsverzichts und das eines vorsorgenden Ehevertrages bisher in der Praxis behandelt wurde, um daraus Rückschlüsse für den vorweggenommenen familienrechtlichen Ausgleichsvertrag abzuleiten.

I. Vorschriften des BGB AT und Schuldrecht AT

Anwendbar auf den Vertrag sind zunächst die Vorschriften über Verträge nach §§ 145 ff. BGB. Im Fall von Unklarheiten sind die Willenserklärungen nach §§ 133, 157 BGB auszulegen. Da der Vertrag durch zwei korrespondierende Willenserklärungen zustande kommt, sind auch die Vorschriften der §§ 116 ff. BGB anwendbar.

1. Anfechtung

Konsequenterweise ist damit auch die Anfechtung aus den in §§ 119, 123 BGB genannten Gründen möglich. Nach bisher h.M. zum Erbverzicht und dessen Kausalgeschäft ist die Anfechtung jedoch nur zu Lebzeiten des Erblassers möglich.[566] Begründet wird dies sowohl mit der Rechtssicherheit als auch damit, dass eine Aufhebung des Verzichts nur zu Lebzeiten der Vertragsparteien möglich ist.[567] Eine starke Gegenmeinung bejaht die Möglichkeit der Anfechtung auch nach dem Tod des Verzichtenden.[568] Eine Entscheidung des BGH zu dieser Frage steht bisher aus.[569]

Richtigerweise kann der schuldrechtliche vorweggenommene familienrechtliche Ausgleichsvertrag auch nach dem Tod einer der Parteien angefochten werden. Fraglich ist jedoch, welche Auswirkung der Wegfall des Kausalgeschäfts mit Blick insbesondere auf den erklärten Pflichtteilsverzicht hat. Für diese Frage ist zunächst § 2351 BGB maßgeblich. Das Gesetz schließt eine Aufhebung des Verzichts nach dem Tod des Erblassers aus. Ist der Erblasser zur Zeit der Anfechtung bereits

566 BayObLG, Beschl. v. 4. Januar 2006 – 1Z BR 97/03 = BayObLG, ZEV 2006, 209; OLG Celle, Beschl. v. 8. Juli 2003 – 6 W 63/03 = OLG Celle, NJW-RR 2003, 1450; OLG Schleswig, Urt. v. 27. Mai 1997 – 3 U 148/95 = OLG Schleswig, NJW-RR 1997, 1092; OLG Koblenz, Beschl. v. 4. März 1993 – 6 W 99/93 = OLG Koblenz, NJW-RR 1993, 708; Zimmer, NJW 2017, 513 (515); BeckOK/*Litzenburger*, § 2346 BGB, Rn. 5, Lange/Kuchinke, Erbrecht, S. 184; MüKoBGB/*Wegerhoff*, § 2346 BGB, Rn. 4; a. A. Kipp/Coing, ErbR, § 82 IV der eine Möglichkeit der Anfechtung für den Erblasser ablehnt; ebenso Soergel/*Damrau*, 13. Aufl., § 2346 BGB, Rn. 20 und Soergel/*Najdecki*, 14. Aufl., § 2346 BGB mangels Rechtsschutzbedürfnis.

567 Ebd.; für den Erblasser folgt dies unmittelbar aus § 2351 BGB, für den Verzichtenden vgl. BGH, Urt. v. 24. Juni 1998 – IV ZR 159–97 (München) = BGH, NJW 1998, 3117; OLG Köln, Urt. v. 21. Januar 2021 – 24 U 48/20 = OLG Köln, ZEV 2021, 635; BeckOGK/*Everts*, § 2351 BGB, Rn. 9; DNotI-Report 2024, 17 (19); Staudinger/*Schotten*, 2022, § 2346 BGB, Rn. 193 ff.; a. A. MüKoBGB/*Wegerhoff*, § 2351 BGB, Rn. 3, der eine Aufhebung zu Lebzeiten des Erblassers aber nach dem Tod des Verzichtenden für möglich hält.

568 Damrau/Tanck/*Kurze*, § 2346 BGB, Rn. 48; Leipold, Erbrecht, Rn. 563; Mankowski, ZEV 1998, 33; Michalski, Erbrecht, Rn. 458 in der aktuellen Auflage wird diese Ansicht nicht mehr vertreten, vgl. Michalski/Schmidt, Erbrecht, Rn. 552; Muscheler, Erbrecht Bd. I, Rn. 2358 f.; Soergel/*Damrau*, 13. Aufl., § 2346 BGB, Rn. 20; Soergel/*Najdecki*, 14. Aufl., § 2346 BGB, Rn. 20; Staudinger/Schotten, 2022, § 2346 BGB, Rn. 177.

569 Offengelassen von BGH, Urt. v. 4. November 1998 – IV ZR 327–97 = NJW 1999, 789 und BGH, Beschl. v. 29. November 1996 – BLw 16/96 = BGH NJW 1997, 653.

verstorben, kommt daher nur ein Anspruch auf Wertersatz nach § 818 Abs. 2 BGB in Betracht.[570]

Bei den Anfechtungsgründen ist zu betonen, dass ein Irrtum des Verzichtenden über den Wert des Vermögens der anderen Vertragspartei, den Verzichtenden nicht zur Anfechtung nach § 119 Abs. 2 BGB berechtigt. Liegt dagegen ein Irrtum über wesentlich wertprägende Elemente des Vermögens der anderen Vertragspartei vor und haben diese in die Berechnungsgrundlage für die Höhe der Ausgleichsleistung Eingang gefunden, berechtigt dies zur Anfechtung nach § 119 Abs. 2 BGB.[571]

2. Sittenwidrigkeit

Ebenfalls anwendbar ist § 138 BGB.[572] Bei der Anwendung dieser Norm ist jedoch zu beachten, dass die beteiligten Parteien bereits aufgrund der Natur des Rechtsgeschäfts in einem emotionalen Näheverhältnis stehen.[573] Die familiären Banden (Eltern-Kind-Beziehung, Ehegatten) dürfen jedoch nicht vorschnell dazu verleiten, den Schluss auf ein emotionales Abhängigkeitsverhältnis zu ziehen. Hierfür bedarf es konkreter Anhaltspunkte im jeweiligen Einzelfall. Ebenso ist zu berücksichtigen, dass allein ein Missverhältnis zwischen der Gegenleistung und dem Wert der Ansprüche auf die verzichtet wird, nicht für die Annahme

---

570 OLG Koblenz, Beschl. v. 4. März 1993 – 6 W 99/93 = OLG Koblenz, NJW-RR 1993, 708; BeckOK/*Litzenburger*, § 2346 BGB, Rn. 42; Damrau, Der Erbverzicht, S. 127; Kornexl, Der Zuwendungsverzicht, Rn. 274; Lange/Kuchinke, Erbrecht, S. 184; Michalski/Schmidt, Erbrecht, Rn. 552; Staudinger/*Schotten*, 2022, § 2346 BGB, Rn. 206.

571 BeckOK/*Litzenburger*, § 2346 BGB, Rn. 43; Damrau, Der Erbverzicht, S. 135 ff.; MüKoBGB/*Wegerhoff*, § 2346 BGB, Rn. 26; Soergel/*Damrau*, 13. Aufl., § 2346 BGB, Rn. 20; Soergel/*Najdecki*, 14. Aufl., § 2346 BGB, Rn. 20; Staudinger/*Schotten*, § 2346 BGB, Rn. 190; a. A. Degenhart, RPfleger 1969, 147 nur bei schwerem Irrtum; Mikat (Hrsg.)/ *Lange*, FS Nottarp, 123 (131) Anfechtungsrecht nur für den Erblasser.

572 OLG Hamm, Beschluss vom 8.11.2016 – 10 U 36/15 = NJW 2017, 576;

573 Röthel, NJW 2012, 337 (338) mit weiteren Besonderheiten für den entgeltliche Pflichtteilsverzicht.

der Sittenwidrigkeit ausreicht. Es bedarf zusätzlich eines weiteren Umstandes, „*der den Vertrag bei Zusammenfassung der subjektiven und objektiven Merkmale als sittenwidrig erscheinen lässt.*“[574] Um den Vorwurf der Sittenwidrigkeit zu begegnen, empfiehlt es sich für die Praxis zum einen die Umstände des Vertragsschlusses zu dokumentieren und auf eine ausreichende Bedenk- und Überlegzeit zu achten. Von Vorteil kann insoweit insbesondere auch sein, wenn gegenüber der verzichtenden Partei die Vermögensverhältnisse transparent gemacht werden und dies dokumentiert wird.[575] In einer Entscheidung zum entgeltlichen Erbverzicht i.w.S. beanstandete etwa das OLG München, dass der Vater den Sohn über den Wert des Nachlasses getäuscht hatte.[576] Nicht erforderlich ist dagegen, dass beide Parteien zwingend anwaltlich beratend sind. Durch die notarielle Beurkundung ist die Möglichkeit der Aufklärung und Beratung ausreichend gewährleistet.

3. Leistungsstörungsrecht

Da es sich um einen gegenseitigen Vertrag handelt, sind auch die Vorschriften der §§ 320 ff. BGB anwendbar.[577] Im Fall der Nicht- oder Schlechterfüllung besteht daher die Möglichkeit des Rücktritts und parallel hierzu die Möglichkeit des Schadensersatzes nach §§ 280 ff. BGB sofern die Voraussetzungen vorliegen, vgl. auch § 325 BGB.[578]

Bereits angesprochen wurde, dass eine nachträgliche Veränderung der Vermögensverhältnisse nicht ausreicht, um eine Anpassung nach

574 Ständige Rspr. so etwa auch BGH Hinweisbeschluss vom 14. Juni 2017 – III ZR 487/16= BGH, BeckRS 2017, 115431 Rn. 10 m. w. N.

575 Lange/Horn, ZEV 2019, 381 (387); a. A. Horn, ZEV 2010, 295 (297); vermittelnd Becker/Hendricks, RFamU 2022, 23 (25) abhängig vom Einzelfall.

576 OLG München, Urteil vom 25. Januar 2006 – 15 U 4751/04 = OLG München, ErbR 2007, 154, a. A. OLG Düsseldorf, Beschl. v. 21. Februar 2013 – I-3 Wx 193/12 = OLG Düsseldorf, NJW-RR 2013, 966, welches eine pauschale Aufklärungs- und Auskunftspflicht des Erblassers verneinte.

577 Gerlach-Worch, ErbR 20220, 552 (553 f.); Zimmer, NJW 2017, 513 (515).

578 BeckOK/*Litzenburger*, § 2346 BGB, Rn.41 m. w. N.

§ 313 BGB zu rechtfertigen.[579] Die Unsicherheit über die zukünftige Vermögensentwicklung ist dem Rechtsgeschäft gerade immanent und den Parteien bei Abschluss der Vereinbarung bekannt. Zweck des Rechtsgeschäfts ist es trotz dieser Unsicherheiten einen privatautonomen Ausgleich zu vereinbaren. Eine Anpassung kommt nur in Einzelfällen aufgrund besonderer Umstände in Betracht.[580]

4. Folgen des Wegfalls des Kausalgeschäfts

Sollte der vorweggenommene familienrechtliche Ausgleichsvertrag z.B. aufgrund von Anfechtung *ex tunc* nichtig sein oder sollte sich der Vertrag aufgrund eines Rücktritts in ein Rückabwicklungsschuldverhältnis umwandeln, gilt es insbesondere bei einem Pflichtteilsverzicht den § 2351 BGB zu beachten. Der Verzicht kann nach bisher h.M. nur zu Lebzeiten des Erblassers aufgehoben werden. Relevant ist dies vor allem mit Blick auf den Verzichtenden. Nach § 2349 BGB wird der gesamte Stamm des Verzichtenden von dem Verzicht erfasst.[581] Trotz dieser Drittwirkung können die Abkömmlinge des Verzichtenden den Verzicht nicht mehr beseitigen.[582] Bereits angesprochen wurde, dass wenn eine Aufhebung des Erbverzichts nicht mehr möglich, dem Verzichtenden stattdessen ein Wertersatzanspruch nach § 818 Abs. 2 BGB bzw. § 346 Abs. 2 Nr. 1 BGB zusteht.[583]

---

579 Im Ergebnis auch Kipp/Coing, ErbR, § 82 VI d); Mikat (Hrsg.)/ *Lange*, Festschrift Nottarp, 119 (130) auch bei besonders extrem Fällen wie einem Lottogewinn; Staudinger/*Schotten*, 2022, Einl. zu §§ 2346 ff., Rn. 32; Weirich, DNotZ 1986, 5 (13); Zimmer, NJW 2017, 513 (515); Zimmermann, Der Verlust der Erbschaft, Rn. 87 mit Verweis auf BGH, NJW 1997, 653 zum Höferecht.

580 OLG Hamm, Urt. v. 3. August 1999 – 10 U 3/99 = OLG Hamm, ZEV 2000, 507; BeckOK/*Litzenburger*, § 2346 BGB, Rn. 44, MüKoBGB/*Wegerhoff*, § 2346 BGB, Rn. 27.

581 Vgl. auch für den Pflichtteilsverzicht MüKoBGB/*Wegerhoff*, § 2349 BGB, Rn. 5.

582 BGH, Urt. v. 24. Juni 1998 – IV ZR 159–97 = BGH, NJW 1998, 3117, a. A. Staudinger/Schotten, 2022, § 2346 BGB, Rn. 177 m. w. N.

583 OLG Koblenz, Beschl. v. 4. März 1993 – 6 W 99/93 = OLG Koblenz, NJW-RR 1993, 708; BeckOK/*Litzenburger*, § 2346 BGB, Rn. 41; Damrau, Der Erbverzicht, S. 127; Kornexl, Der Zuwendungsverzicht, Rn. 274; Lange/Kuchinke, Erb-

Im Ergebnis begrenzt also § 2351 BGB die Einbuße an Rechtssicherheit für den Erb- und Pflichtteilsverzicht, die durch die Anwendbarkeit der Anfechtungsvorschriften bzw. Rücktrittsvorschriften auf den vorweggenommenen familienrechtlichen Ausgleichsvertrag entsteht.

Davon zu unterscheiden ist, wenn der Fehler/Irrtum nicht nur beim Grundgeschäft vorgelegen hat, sondern auch beim Erfüllungsgeschäft, d.h. bei Abschluss des Pflichtteilsverzichts. In diesen Fällen der Fehleridentität ist nicht nur das Grundgeschäft, also der vorweggenommene familienrechtliche Ausgleichsvertrag, sondern auch das Erfüllungsgeschäft, d.h. der Pflichtteilsverzicht nichtig.[584] Von Relevanz ist dies insbesondere in den Fällen der Sittenwidrigkeit oder der Anfechtung wegen arglistiger Täuschung oder Drohung. Auf § 2351 BGB und die Frage, ob die Vertragsparteien noch leben, kommt es dann nicht mehr an. Der Pflichtteilsverzicht ist in diesem Fall *ex tunc* nichtig.

II. Formvorschrift

§ 2348 BGB ordnet die notarielle Beurkundung sowohl für den Erbverzicht als auch für den Pflichtteilsverzicht an. Unmittelbar gilt diese Norm nur für das Verfügungsgeschäft, d.h. den Verzicht selbst. Die h.M. wendet § 2348 BGB analog für das Verpflichtungsgeschäft des Erbverzichts an, soweit dieses die Pflicht zum Abschluss eines Erbverzichts enthält.[585]

Erfolgen Verpflichtungs- und Verfügungsgeschäft dabei *uno actu*, wird teilweise vertreten, dass § 2348 BGB auf das Kausalgeschäft nicht analog anwendbar sei. Es handele sich in diesem Fall nur um eine blo-

recht, S. 184; Michalski/Schmidt, Erbrecht, Rn. 552; Staudinger/*Schotten*, 2022, § 2346 BGB, Rn. 206.

584 OLG Hamm, Urt. v. 8. November 2016 – 10 U 36/15 = BeckRS 2016, 21302; BeckOK/*Litzenburger*, § 2346 BGB, Rn. 42.

585 OLG Stuttgart, Urt. v. 28. Dezember 2010 – 1 U 113/10 = OLG Stuttgart, BeckRS 2012, 2919; OLG Köln, Urt. v. 30. Juni 2010 – 2 U 154/09 = OLG Köln, ZEV 2011, 384; Keller, ZEV 2005, 229 (232); Mikat (Hrsg.) *Lange*, Festschrift Nottarp, S. 119 (133); Schotten, DNotZ 1998, 163 (176); Schotten, RNotZ 2012, 94 (95); v. Proff, DNotZ 2017, 84 (98); a. A. Kuchinke, NJW 1983, 2358 (2359, 2361).

ße Rechtsgrundabrede, die keine Pflicht zum Abschluss eines Erbverzichts enthalte.[586] Diese Ansicht vermag zwar im Ergebnis, nicht aber in der Begründung zu überzeugen. Nur weil ein Geschäft sogleich erfüllt wird, d.h. Verpflichtungs- und Verfügungsgeschäft zeitlich zusammenfallen, ändert dies nichts am Charakter des jeweiligen Geschäfts. Werden Verpflichtungs- und Verfügungsgeschäft dagegen *uno actu* zusammengefasst, reicht die Gesamtbeurkundung aus. Der Schutzzweck der Formvorschrift wird hierbei gewahrt. Es wird sowohl der ausreichende Schutz vor Übereilung als auch die Möglichkeit zur Aufklärung und Warnung durch den Notar sichergestellt.

Für den Verzicht auf den Zugewinnausgleich im Rahmen eines vorsorgenden Ehevertrages ergibt sich das Formerfordernis aus § 1410 BGB. Dieses Formerfordernis gilt auch für einen Vorvertrag, der die Verpflichtung zum Abschluss eines Ehevertrages enthält.[587] Im Übrigen können Eheverträge sowohl Verfügungs- wie auch Verpflichtungscharakter haben,[588] weshalb der Rechtsgrund für den Ehevertrag mit diesem *uno actu* zusammenfallen kann.

Bereits bisher geht die Praxis also davon aus, dass das Kausalgeschäft des entgeltlichen Pflichtteilsverzichts sowie der vorsorgende Ehevertrag der notariellen Beurkundung bedürfen. Richtigerweise ist daher auch der vorweggenommene familienrechtliche Ausgleichsvertrag formbedürftig, wenn durch ihn die Pflicht zum Abschluss eines formbedürftigen Vollzugsgeschäfts begründet wird. Andernfalls wird der mit der notariellen Form bezweckte Schutz ausgehebelt, weil aus einem formlosen schuldrechtlichen Geschäft auf die Abgabe der dinglichen Verzichtserklärung geklagt werden könnte.[589] Soweit der vorweggenommene familienrechtliche Ausgleichsvertrag daher die Pflicht zum

586 OLG Stuttgart, Urt. v. 28. Dezember 2010 – 1 U 113/10 = OLG Stuttgart, BeckRS 2012, 2919; Keller, ZEV 2005, 229 (232); v. Proff, DNotZ 2017, 84 (98).

587 BGH, Urt. v. 25. Mai 1966 – IV ZR 348/64 = BeckRS 1966, 31385852; MüKoBGB/*Münch*, § 1410 BGB, Rn. 3; ebenso Soergel/*Gaul/Althammer*, 13. Aufl., § 1410 BGB, Rn. 2.

588 Soergel/*Gaul/Althammer*, 13. Aufl., § 1408 BGB, Rn. 2; FS Lange/*Gaul*, 829 (850, Fn. 86.); v. Baligand, Der Ehevertrag, S. 20 ff. und S. 30 ff.

589 So bereits Kammergericht, Urt. v. 26. Februar 1973 – 12 U 2463/72 = Kammergericht, OLGZ 1974, 263 (265); v. Proff, DNotZ 2017, 84 (98).

Abschluss eines beurkundungspflichtigen Vollzugsgeschäfts begründet, ist er selbst beurkundungspflichtig. Dies ergibt sich aus einer Analogie zu § 311b Abs. 5 S. 2 BGB und § 1410 BGB.

Das Kausalgeschäft kann allerdings *uno actu* mit den Vollzugsgeschäften in einer notariellen Gesamturkunde zusammengefasst werden.

III. Anwendbarkeit der §§ 528, 530 BGB

Es wurde bereits dargestellt, dass die Anwendbarkeit der Rückforderungs- und Widerrufsregeln der §§ 528, 530 BGB aus dem Schenkungsrecht dem Vertragszweck des vorweggenommenen familienrechtlichen Ausgleichsvertrages entgegenstehen und daher nicht anwendbar sind. Zur Vermeidung von Wiederholungen wird insoweit auf die entsprechenden Ausführungen verwiesen.[590]

IV. Pflichtteilsergänzungsfestigkeit der Kompensationsleistung

Fraglich ist, ob Kompensationsleistungen im Rahmen eines vorweggenommenen familienrechtlichen Ausgleichsvertrags pflichtteilsergänzungsfest sind. Auch diesbezüglich soll zunächst in den Blick genommen werden, wie die Praxis diese Frage bei einem Pflichtteilsverzicht (nachfolgend unter 1.) und bei einem Verzicht auf den Zugewinnausgleich (nachfolgend unter 2.) beurteilt. Auf dieser Grundlage lassen sich die Folgen für den vorweggenommenen familienrechtlichen Ausgleichsvertrag diskutieren (nachfolgend unter 3.).

1. Pflichtteilsergänzungsfestigkeit des entgeltlichen Pflichtteilsverzichts

Es ist umstritten, ob die Kompensationsleistung im Rahmen eines entgeltlichen Pflichtteilsverzichts nach § 2325 BGB pflichtteilsergänzungs-

---

590 F.II.5 sowie E.III.4 und F.II.3.

pflichtig ist.[591] Die Diskussion ist dabei eng verbunden mit dem Streit über das Verständnis des § 2310 S. 2 BGB, insbesondere dessen Rechtsfolge hinsichtlich die Zählweise bei einem Pflichtteilsverzicht.

Für den entgeltlichen Erbverzicht i.w.S. besteht im Ergebnis Einigkeit darüber, dass die Kompensationsleistung für den Erbverzicht entweder keine Schenkung i.S.d. § 2325 Abs. 1 BGB darstellt oder aber jedenfalls der § 2325 BGB teleologisch zu reduzieren ist. Hintergrund dessen ist, dass sich durch den Erbverzicht i.w.S. die Pflichtteilsquote der übrigen Berechtigten aufgrund der in § 2310 S. 2 BGB angeordneten Zählweise im Ergebnis erhöht. Die überwiegende Meinung in Literatur und Rechtsprechung möchte verhindern, dass die übrigen Pflichtteilsberechtigten doppelt profitieren – zum einen durch das Anwachsen ihrer Pflichtteilsquote aufgrund des § 2310 S. 2 BGB und zum anderen durch die Ergänzungspflichtigkeit der Kompensationsleistung nach § 2325 Abs. 1 BGB.[592]

Diese Argumentation versagt jedoch für den Pflichtteilsverzicht, wenn man mit der bisher h.M. annimmt, § 2310 S. 2 BGB gelte nicht für den Pflichtteilsverzicht.[593] Um eine Aushöhlung des Pflichtteilsrechts zu vermeiden, sprechen sich die Vertreter der h.M. deshalb dafür aus, die Kompensationsleistung für einen entgeltlichen Pflichtteilsverzicht im Rahmen des § 2325 Abs. 1 BGB als Schenkung zu qualifizieren.[594] Der folgenden Beispielsfall veranschaulicht die Problematik:

---

591 Für die Unentgeltlichkeit des entgeltlichen Pflichtteilsverzichts im Rahmen des § 2325 BGB: BeckOGK/*A. Schindler*, § 2325 BGB, Rn. 78; BeckOK/*Müller-Engels*, § 2325 BGB, Rn. 27; Burandt/Rojahn/*Horn*, § 2325 BGB, Rn. 61; MüKoBGB/*Lange*, § 2325 BGB, Rn. 35 f.; Muscheler, Erbrecht Bd. II, Rn. 4242; für die Entgeltlichkeit bzw. Pflichtteilsergänzungsfestigkeit: Klingelhöffer, Pflichtteilsrecht, Rn. 596; Lorz/Kirchdörfer, Unternehmensnachfolge, Kapitel 4 Rn. 17; v. Proff, NJW 2016, 539 (540).

592 Statt vieler BGH, Urt. v. 3. Dezember 2008 – IV ZR 58/07 = BGH, NJW 2009, 1143; ebenso BeckOK/*Müller-Engels*, § 2325 BGB, Rn. 26.

593 Burandt/Rojahn/*Horn*, § 2325 BGB, Rn. 61; Damrau/Tanck/*Riedel*, § 2325 BGB, Rn. 21; v. Proff, NJW 2016, 539 (540).

594 BeckOGK/*A. Schindler*, § 2325 BGB, Rn. 78; BeckOK/*Müller-Engels*, § 2325 BGB, Rn. 27; Burandt/Rojahn/*Horn*, § 2325 BGB, Rn. 61; Muscheler, Erbrecht Bd. II, Rn. 4242.

E hat zwei Kinder – K1 und K2 – und ein Vermögen von EUR 100.000,00. Zugleich ist E dem Teil der Bevölkerung zugehörig[595], der das Pflichtteilsrecht als ungerecht empfindet und nach einer Vermeidungsstrategie sucht. Sein Ziel ist es, dass K1 möglichst begünstigt werden soll, während K2 von der Beteiligung an seinem Nachlass größtmöglich ausgeschlossen sein soll. K1 erklärt sich daher gegenüber E zu einem Pflichtteilsverzicht bereit, für den ihm E eine Kompensation entsprechend der gegenwärtigen Pflichtteilsquote von EUR 25.000,00 gewährt.

Nach der h.M. lässt der Pflichtteilsverzicht die für die Berechnung des Pflichtteils maßgebliche Erbquote unberührt. Jedoch wird durch die Ausgleichsleistung der Nachlass des E geschmälert auf nunmehr EUR 75.000,00. An diesem Nachlass partizipiert K2 im Fall der Enterbung mit einem Pflichtteilsanspruch in Höhe von EUR 18.750,00. Dies sind jedoch EUR 7.250,00 weniger als K2 ohne die Gestaltung des E und K1 erhalten hätte.

Um diese Aushöhlung des Pflichtteilsrechts zu vermeiden, qualifiziert die überwiegende Meinung das Kausalgeschäft des entgeltlichen Pflichtteilsverzichts im Rahmen des § 2325 Abs. 1 BGB daher als Schenkung.[596]

Dieser Ansatz der h.M. ist jedoch nicht schlüssig: Der entgeltliche Pflichtteilsverzicht soll im Rahmen des § 2325 Abs. 1 BGB eine Schenkung sein, der entgeltliche Erbverzicht i.w.S. dagegen nicht. Dies widerspricht dem Willen des Gesetzgebers, wonach Erb- und Pflichtteilsverzicht stets gleichbehandelt werden sollen.[597]

---

595 Bzgl. der Umfrageergebnisse Bengel, MittBayNot 2003, 270 (276 ff.) und auszugsweise unter B.V. wiedergegeben.

596 A. A. v. Proff, NJW 2016, 539 (540), der davon ausgeht, dass die Abfindung pflichtteilsergänzungsfest sei. Im Ergebnis ebenso Klingelhöffer, Pflichtteilsrecht, Rn. 596; Lorz/Kirchdörfer, Unternehmensnachfolge, Kapitel 4 Rn. 17.

597 Mot., Bd. V, S. 472 = Mugdan, Materialien zum BGB, Bd. V, S. 252: *„Indem gestattet wird, den Vertrag auf die Ausschließung des Pflichttheilsrechtes zu beschränken (Abs. 3), wird ersichtlich, daß der letztere Vertrag den gleichen Rechtsnormen unterworfen ist wie der Vertrag über das Erbrecht. Der Verzicht auf das Pflichttheilsrecht ist, nach der Auffassung des Entwurfes von dem Pflichttheile (§§ 1975, 1976), an sich ein Verzicht auf einen Geldanspruch. Mit Rücksicht auf seine Quelle und seine*

Außerdem verhindert die Argumentation der h.M., worauf *Otte*[598] zurecht hinweist, eine Aushöhlung der Pflichtteilsansprüche nur für den Zeitraum von zehn Jahren. Im Übrigen schmilzt die Ergänzung jährlich um ein Zehntel der Kompensationsleistung ab. Ist mehr als eine Dekade zwischen der Kompensationsleistung und dem Erbfall verstrichen, dann ist die Kompensationsleistung gem. § 2325 Abs. 3 S. 2 BGB in keinem Fall mehr pflichtteilsergänzungspflichtig. Angesichts der weit verbreiteten Bestrebungen in der Bevölkerung, die Pflichtteilsansprüche auszuhöhlen, hat das Auslegungsverständnis der h.M.[599] Konsequenzen zur Folge, die auch rechtspolitisch kritisch hinterfragt werden können. Damit ist zugleich auch der rechtspolitische Vorteil der hier vertretenen Auslegung zu § 2310 S. 2 BGB belegt.

Nach der hier vertretenen Lösung ist das Kausalgeschäft eines entgeltlichen Pflichtteilsverzichts keine Schenkung, sondern ein vorweggenommener familienrechtlicher Ausgleichsvertrag. Die im Rahmen des Ausgleichsvertrags versprochene Kompensation ist daher nicht nach § 2325 BGB pflichtteilsergänzungspflichtig. Bereits durch die analoge Anwendung von § 2310 S. 2 BGB auf den entgeltlichen Pflichtteilsverzicht lässt sich ebenso wie für den entgeltlichen Erbverzicht i.w.S. eine Aushöhlung des Pflichtteilsrecht durch eine Erhöhung der für die Berechnung des Pflichtteils maßgeblichen Erbquote vermieden.

2. Pflichtteilsergänzungsfestigkeit des entgeltlichen Verzichts auf den Zugewinnausgleich

Für den vorsorgenden Ehevertrag gilt: Die Vermögensübertragung ist pflichtteilsergänzungsfest, wenn sie der Abgeltung einer im Rahmen eines Güterstandswechsels entstandenen Ausgleichsforderung dient.[600]

erbrechtliche Bedeutung ist es jedoch erforderlich, auch diesen Vertrag den gleichen Rechtsnormen wie den Vertrag über das gesetzliche Erbrecht zu unterwerfen."

598 Staudinger/*Otte*, 2021, § 2310 BGB, Rn. 26.

599 Bzgl. der Umfrageergebnisse Bengel, MittBayNot 2003, 270 (276 ff.) und auszugsweise unter B.V. wiedergegeben.

600 BGH, Urt. v. 27. November 1991 – IV ZR 266/90 = BGH DNotZ 1992, 503 für den Fall der Gütergemeinschaft; Weidlich, ZEV 2014, 345 (346).

Von der h.L. wird die Pflichtteilsfestigkeit von Vermögensübertragungen im Rahmen des Zugewinnausgleichs auch für den Fall der sog. Güterstandsschaukel bejaht.[601]

Bei der von der Praxis entwickelten Gestaltung der Güterstandsschaukel wird die Zugewinngemeinschaft durch den Wechsel in einen anderen Güterstand zunächst beendet und dabei der Zugewinnausgleich vorgenommen wird. Nach Ablauf einer Schamfrist wird wieder in den ursprünglichen Güterstand „zurückgeschaukelt". Die Pflichtteilsfestigkeit der dabei vorgenommenen Vermögensübertragung wird damit begründet, dass sie nicht auf einer schuldrechtlichen Vereinbarung beruhe, sondern nur der Erfüllung der gesetzlichen Güterstandausgleichforderung diene.[602]

Die Steigerungsform der Güterstandsschaukel ist der sog. „fliegende Zugewinnausgleich". Beim fliegenden Zugewinnausgleich wird der bisher entstandene Zugewinn ausgeglichen, ohne dass der Güterstand tatsächlich beendet wird. Gegen die Pflichtteilsfestigkeit der in diesem Zuge erfolgten Vermögensübertragung wird eingewandt, dass es mangels tatsächlichen Güterstandswechsels an der Erfüllung eines gesetzlichen Zugewinnausgleichsanspruchs fehle.[603] Dem wird von Stimmen in der Literatur entgegengehalten, dass das Erfordernis eines tatsächlichen Güterstandswechsel nur bloße „Förmelei"[604] sei und daher auch der fliegende Zugewinnausgleich pflichtteilsfest sei.[605]

Wird im Rahmen eines vorsorgenden Ehevertrages auf den Zugewinnausgleich gegen Zusage einer Ausgleichszahlung verzichtet, liegt ebenfalls kein tatsächlicher Güterstandswechsel vor. Rechtsgrund der

---

601 BeckOK/*Müller-Engels*, § 2325 BGB, Rn. 23; Gödicke (Hrsg.)/ *Forster*, Festschrift Schapp, 143 (157); Hayler, DNotZ 2000, 681 (689), Klosky, RNotZ 2022, 357 (374); von Hertzberg, RNotZ 2019, 245 (253); Worm, RNotZ 2003, 535 (539 f.); a. A. Apelt, Güterstandswechsel, S. 137 ff.; Brambring; ZEV 1996, 248 (253 f.).

602 BeckOK/*Müller-Engels*, § 2325 BGB, Rn. 23; Burandt/Rojahn/*Horn*, § 2325 BGB, Rn. 57; Worm, RNotZ 2003, 535 (540).

603 BeckOK/*Müller-Engels*, § 2325 BGB, Rn. 23; Burandt/Rojahn/*Horn*, § 2325 BGB, Rn. 57; v. Hertzberg RNotZ 2019, 245 (259); Worm, RNotZ 2003, 535 (540).

604 Kappler/Kappler, ZEV 2017, 601 (604).

605 Fischer, ZEV 2023, 286 (291); Hayler, DNotZ 2000, 681 (689); Hüttemann, DB 1999, 248 (250).

Ausgleichsleistung ist also auch in diesem Fall nicht die Erfüllung der gesetzlichen Zugewinnausgleichsforderung, sondern ein vertraglich begründeter Anspruch.[606] Es darf dabei aber nicht übersehen werden, dass diese privatautonome Vereinbarung nach dem Parteiwillen gerade die gesetzliche Zugewinnausgleichsforderung ersetzen soll. Die Vermögensübertragung beruht dabei zwar nicht unmittelbar auf der gesetzlichen Ausgleichsforderung des § 1378 BGB. Ohne die gesetzlich vorgesehene Teilhabe, würde es aber für die Eheleute auch keine Notwendigkeit geben, den gesetzlichen Teilhabeanspruch privatautonom zu ersetzen. Letztlich verwirklichen die Ehegatten durch den vorsorgenden Ehevertrag privatautonom nur das, was schon bei der Güterstandsschaukel den Ausschlag für die Pflichtteilsfestigkeit gegeben hat, nämlich „*die Grundidee der Zugewinngemeinschaft, die Teilhabe am ehelichen Vermögen.*"[607] Richtigerweise ist daher auch die für den Verzicht auf den Zugewinnausgleich gewährte Kompensation im Rahmen eines vorsorgenden Ehevertrages pflichtteilsfest.

3. Pflichtteilsergänzungsfestigkeit von Kompensationsleistungen im Rahmen eines vorweggenommenen familienrechtlichen Ausgleichsvertrags

Ausgleichsleistungen, die im Rahmen eines entgeltlichen Pflichtteilsverzichtsvertrages oder im Zusammenhang mit dem Verzicht auf den Zugewinnausgleich erbracht werden, sind pflichtteilsergänzungsfest. Dies überrascht nicht, denn in beiden Fällen liegt ein vorweggenommener familienrechtlicher Ausgleichsvertrag als Kausalgeschäft zugrunde. Leistungen, die aufgrund eines solchen vorweggenommenen familienrechtlichen Ausgleichsvertrags erbracht werden, sind generell pflichtteilsergänzungsfest.

---

606 Diese Formulierung für den fliegenden Zugewinnausgleich wird verwendet von v. Hertzberg RNotZ 2019, 245 (259).

607 Worm, RNotZ 2003, 535 (539); i.E. auch Fischer, ZEV 2023, 286 (290 f.); Hayler, DNotZ 2000, 681 (686); Langenfeld ZEV 1994, 129 (133).

Für diese Auffassung spricht bereits, dass der vorweggenommene familienrechtliche Ausgleichsvertrag keine Schenkung ist. Eben diese ist aber für § 2325 BGB tatbestandsmäßig erforderlich.

Es wird dabei nicht übersehen, dass aufgrund des drittschützenden Charakters des § 2325 BGB der BGH eine Schenkung im Sinne der Vorschrift bereits dann bejaht, wenn die gewährte Leistung nur objektiv unentgeltlich ist.[608] Der BGH selbst hat aber auch angenommen, dass wenn die Ausgleichsleistung der angemessenen Alterssicherung oder der Vergütung langjähriger Dienste dient, im Einzelfall die objektive Entgeltlichkeit der Ausgleichsleistung gegeben sein kann.[609]

Durch die im Ausgleichsvertrag vereinbarte Ausgleichsleistung werden die gesetzlichen Ausgleichs- und Teilungsansprüche durch privatautonome Regelung ersetzt. Der Empfänger der Ausgleichsleistung verpflichtet sich im Gegenzug für die Ausgleichsleistung zum Verzicht auf den gesetzlichen Ausgleichs- und Teilhabeanspruch. Dabei darf nicht vergessen werden, dass die gesetzlichen Ausgleichs- und Teilhabeansprüche des Verzichtenden – konkret der Zugewinnausgleichsanspruch gem. § 1378 Abs. 1 BGB oder der Pflichtteilsanspruch gem. §§ 2317, 2303 BGB ihrerseits jeweils unmittelbar Einfluss auf die Höhe der Pflichtteilsansprüche der übrigen Berechtigten haben. Entfällt daher infolge des vorweggenommenen familienrechtlichen Ausgleichsvertrag der gesetzliche Ausgleichs- und Teilhabeanspruch, kommt dies unmittelbar auch den übrigen Berechtigten zugute. Diese würde allerdings doppelt begünstigt werden, wenn man ihnen auch noch einen Anspruch auf die Ausgleichsleistung im Rahmen der Pflichtteilsergänzung einräumen würde.

Die Ausgleichsleistung im Rahmen des vorweggenommener familienrechtlicher Ausgleichsvertrag ist daher pflichtteilsergänzungsfest.

Verfolgen die Parteien allerdings andere Zwecke mit dem Rechtsgeschäft als die Vorwegnahme eines gesetzlichen Ausgleichs für den Fall der Beendigung ihrer Statusbeziehung, z.B. indem sie bezwecken den Pflichtteilsanspruch missliebiger Pflichtteilsberechtigter auszuhöhlen,

608 BGH, Urt. v. 27. November 1991 – IV ZR 164/90 = BGH NJW 1992, 564.

609 BGH, Urt. v. 27. November 1991 – IV ZR 164/90 = BGH NJW 1992, 564 (565).

kann das Rechtsgeschäft nicht länger als vorweggenommener familienrechtlicher Ausgleichsvertrag qualifiziert werden. In diesem Fall liegt stattdessen die Anwendung der Schenkungsvorschriften nahe. Konsequenterweise sind daher in einem solchen Fall auch die Vorschriften des §§ 2325 ff. BGB zu bedenken.

V. Die Kompensationsleistung als beeinträchtigende Schenkung i.S.d. § 2287 Abs. 1 BGB?

Schließlich stellt sich auch die Frage, ob die Ausgleichsleistung im Rahmen des vorweggenommenen familienrechtlichen Ausgleichsvertrag eine den Vertragserben beeinträchtigende Schenkung gem. § 2287 Abs. 1 BGB darstellt.

Sowohl für Ausgleichszahlungen im Rahmen eines entgeltlichen Pflichtteilsverzichts als auch im Rahmen eines vorsorgenden Ehevertrages geht die h.M. schon bisher davon aus, dass diesen die für § 2287 Abs. 1 BGB erforderliche Beeinträchtigungsabsicht fehle.[610] Dies ist nur konsequent, weil ihnen mit dem vorweggenommenen familienrechtlichen Ausgleichsvertrag auch der gleiche Rechtsgrund zugrunde liegt.

Die Ausgleichsleistung im Rahmen des vorweggenommenen familienrechtlichen Ausgleichsvertrag ist im Übrigen, wie bereits mehrfach festgestellt wurde, keine Schenkung.

Schließlich sind sowohl § 2325 BGB als auch § 2287 BGB drittschützende Normen. Die vorstehende Argumentation zu § 2325 BGB lässt sich daher auch für § 2287 BGB fruchtbar machen. Die im Ausgleichsvertrag vereinbarte Ausgleichsleistung soll die gesetzlichen Ausgleichs- und Teilungsansprüche privatautonom ersetzen. Dabei ist zu berücksichtigen, dass sich der Empfänger der Ausgleichsleistung seinerseits

---

610 Für den entgeltlichen Pflichtteilsverzicht: BGH, Urteil vom 25. Januar 2006 – IV ZR 153/04 = BGH, ZEV 2006, 312 Rn. 8; BGH, Urteil vom 27. September 1995 – IV ZR 217/93 (Koblenz) = NJW-RR 1996, 133 (134); BGH, Urt. v. 28. September 1983 – IVa ZR 168/82 (Hamm) = BGH, NJW 1984, 121 (122); OLG Düsseldorf, Urt. v. 20. April 2012 – 7 U 184/10 = OLG Düsseldorf, ZEV 2013, 392 (394); für den vorsorgenden Ehevertrag: BGH, Urt. v. 27. November 1991 – IV ZR 164/90 (Koblenz) = BGH, NJW 1992, 564 (566).

zum Verzicht auf den gesetzlichen Ausgleichs- und Teilhabeanspruch verpflichtet. Zwar schmälert die Ausgleichsleistung das Vermögen des Ausgleichsverpflichteten. Es darf aber nicht vergessen werden, dass das Vermögen schon zuvor mit dem gesetzlich Ausgleichsanspruch (latent) belastet war. Der Dritte hatte daher zu keinem Zeitpunkt einen Anspruch auf das unbelastete Vermögen. Wäre der Ausgleich nicht vorweggenommen worden, hätte der Dritte selbst die Ansprüche erfüllen müssen.[611] Der vorweggenommene familienrechtliche Ausgleichsvertrag nimmt lediglich den gesetzlichen Ausgleich vorweg und modifiziert diesen. Dabei stellt die Ausgleichsleistung die für den Verzicht versprochene Gegenleistung dar. Durch den Vollzug der Vereinbarung entfällt der gesetzliche Ausgleichsanspruch. Durch den vorweggenommenen familienrechtlichen Ausgleichsvertrag werden die Interessen von Dritten also nicht beeinträchtigt.

Die im Rahmen eines vorweggenommenen familienrechtlichen Ausgleichsvertrages gewährte Ausgleichsleistung ist daher auch unter dem Gesichtspunkt des drittschützenden Charakters von §§ 2325, 2287 BGB keine Schenkung.

Im Übrigen fehlt es regelmäßig an der Beeinträchtigungsabsicht. Die Ausgleichsleistung wird nämlich nicht geleistet, um den Vertragserben zu beeinträchtigen, sondern um die Verpflichtung aus dem vorweggenommenen familienrechtlichen Ausgleichsvertrag zu erfüllen. Dieser wiederum wurde geschlossen, um den gesetzlichen Ausgleichsanspruch vorwegzunehmen, zu modifizieren und zu ersetzen.

VI. Der vorweggenommene familienrechtliche Ausgleichsvertrag im Steuerrecht

Die hier vorgenommene vertragstypologische Qualifikation des Kausalgeschäfts eines entgeltlichen Pflichtteilsverzichts als vorweggenommener familienrechtlichen Ausgleichsvertrag hat für das Steuerrecht

611 Für den entgeltlichen Pflichtteilsverzicht so auch BGH, Urt. v. 28. September 1983 – IVa ZR 168/82 (Hamm) = BGH, NJW 1984, 121 (122); so auch Horn, NJW 2019, 1123 (1124); Schindler, ErbR 2015, 526 (529).

keine Auswirkungen. Die Einordnung ist demnach auf das Rechtsgebiet des Zivilrechts beschränkt.

Unabhängig von der zivilrechtlichen Einordnung war die Kompensation für einen entgeltlichen Pflichtteilsverzicht bereits in der Vergangenheit stets steuerbar.[612] Dies ist in § 7 Abs. 1 Nr. 5 ErbStG ausdrücklich angeordnet, wonach die *„Abfindung für einen Erbverzicht (§§ 2346 und 2352 des Bürgerlichen Gesetzbuchs)"* steuerbar ist. Auch die Abfindung für einen Pflichtteilsverzicht wird durch die pauschale Verweisung auf § 2346 BGB, die auch dessen Absatz 2 umfasst, vom ErbStG erfasst.[613] Dieses Ergebnis stellt die festgestellte zivilrechtliche Qualifikation des Kausalgeschäfts nicht in Frage und ist daher auch nicht widersprüchlich. Es handelt sich insoweit lediglich um eine gesetzgeberische Wertung mit Blick auf das Steuerrecht. Hintergrund ist, dass Schenkung und Erwerb von Todes wegen steuerrechtlich gleich behandelt werden. Der steuerrechtliche Schenkungsbegriff ist im Übrigen ein anderer als der zivilrechtliche.[614]

Die Kompensation für den Verzicht auf den Zugewinnausgleich im Rahmen von vorsorgenden Eheverträgen wird gleichfalls als steuerbar gem. § 7 Abs. 1 Nr. 1 ErbStG qualifiziert.[615] Einmalmehr zeigt sich, dass in der Praxis bereits heute das Kausalgeschäft eines entgeltlichen Verzichts auf den Zugewinnausgleich und des entgeltlichen Pflichtteilsverzichts gleich behandelt werden. Dies stützt die hier vertretene These, dass beide Kausalgeschäfte einem einheitlichen Vertragstyp zugeordnet werden können. Der vorweggenommene familienrechtliche Ausgleichsvertrag ist zwar zivilrechtlich keine Schenkung, die durch ihn versprochene Ausgleichsleistung ist allerdings im Rahmen des ErbStG aufgrund der entsprechenden gesetzgeberischen Wertung steuerbar.

---

612 Bereits BFH, Urt. v. 20. Oktober 1999 – X R 132–95 = BFH, DStR 2000, 196 (197).

613 BeckOGK/*Reetz*, § 1408 BGB, Rn. 485; Daragan u.a./*Griesel*, § 7 ErbStG, Rn. 125; Meincke/Hannes/*Holtz*, § 7 ErbStG, Rn. 116; krit. FG Baden-Württemberg, Urt. v. 18. Dezember 1998 – 9 K 218/95 = BeckRS 1998, 30856216 welches auf § 7 Abs. 1 Nr. 1 ErbStG abstellt.

614 ErbStR 2019, R E 7.1 Abs. 1 S. 1; BeckOK ErbStG/*Felten*, § 7 ErbStG, Vorb.; Daragan/Halaczinsky/Riedel/*Griesel*, § 7 ErbStG, Rn. 3.

615 BFH, Urt. v. 28. Juni 2007 – II R 12/06 (FG Nürnberg) = BFH, NJW 2008, 111; BeckOGK/*Reetz*, § 1408 BGB, Rn. 478; Münch, FamR, § 18 Rn. 240 ff.

Angemerkt sei noch, dass die Steuerlast nicht durch einen Rückgriff auf den Erbschaftsvertrag (§ 311b Abs. 5 BGB) umgangen werden kann. Die frühere Rechtsprechung, wonach der Erbschaftsvertrag nach § 7 Abs. 1 Nr. 1 oder Nr. 5 ErbStG nicht steuerbar sei,[616] wurde inzwischen aufgegeben.[617] Dies hat in der Literatur Zustimmung erfahren, wobei auch eine Analogie zu § 7 Abs. 1 Nr. 5 ErbStG vertreten wird.[618] Dies nur konsequent, weil der Erbschaftsvertrag nach hier vertretener Ansicht ebenfalls als ein vorweggenommener familienrechtlicher Ausgleichsvertrag zu qualifizieren ist.

VII. Folgen für die Insolvenz und das AnfG

Fraglich ist, welche Folgen die Qualifikation des Kausalgeschäfts eines entgeltlichen Pflichtteilsverzichts als vorweggenommener familienrechtlicher Ausgleichsvertrag mit Blick auf das AnfG hat.

Der BGH hatte geurteilt, dass „[d]*ie Gewährung der Testierfreiheit über den Pflichtteil der Bekl. (...) entgegen der Auffassung des BerGer. keine Gegenleistung* [ist], *die die Unentgeltlichkeit i.S. des § 3 Abs. 1 Nr. 3 AnfG* [a.F.] *ausschließen konnte.*“ Der Rechtsprechung lasse sich nicht entnehmen, „*daß jedes beliebige Interesse ausreiche, die Werthaltigkeit einer Zuwendung zu bejahen*“,[619] maßgeblich sei im Rahmen des AnfG die Sicht des Gläubigers, da § 3 Abs. 1 Nr. 4 AnfG a.F. (heute § 4 AnfG) dessen Schutz bezwecke. Eine Kompensation für den Pflichtteilsverzicht sei daher nur dann entgeltlich, wenn dem Erblasser in ausreichendem Maße eine Gegenleistung zufließt, auf die der Gläubiger zugreifen kann. Ein Pflichtteilsverzicht stelle keine für den Gläubiger werthaltige Gegenleistung im Austausch für die Ausgleichsleistung dar.

---

616 So nach FG München, Urt. v. 7. 7. 1997 – 4 K 2747/93 = FG München, DStRE 1998, 600.

617 BFH, Urt. v. 16. Mai 2013 – II R 21/11 = BFH, MittBayNot 2014, 97 geht von der Anwendbarkeit des § 7 Abs. 1 Nr. 1 ErbStG aus; FG Münster, Urt. v. 17. Februar 2011 – 3 K 4815/08 = FG München, ZEV 2011, 614;

618 Krumm, ErbR 2012, 139 (142).

619 BGH, Urt. v. 28. Februar 1991 – IX ZR 74/90 (Düsseldorf) = BGH NJW 1991, 1610 (1611) m. w. N.

Soweit das Ergebnis der vertragstypologischen Einordnung des Kausalgeschäfts des entgeltlichen Pflichtteilsverzichts unter Berücksichtigung des Vorstehenden als widersprüchlich angesehen werden sollte, ist darauf hinzuweisen, dass die hier vorgenommene vertragstypologische Einordnung nur für das Zivilrecht Geltung beansprucht. Für das Insolvenzrecht, welches durch das AnfG flankiert wird, hat der Gesetzgeber – ebenso wie im Steuerrecht – eine vorrangige, abweichende gesetzgeberische Anordnung getroffen. Mit der Anordnung in § 327 Abs. 1 Nr. 1 InsO, dass Pflichtteilsansprüche im Rang noch hinter den nachrangigen Forderungen des § 39 InsO stehen, hat sich der Gesetzgeber für folgende Befriedigungsreihenfolge in der Nachlassinsolvenz entschieden:[620]

1. Massegläubiger, § 324 Abs. 1 Nr. 1–6 i.V.m. §§ 54, 55 InsO (auch Kosten, die durch Anordnung einer Nachlasspflegschaft entstanden sind, die Kosten des Insolvenzverfahrens und die Insolvenzverwaltervergütung, der Aufwendungsersatzanspruch des Erben gem. § 1978 Abs. 3 BGB und die Kosten der Testamentseröffnung und der Beerdigung),

2. Nachrangige Insolvenzgläubiger nach § 39 Abs. 1 Nr. 1–5 InsO.

3. Nachrangige Gläubiger aufgrund Vereinbarung, § 39 Abs. 2 InsO.

4. Nach Durchführung eines Gläubigeraufgebots (§§ 1970 ff. BGB) ausgeschlossene und von der Verschweigungseinrede betroffene Gläubiger, §§ 1973, 1974 BGB § 327 Abs. 3 InsO.

5. Pflichtteilsgläubiger, § 327 Abs. 1 InsO.

6. Vermächtnisgläubiger und Begünstigte aus Auflagen, § 327 Abs. 1 InsO.

7. Erbersatzberechtigte § 327 Abs. 1 Nr. 3 InsO.

Angesichts dieser Reihenfolge ist es konsequent, dass der BGH eine Kompensation für einen Pflichtteilsverzicht als unentgeltliche Leistung

620 Bonefeld/Kroiß/Tanck/*Heindl*, Der Erbprozess, § 6 Rn. 144.

i.S.d. § 4 AnfG qualifiziert. Es entspricht nämlich der gesetzgeberischen Wertung, dass die Masseverbindlichkeiten der Gläubiger den Ansprüchen der Pflichtteilsberechtigten im Rang vorgehen. Konsequenterweise sind daher Ausgleichsleistungen eines vorweggenommenen familienrechtlichen Ausgleichsvertrages, die der Ersetzung eines Pflichtteilsanspruchs dienen sollen, in der Insolvenz als unentgeltliche Leistungen zu behandeln.

H. Folgen für den entgeltlichen Erbverzicht i.w.S.

In Kapitel E. wurde festgestellt, dass die Unterschiede zwischen dem entgeltlichen Erbverzicht i.e.S. und dem entgeltlichen Pflichtteilsverzicht eine unterschiedliche Behandlung der zugrundeliegenden Kausalgeschäfte zur Folge haben. Dem entgeltlichen Pflichtteilsverzicht liegt ein gegenseitiger, entgeltlicher Vertrag zugrunde, der sich als vorweggenommener familienrechtlicher Ausgleichsvertrag qualifizieren lässt. Der entgeltliche Erbverzicht i.e.S. ist dagegen ein unentgeltlicher Vertrag und jedenfalls für die Zuwendung sind die Schenkungsvorschriften anwendbar.[621] Doch was folgt daraus für den entgeltlichen Erbverzicht i.w.S. und dessen zugrundeliegendes Kausalgeschäft?

I. Anwendbarkeit der Kombinationsmethode?

In Erinnerung gerufen sei, dass der Erbverzicht i.w.S. die gedankliche Kombination aus einem Pflichtteilsverzicht und einem Erbverzicht i.e.S. ist. Daher liegt der Schluss nahe, dass auch das zugrundeliegende Kausalgeschäft ein Kombinationsvertrag ist. In der Vergangenheit neigte der BGH zwischenzeitlich zu dieser Rechtsansicht.[622] Unterdessen wurde diese Ansicht aber ohne weitere Begründung aufgegeben.[623]

Die Kombinationsmethode liegt jedenfalls dann nahe, wenn die einzelnen „Bausteine" ausreichend voneinander getrennt sind und sich etwa getrennt rückabwickeln lassen.

---

621 Vgl. E.II., E.III und F.II.5.

622 So auch bereits angedeutet in BGH, Urt. v. 8. Juli 1985 – II ZR 150/84 = BGH, NJW 1986, 127 (129); ebenso Haegele, BWNotZ 1971, 36 (39); Theiss/Boger, ZEV 2006, 143 (144 f.); kritisch v. Proff, DNotZ 2017, 84 (103).

623 BGH, Urt. v. 3. Dezember 2008 – IV ZR 58/07 = BGH, NJW 2009, 1143 (1145).

Verlangt z.B. der Erblasser im Rahmen des Widerrufs wegen Verarmung nur die Kompensationsleistung zurück, die auf den Erbverzicht i.e.S. entfällt, stellt sich die Frage, ob der Erbverzicht auch nur insoweit rückabgewickelt werden kann. Nach § 2351 BGB kann der Erbverzicht i.w.S. auch nur teilweise aufgehoben werden. Im genannten Beispielsfall ist es also möglich, den Erbverzicht i.w.S. ausschließlich nur im Umfang des Erbverzichts i.e.S. aufzuheben und ihn hinsichtlich des Pflichtteilsverzichts fortbestehen zu lassen.[624] Die teilweise Rückabwicklung stellt daher zumindest unter diesem Aspekt keinen Hinderungsgrund gegen die Anwendung der Kombinationsmethode dar.

II. Kritik an der Anwendbarkeit der Kombinationsmethode auf den entgeltlichen Erbverzicht i.w.S.

In der Praxis stellen sich bei der Rückabwicklung allerdings dennoch schwierig zu lösende Fragen. Die Parteien werden wohl nur in seltenen Fällen die Ausgleichsleistung wertmäßig nach Pflichtteilsverzicht und Erbverzicht i.e.S. aufschlüsseln. Kommt es zur teilweisen Rückabwicklung besteht die praktische Schwierigkeit zu ermitteln, in welcher Höhe die Ausgleichsleistung zurückgefordert werden kann. Dieser Gedanke leitet über zu einem wesentlichen Kritikpunkt an der Anwendung der Kombinationstheorie.

Die Parteien des entgeltlichen Erbverzichts i.w.S. verstehen die Kompensationsleistung nicht nur als Gegenleistung für den Pflichtteilsverzicht, sondern auch für den darüberhinausgehenden Erbverzicht i.e.S. In der Praxis sehen die Parteien dabei regelmäßig davon ab, die Kompensationsleistung für die einzelnen Komponenten aufzuschlüsseln. Stattdessen gehen die Parteien von einem einheitlichen Rechtsgeschäft (Erbverzicht i.w.S.) anstelle zweier kombinierter Rechtsgeschäf-

---

624 BeckOGK/*Everts*, § 2351 BGB, Rn. 4; Burandt/Rojahn/*Große-Boymann*, § 2351 BGB, Rn. 2; MüKoBGB/*Wegerhoff*, § 2351 BGB, Rn. 1; Staudinger/*Schotten*, 2022, § 2351 BGB, Rn. 5.

te aus.[625] Die Aufspaltung in eine Kombination aus zwei Verträgen (Pflichtteilsverzicht und Erbverzicht i.e.S.) würde dagegen gekünstelt wirken.

Zu beachten ist ferner, dass der Erbverzicht i.w.S. nur eine gedankliche Kombination des Erbverzichts i.e.S. und des Pflichtteilsverzichts ist. Im Gesetz ist diese Kombination nicht angelegt. Im Grundsatz hat der Gesetzgeber nämlich nicht den Pflichtteilsverzicht und den Erbverzicht i.e.S. normiert und deren Kombination zugelassen.[626] Stattdessen hat der Gesetzgeber den Erbverzicht i.w.S. normiert und dabei die Möglichkeit geschaffen, den Erbverzicht i.w.S. entsprechend einzuschränken, vgl. § 2346 Abs. 2 BGB. Mit dieser Regelungstechnik geht der Gesetzgeber davon aus, dass der Erbverzicht i.w.S. nicht etwa die Kombination aus Pflichtteilsverzicht und Erbverzicht i.e.S. ist, sondern er versteht den Erbverzicht i.w.S. als einheitliches Rechtsgeschäft, das entsprechend eingeschränkt werden kann. Die Systematik spricht daher für ein einheitliches Rechtsgeschäft.

Außerdem entspricht es dem gesetzgeberischen Willen, dass der Pflichtteilsverzicht und der Erbverzicht i.w.S. parallel laufen und den gleichen Regeln unterworfen sind.[627]

Vorzugswürdig ist daher die Anwendung der Absorptionsmethode anstelle der Kombinationsmethode.[628]

III. Anwendbarkeit der Absorptionsmethode

Wendet man die Absorptionsmethode bezüglich des Kausalgeschäfts eines entgeltlichen Erbverzichts i.w.S. an, so gilt es den Schwerpunkt des Vertrages zu ermitteln.

625 Lange/Kuchinke, Erbrecht, S. 188; Soergel/*Damrau*, 13. Aufl., § 2346 BGB, Rn. 3; wohl auch Soergel/*Najdecki*, 14. Aufl., § 2346 BGB, Rn. 3.

626 Vgl. zur Historie: Mot., Bd. V, S. 471 = Mugdan, Materialien zum BGB, Bd. V, S. 251.

627 Mot., Bd. V, S. 472 = Mugdan, Materialien zum BGB, Bd. V, S. 252.

628 Im Ergebnis ebenso BGH, Urt. v. 7.7.2015 – X ZR 59/13 = BGH, NJW 2016, 324 (326) Rn. 20; Lange/Kuchinke, Erbrecht, S. 188; Soergel/*Damrau*, 13. Aufl., § 2346 BGB, Rn. 3; v. Proff, DNotZ 2017, 84 (102 f.).

Beim Kausalgeschäft des entgeltlichen Erbverzichts i.w.S. verspricht der Erblasser eine Kompensationsleistung und der Verzichtende im Gegenzug den Verzicht sowohl auf sein gesetzliches Erbrecht als auch auf sein Pflichtteilsrecht. Schwerpunkt des Kausalgeschäfts ist dabei das Versprechen des Pflichtteilsverzichts. Ursache dafür ist, dass das Pflichtteilsrecht im Unterschied zur gesetzlichen Erbenposition nicht einseitig entzogen werden kann. Das Pflichtteilsrecht wird auch als der *„harte Kern des gesetzlichen Erbrechts“*[629] bezeichnet. Der Entzug des Pflichtteilsrechts lässt sich nämlich nicht im Wege der Selbstvornahme verwirklichen. Vor allem mit Blick auf das Versprechen des Verzichtenden, auf sein gesetzliches Pflichtteilsrecht zu verzichten, wird daher eine Kompensationsleistung versprochen.

Da das Versprechen des Pflichtteilsverzicht den Schwerpunkt bildet, gilt für das Kausalgeschäft des entgeltlichen Erbverzichts i.w.S., dass diesem – wie auch dem entgeltlichen Pflichtteilsverzicht – ein vorweggenommener familienrechtlicher Ausgleichsvertrag zugrunde liegt.

Diese Auffassung widerspricht jedoch der Rechtsansicht des BGH. Dieser qualifiziert den Abfindungsvertrag eines entgeltlichen Erbverzichts i.w.S. im Grundsatz als Schenkung.[630] Dies ist in der Literatur überwiegend auf Zustimmung gestoßen,[631] es finden sich aber auch gegenteilige Stimmen.[632] Jedenfalls wird das Urteil des BGH in der neueren Literatur durchaus kritisch gesehen und eine verstärkte Einzelfallbetrachtung des Versprechens der Kompensationsleistung gefordert,

629 Soergel/*Beck*, 14. Auflage, § 2310 BGB, Rn. 11.

630 BGH, Urt. v. 7.7.2015 – X ZR 59/13 = BGH, NJW 2016, 324; vgl. ausführlich hierzu unter D.IV.1.

631 Burandt/Rojahn/*Große-Boymann*, § 2346 BGB, Rn. 32; Keim, ZEV 2016, 94; Kroiß, ErbR 2019, 466 (470); Muscheler, Erbrecht Bd. II, Rn. 4241; MüKoBGB/*Wegerhoff*, § 2346 BGB, Rn. 5; Speckmann, NJW 1970, 117 (119); Staudinger/*Schotten*, 2022, § 2346 BGB, Rn. 238.

632 Grunewald, ZErb 2016, 121 f.; Kipp/Coing, ErbR, § 82 VI; Kollhosser, AcP 1994, 231 (259 ff.); Lange/Kuchinke, Erbrecht, S. 188; Quantius, Aufhebung des Erbverzichts, S. 110 f.; Reul, MittRhNotK 1997, 373 (380); v. Lübtow, Erbrecht Bd. I, S. 532 ff.

insbesondere mit Blick auf die möglichen Alternativen in Form der ehebedingten Zuwendung oder der Ausstattung nach § 1624 BGB.[633]

IV. Kritik an der BGH-Rechtsprechung

Der Einschätzung des BGH in dieser Frage überzeugt nicht.

1. Keine ganzheitliche Betrachtung

Es wurde bereits kritisiert, dass der BGH den Abfindungsvertrag des entgeltlichen Erbverzichts i.w.S. nicht ganzheitlich untersucht, sondern allein mit Blick auf die Qualifikation des Versprechens der Kompensationsleistung.[634]

Für seine Argumentation hat der BGH den Abfindungsvertrag des entgeltlichen Erbverzichts i.w.S. bereits in seine einzelnen Bestandteile zerlegt, nämlich einerseits das Versprechen der Abfindungsleistung und anderseits das Versprechen des Erbverzichts. Statt diese beiden mit Rücksicht aufeinander abgegebenen Versprechen einheitlich zu betrachten, konzentriert sich der BGH allein auf die Einordnung des Versprechens der Kompensationsleistung. Dies mag dem Umstand geschuldet sein, dass die Parteien des Rechtsstreits über die Rückforderung der Ausgleichsleistung gestritten haben. Möglicherweise hielt der BGH daher die Beantwortung nur dieser Frage für entscheidungserheblich.

Tatsächlich sind jedoch Zweifel angebracht, ob es für die Beantwortung der Frage ausreichend ist, allein das Kompensationsversprechen zu typisieren. Das schuldrechtliche Grundgeschäft des entgeltlichen Erbverzichts i.w.S. wird nach der ganz h.M. nämlich als ein zweiseitiger, in der Regel sogar gegenseitiger Vertrag qualifiziert, wobei auch eine

633 Lange, ErbR 2017, 305 (309); v. Proff, NJW 2016, 539 (542), v. Proff, DNotZ 2017, 84 (103).

634 Hierzu ausführlich bereits unter D.IV.2.

konditionale oder kausale Verknüpfung denkbar ist.[635] Zwar ist nach den Grundsätzen der Absorptionsmethode das Recht der Hauptleistung bzw. der das Geschäft typologisch prägenden, charakteristischen Leistung auf den gesamten Vertrag anzuwenden.[636] Warum dies bei dem Abfindungsvertrag eines entgeltlichen Erbverzichtsvertrags i.w.S. jedoch allein das Versprechen der Kompensationsleistung sein soll und dem Versprechen des Erbverzichts i.w.S. keine eigene Relevanz zukommen soll, bleibt das Geheimnis des BGH. Es könnte schlicht daran liegen, dass der BGH diesen Punkt nicht bedacht hat. Im Übrigen sei zur Vermeidung von Wiederholungen auf die Urteilsbesprechung in dieser Arbeit verwiesen.[637]

2. Keine Vergleichbarkeit zur Anordnung der Anrechnung

Ebenfalls nicht überzeugen kann der vom BGH angestellte Vergleich zwischen den Rechtsinstituten der Anordnung der Ausgleichung bzw. Anrechnung und dem Pflichtteilsverzicht. Es wurde bereits ausführlich dargelegt, dass und warum dieser Vergleich nicht trägt.[638]

---

635 OLG Düsseldorf, Urt. v. 20. Dezember 2013 – I-7 U 153/12 = ZEV 2014, 265 (266); OLG Celle, Urt. v. 26. Juli 2007 – 6 U 12/07 = ZEV 2008, 485; BeckOGK/*Everts*, § 2346 BGB, Rn. 38; Edenfeld, ZEV 1997, 134 (136); Holthaus, Leistungsstörungen beim entgeltlichen Erbverzicht, S. 11; Keller, ZEV 2005, 229; Kroiß, ErbR 2019, 466 (470); MüKoBGB/*Wegerhoff*, § 2346 BGB, Rn. 24; *Zimmer*, NJW 2017, 513 (515); als allgemeine Meinung bezeichnend und mit ausführlichen Nachweisen bereits Schotten, DNotZ 1998, 163 (165), kritisch: Degenhart, RPfleger 1969, 145 (148); für konditionale oder kausale Verknüpfung MüKoBGB/*Koch*, § 516 BGB, Rn. 28; v. Proff, NJW 2016, 539 (540).

636 Ausführlich Larenz/Canaris, SchuldR BT II § 63 I (= S. 44); MüKoBGB/*Emmerich*, § 311 BGB, Rn. 29: die Absorptionstheorie basiert auf der Arbeit von Lotmar, Der Arbeitsvertrag I, 1902, 176 ff., 686 ff. (Lotmar, Der Arbeitsvertrag, 2. Aufl., 1667 ff., 1759 ff.).

637 Hierzu ausführlich bereits unter D.IV.2.b).

638 Hierzu ausführlich unter E.III.1.b. und E.III.2.b.

3. Historie

Im Übrigen hat sich bereits die erste Kommission bei ihren Beratungen dagegen ausgesprochen, die Kompensation für einen Erbverzicht i.w.S. als Schenkung zu qualifizieren. Andernfalls sei sonst der Bestand des Geschäfts in einer Weise gefährdet, die die praktische Bedeutung des Rechtsgeschäfts aushöhlen und es im Ergebnis entwerten würde.[639] Diese Überlegungen hat der BGH in seiner Entscheidung nicht berücksichtigt. Im Übrigen führt die Entscheidung des BGH – wie ausführlich dargestellt – zu einer Abkehr des zweigliedrigen Schenkungsbegriffs.[640]

V. Ergebnis

Richtigerweise ist der Abfindungsvertrag eines entgeltlichen Erbverzichts i.w.S. einheitlich zu qualifizieren, sofern der Parteiwille dem nicht entgegensteht. Schwerpunkt des Kausalgeschäfts ist das Versprechen des Verzichts, insbesondere auf das Pflichtteilsrecht im Gegenzug für das Versprechen einer Kompensationsleistung durch den Erblasser. Aus den vorstehenden Erwägungen folgt, dass auch dem entgeltlichen Erbverzicht i.w.S. als Kausalgeschäft ein vorweggenommener familienrechtlicher Ausgleichsvertrag zugrunde liegt. Das Kausalgeschäft des entgeltlichen Pflichtteilsverzichts und des entgeltlichen Erbverzichts

639 Mot., Bd. V, S. 450 = Mugdan, Materialien zum BGB, Bd. V, S. 240: *„Mit größerem Rechte könnte daran gedacht werden, die für einen Erbverzicht gewährte Abfindung einer Schenkung gleichzustellen, zumal in Rücksicht darauf, daß der Verzichtende bei der Berechnung des Pflichttheilsbruchttheiles mitgezählt wird (§ 1984). Dafür läßt sich geltend machen, daß das Pflichttheilsrecht durch die für einen Erbverzicht gewährte übermäßige Abfindung ebenso beeinträchtigt werden könne, wie durch eine Schenkung, und daß die aleatorische Natur einer solchen Abfindung die Feststellung überaus erschwere, ob oder inwieweit eine Schenkung untergelaufen sei. Allein die Behandlung einer jeden solchen Abfindung als Schenkung würde viel zu weit führen. Damit würde jedes derartige Geschäft in's Schwanken gebracht werden und die praktische Bedeutung des Institutes des Erbverzichtes in einer Weise eingeengt, welche mit den Bedürfnisses des Lebens nicht im Einklang steht. Wie bei allen aleatorischen Geschäften, so muß auch hier der Prüfung des einzelnen Falles überlassen werden, ob ein mit Schenkung gemischtes Geschäft vorliegt oder nicht.“*

640 Zur Vermeidung von Wiederholungen vgl. D.IV.2.b).

i.w.S. sind somit gleich zu behandeln. Hiervon ging bereits die erste Kommission bei ihren Beratungen aus.[641]

I. Schlussbetrachtung

Pflichtteilsverzichte gegen Entgelt spielen in der Praxis eine große Rolle. Sie sind oftmals ein wesentlicher Baustein bei der Konzeption von Nachfolgelösungen. Das diesem Rechtsinstitut zugrundeliegende Kausalgeschäft hat in der Vergangenheit wenig Beachtung gefunden.

Aufgrund eines Urteils des BGH zur Qualifikation einer Kompensationsleistung im Zusammenhang mit einem entgeltlichen Erbverzicht i.w.S. ist der Diskussionsstand diesbezüglich schon weiter fortgeschritten. Es lassen sich allerdings gewisse Widersprüchlichkeiten bei der vertragstypologischen Einordnung erkennen, was die Rückforderungsmöglichkeit im Zusammenhang mit dem Schenkungsrecht einerseits und die Frage nach der Pflichtteilsergänzungspflicht anderseits anbelangt. Verständlich ist daher der Wunsch in der Literatur nach einer einheitlichen Systematisierung. Die Forschung beim „kleinen Bruder" – dem Kausalgeschäft eines entgeltlichen Pflichtteilsverzichts – steht hingegen noch ganz am Anfang. Diese Arbeit leistet hierzu ihren Beitrag. Die Erkenntnisse dieser Arbeit sind dabei die Folgenden:

641 Mot., Bd. V, S. 472 = Mugdan, Materialien zum BGB, Bd. V, S. 252: *„Die Vorschrift, daß, wer durch Erbverzicht von der gesetzlichen Erbfolgeausgeschlossen ist, auch kein Pflichttheilsrecht hat (Abs. 2), beruht auf dem Gedanken, dass, da der Erblasser das gesetzliche Erbrecht schon einseitig entziehen kann, für ihn der Erbverzicht in der Regel materielle Bedeutung nur hat, wenn der Verzichtende zugleich das als Ausfluss des gesetzlichen Erbrechtes sich darstellende Pflichttheilsrecht aufgeben will. Dass das Gegentheil im Vertrage bestimmt werden kann, versteht sich von selbst. Wie aber ein solcher Vertrag zu beurtheilen ist, in welchem ausdrücklich nur auf das gesetzliche Erbrecht, nicht auf das Pflichttheilsrecht verzichtet ist, kann dahingestellt bleiben. Es genügt, dass auch ein solcher Vertrag nicht ausgeschlossen ist. Indem gestattet wird, den Vertrag auf die Ausschließung des Pflichttheilsrechtes zu beschränken (Abs. 3), wird ersichtlich, dass der letztere Vertrag den gleichen Rechtsnormen unterworfen ist wie der Vertrag über das Erbrecht."* (ohne Unterstreichung im Original).

1) Die praktische Bedeutung des Pflichtteilsverzichts ist bisher höher als die eines Erbverzichts i.w.S. Ursächlich hierfür dürfte die Annahme der bisher h.M. sein, dass der Pflichtteilsverzicht die Testierfreiheit des Erblassers erweitert.[642]
2) Die Zählweise der bisher h.M. zur Berechnung der Höhe der Pflichtteilsquote nach § 2310 S. 2 BGB bei einem entgeltlichen Pflichtteilsverzicht ist falsch.[643] Der Pflichtteilsverzicht führt ebenso wie der Erbverzicht i.w.S. dazu, dass sich nach § 2310 S. 2 BGB analog die Pflichtteilsquote der übrigen Pflichtteilsberechtigten erhöht. Entgegen der bisher weit verbreiteten Annahme erweitert der Pflichtteilsverzicht daher nicht die Testierfreiheit des Erblassers.[644] Der Gesetzgeber hat bei § 2310 S. 2 BGB den regelungssystematischen Zusammenhang mit dem Pflichtteilsverzicht nicht mitbedacht, weshalb eine planwidrige Regelungslücke vorliegt.[645] Im Übrigen ist die Interessenlage zum Erbverzicht i.w.S. vergleichbar. Andernfalls liegt eine bedenkliche Ungleichbehandlung vergleichbarer Sachverhalte vor, die anfällig ist für missbräuchliche Gestaltungen.[646] Wird nämlich nur ein Pflichtteilsverzicht vereinbart, steht es dem Erblasser frei, den Pflichtteilsberechtigten zusätzlich durch letztwillige Verfügung von der gesetzlichen Erbfolge auszuschließen. Diese Kombination hat jedoch die gleichen Rechtsfolgen wie ein Erbverzicht i.w.S. Es wäre daher unverständlich den Pflichtteilsverzicht und den Erbverzicht i.w.S. bei § 2310 S. 2 BGB abweichend zu behandeln.
3) Konsequenz der These 2 wird sein, dass die praktische Bedeutung des Pflichtteilsverzichts zurückgehen wird. Stattdessen ist davon auszugehen, dass Gestaltungen auf der Grundlage des § 311b Abs. 5 S. 1 BGB i.V.m. mit einem antizipierten Verzicht oder einer antizipierten Abtretung an Bedeutung gewinnen werden.[647]

642 Siehe hierzu im Ganzen ausführlich unter B.IV. (S. 31 f.).
643 Siehe hierzu im Ganzen ausführlich unter B.VI. (S. 37 ff.).
644 Siehe hierzu B.VI.3.d) (S. 55 ff.).
645 Siehe hierzu unter B.VI.3.a) und B.VI.3.a) (S. 49 ff.).
646 Siehe hierzu unter B.VI.3.e) (S. 57 ff.).
647 Siehe hierzu unter B.VI.3.f) (S. 61 f.).

4) Der entgeltliche Pflichtteilsverzicht trägt entgegen einer früher weit verbreiteten Ansicht nicht den Rechtsgrund in sich selbst.[648] Durch den Pflichtteilsverzicht wird das Pflichtteilsrecht aufgehoben. Das Pflichtteilsrecht ist ein zu Lebzeiten zwischen dem Erblasser und den Pflichtteilsberechtigten begründetes konkretes Rechtsverhältnis, das den Tod des Erblassers überdauert und mit den Erben fortgesetzt wird. Die Aufhebung dieses Rechtsverhältnisses ist ein Verfügungsgeschäft. Damit das Verfügungsgeschäft kondiktionsfest ist, bedarf es eines zugrundeliegenden Rechtsgrundes.[649] Die Tatsache, dass das Kausalgeschäft und der Pflichtteilsverzicht oftmals *uno actu* vereinbart werden, ändert daran nicht. Dies ergibt sich bereits aus einem Vergleich zur Handschenkung § 516 BGB.[650]
5) Der entgeltliche Erbverzicht i.e.S. und der entgeltliche Pflichtteilsverzicht weisen erhebliche Unterschiede auf,[651] die eine unterschiedliche Ausgestaltung ihrer jeweils zugrundeliegenden Kausalgeschäfte zur Folge hat.[652] Beim Kausalgeschäft des entgeltlichen Erbverzichts i.e.S. besteht die Möglichkeit des Selbstvollzuges.[653] Diese Möglichkeit besteht beim Kausalgeschäft des entgeltlichen Pflichtteilsverzicht nicht. Hier ist die Mitwirkung des Verzichtenden *conditio sine qua non.* Eine Kompensation für den entgeltlichen Erbverzicht i.e.S. ist daher als unentgeltlich zu qualifizieren. Die Kompensation für den entgeltlichen Pflichtteilsverzicht stellt hingegen eine entgeltliche Gegenleistung dar.[654] Aus diesem Grund ist das Kausalgeschäft des entgeltlichen Pflichtteilsverzichts auch als ein gegenseitiger Vertrag zu qualifizieren.

---

648 Siehe hierzu im Ganzen ausführlich unter C. und für die früher h.M. unter C.I. (S. 63 f.).
649 Siehe hierzu unter C.II.3. (S. 66 ff.).
650 Siehe hierzu unter C.II.2. (S. 65 f.).
651 Siehe hierzu unter E.I. (S. 94 ff.).
652 Siehe hierzu im Ganzen ausführlich unter E.II. (S. 97 ff.)
653 Siehe hierzu unter E.II.1 (S. 97 f.).
654 Siehe hierzu im Ganzen ausführlich unter E.II.2. (S. 98 ff.)

6) Im Rahmen der vorweggenommenen Erbfolge bieten sich für die Beteiligten grundlegend zwei alternative Gestaltungsmöglichkeiten:[655]
   a. Möglichkeit 1: Der entgeltliche Pflichtteilsverzicht
      Bei diesem wird die gesetzlich angeordnete Vermögensteilhabe vorweggenommen und durch einen privatautonom vereinbarten Ausgleich ersetzt. In der Folge wird eine finale Vermögenstrennung herbeigeführt, d.h. Vermögensänderungen bei einer Partei haben keine Auswirkungen mehr auf die andere Partei.
   b. Möglichkeit 2: Die Zuwendung unter Anordnung der Anrechnung nach § 2315 BGB
      Bei dieser handelt es sich um eine Art nicht rückzahlbare Anzahlung auf den gesetzlich angeordneten Vermögensteilhabeanspruch. Die Parteien bleiben aber weiterhin vermögensrechtlich miteinander verbunden. Verarmt der Erblasser, kann er die Zuwendung nach § 528 BGB zurückfordern. Kommt der Erblasser zu unerwartetem Reichtum profitiert der Zuwendungsempfänger hieran.
7) Entgegen der h.M. sind die Rechtsinstitute des entgeltlichen Pflichtteilsverzichts (§ 2346 Abs. 2 BGB) und der Anordnung der Anrechnung (§ 2315 BGB) nicht miteinander vergleichbar.[656] Es bestehen insbesondere konstruktive Unterschiede,[657] eine unterschiedliche Zweckrichtung[658] und eine fehlende wirtschaftliche Vergleichbarkeit zwischen den beiden Rechtsinstituten.[659] Es liegt damit keine vergleichbare Interessenlage vor, die es rechtfertigen könnte, Rechtsgedanken zur Anordnung der Anrechnung auf den entgeltlichen Pflichtteilsverzicht zu übertragen.

655 Siehe hierzu unter F.II.4. (S. 146 f.).
656 Siehe hierzu ausführlich unter E.II.2.b).bb).(ii) (S. 119 ff.).
657 Siehe hierzu unter E.II.2.b).bb).(ii).(3) (S. 122).
658 Siehe hierzu unter E.II.2.b).bb).(ii).(4) (S. 122 f.).
659 Siehe hierzu unter E.II.2.b).bb).(ii).(5) (S. 123).

8) Stattdessen sind die Rechtsinstitute des entgeltlichen Pflichtteilsverzichts, des Erbschaftsvertrages nach § 311b Abs. 5 BGB und des vorsorgenden Ehevertrages miteinander vergleichbar.[660]
9) Diesen Rechtsinstituten liegt als Kausalgeschäften ein vorweggenommener familienrechtlicher Ausgleichsvertrag zugrunde.[661] Bei diesem handelt es sich um einen gegenseitigen, entgeltlichen Vertrag. Die Parteien sind durch familienrechtliche Banden verbunden. Sie wollen vorsorglich für die Beendigung ihrer Statusbeziehung, den dafür gesetzlich vorgesehenen Ausgleichsmechanismus aufheben und durch eine privatautonome Vereinbarung ersetzen. Der vorweggenommene familienrechtliche Ausgleichsvertrag ist von anderen familienrechtlichen Rechtsgeschäften *sui generis* abzugrenzen.[662]
10) Für den vorweggenommenen familienrechtlichen Ausgleichsvertrag gilt, dass die Vorschriften über Willenserklärungen und für das Zustandekommen von Verträgen ohne Einschränkungen anwendbar sind. Hervorzuheben ist, dass bei § 138 BGB nicht allein aufgrund der familiären Beziehungen der Schluss auf ein emotionales Abhängigkeitsverhältnis gezogen werden darf, sondern – wie stets – eine Einzelfallprüfung vorzunehmen ist. Im Übrigen sei betont, dass eine auch erhebliche Veränderung der Vermögenslage des Verzichtsempfängers keine Störung der Geschäftsgrundlage nach § 313 BGB zur Folge. Das Risiko der nachträglichen Vermögensveränderungen ist dem vorweggenommenen, familienrechtlichen Ausgleichsvertrag als Risikogeschäft immanent. Im Übrigen bedarf der Vertrag der notariellen Beurkundung.[663]
11) Zwar lässt sich der Erbverzicht i.w.S. als gedankliche Kombination aus Pflichtteilsverzicht und Erbverzicht i.e.S. begreifen. Systematisch ist diese Kombination jedoch nicht angelegt. Stattdessen ist der Erbverzicht i.w.S. als „Grundfall" normiert, der sich auf die

660 Siehe hierzu unter F.II.5.a) (S. 148 ff.).
661 Siehe hierzu unter F.II.5.b) (S. 153 ff.) und unter F.II.5.c) (S. 156 ff.).
662 Siehe hierzu unter F.II.5.c) (S. 156 ff.).
663 Siehe hierzu im Ganzen ausführlich unter G. (S. 164 ff.).

beiden genannten Verzichte beschränken lässt. Das Kausalgeschäft des entgeltlichen Erbverzichts i.w.S. ist daher nicht die Kombination aus dem Kausalgeschäft eines entgeltlichen Pflichtteilsverzichts und eines entgeltlichen Erbverzichts i.e.S., sondern ein einheitlicher Vertrag. Dafür spricht der Parteiwille der Beteiligten. Indiz ist auch, dass nur eine einheitliche Kompensationsleistung vereinbart wird und die Parteien diese nicht für die beiden gedanklichen Verzichtsteile getrennt ausweisen. Schwerpunkt des Kausalgeschäftes ist dabei das Versprechen des Verzichts, insbesondere auf das Pflichtteilsrecht im Gegenzug für das Versprechen einer Kompensation. Unter Anwendung der Absorptionsmethode finden daher ebenfalls die Vorschriften des vorweggenommenen familienrechtlichen Ausgleichsvertrages Anwendung.

12) Im Ergebnis sind die Kausalgeschäfte des entgeltlichen Pflichtteilsverzichts und des entgeltlichen Erbverzichts i.e.S. unterschiedlich. Dagegen liegt sowohl dem entgeltlichen Pflichtteilsverzicht als auch dem entgeltlichen Erbverzicht i.w.S. als Kausalgeschäft jeweils ein vorweggenommener familienrechtlicher Ausgleichsvertrag zugrunde.

Literaturverzeichnis

Achilles, Alexander; Gebhard, Albert; Spahn, Peter, Protokolle der Kommission für die zweite Lesung des Entwurfs des Bürgerlichen Gesetzbuchs – Band II Recht der Schuldverhältnisse Abschn. II, Tit. 2—20, Abschn. III, IV., Berlin und Leipzig: J. Guttentag, 1898.
(zitiert: Prot., Bd. II)

Achilles, Alexander; Gebhard, Albert; Spahn, Peter, Protokolle der Kommission für die zweite Lesung des Entwurfs des Bürgerlichen Gesetzbuchs – Band V Erbrecht, Berlin und Leipzig: J. Guttentag, 1899.
(zitiert: Prot., Bd. V)

Apelt, Caroline, Güterstandswechsel – Schenkung im Sinne des Pflichtteilsergänzungsrechts?, Diss., Berlin: Duncker & Humblot, 2011.
(zitiert: Apelt, Güterstandswechsel)

Bamberger, Heinz; Roth, Georg; Hau, Herbert; Poseck, Wolfgang (Hrsg.), Kommentar Bürgerliches Gesetzbuch, Band 5 §§ 1922–2385, 5. Auflage, München: C. H. Beck, 2023.
(zitiert: Bamberger/Roth/*Bearbeiter*)

Bartsch, Michael, Das BGB und die modernen Vertragstypen, CR 2000, S. 3–11.

Becker, Arnd; Hendricks, Jan David, Sittenwidrigkeit von Pflichtteilsverzichten als Risiko für die Unternehmensnachfolge – Vorbeugen durch Verfahren, RFamU 2022, S. 23 – 31.

Bengel, Manfred, 64. Deutscher Juristentag 2002 in Berlin Abt. A: Zivilrecht, MittBayNot 2003, S. 270–277.

Bonefeld, Michael; Kroiß, Ludwig; Tanck, Manuel; Der Erbprozess mit Erbscheinsverfahren und Teilungsversteigerung, 6. Auflage, Baden-Baden: Nomos, 2023.
(zitiert: Bonefeld/Kroiß/Tanck/Bearbeiter, Der Erbprozess)

Brambring, Günter, Abschied von der ehebedingten Zuwendung außerhalb des Scheidungsfalls und neue Lösungswege, ZEV 1996, S. 248–254.

Brox, Hans (Begr.); Walker, Wolf-Dietrich (Hrsg.), Erbrecht, 30. Auflage, München: Franz Vahlen, 2024.
(zitiert: Brox/Walker, Erbrecht)

Burandt, Wolfgang, Pflichtteil- und Pflichtteilvermeidungsstrategien – der Evergreen im Erbrecht – Teil 1, FuR 2012, S. 246–252.

Burandt, Wolfgang; Rojahn, Dieter (Hrsg.), Beck'scher Kurzkommentar Erbrecht, 4. Auflage, München: C. H. Beck, 2022.
(zitiert: Burandt/Rojahn/*Bearbeiter*)

Crezelius, Georg, 10 Jahre ZEV: Die Entwicklung des Steuerrechts, ZEV 2004, S. 45–54.

Damrau, Jürgen, Der Erbverzicht als Mittel zweckmäßiger Vorsorge für den Todesfall, Bielefeld: Ernst und Werner Gieseking, 1966.
(zitiert: Damrau, Der Erbverzicht)

Damrau, Jürgen; Tanck, Manuel (Hrsg.), Praxiskommentar Erbrecht, 4. Auflage, Bonn: zerb Verlag, 2020.
(zitiert: Damrau/Tanck/*Bearbeiter*)

Damrau, Jürgen, Testamentsvollstreckung über Teil-Erbteile zur Vermeidung von Pflichtteilsansprüchen, ZEV 2022, S. 377–383.

Daragan, Hanspeter; Halaczinsky, Raymond; Riedel, Christopher, Praxiskommentar Erbschaftssteuergesetz und Bewertungsgesetz, 4. Auflage, Bonn: zerb Verlag, 2023.
(zitiert: Daragan u.a./*Bearbeiter*)

Dauner-Lieb, Barbara; Langen, Werner, Nomos Kommentar BGB Schuldrecht, 4. Auflage, Baden-Baden: Nomos, 2021.
(zitiert: NK-BGB/*Bearbeiter*)

Dauner-Lieb, Barbara; Grziwotz, Herbert (Hrsg.), Handkommentar Pflichtteilsrecht, 3. Auflage, Baden-Baden: Nomos, 2022.
(zitiert: HK-Pflichtteilsrecht/*Bearbeiter*)

Degenhart, Max, Erbverzicht und Abfindung, RPfleger 1969, S. 145–149.

Dietz, Florian, Anmerkungen zu BGH, Beschl. v. 3. Dezember 2008 – IV ZR 58/07, MittBayNot 2009, S. 475–477.

Dutta, Anatol, Erbschaftsverträge – ein verkanntes Rechtsinstitut, ZfPW 2017, S. 34–52.

Edenfeld, Stefan, Die Stellung weichender Erben beim Erbverzicht, ZEV 1997, S. 134–141.

Eiden, Joachim, Vertragsgestaltung in Klausur und Praxis, JuS 2014, S. 496–499.

Eidenmüller, Horst, Effizienz als Rechtsprinzip, Diss., 4. Auflage, Tübingen: Mohr Siebeck, 2015.
(zitiert: Eidenmüller, Effizienz als Rechtsprinzip)

Enneccerus, Ludwig (Begr.); Wolff, Martin; Raiser, Ludwig, Sachenrecht – Ein Lehrbuch, 10. Auflage, Tübingen: J. C. B. Mohr (Paul Siebeck), 1957.
(zitiert: Enneccerus/Wolff/Raiser, SachenR)

Entwurf eines Bürgerlichen Gesetzbuches für das Deutsche Reich, Erste Lesung, Berlin und Leipzig: J. Guttentag, 1888.
(zitiert: Entwurf erste Lesung)

Erkis, Gülsen; Thonemann-Micker, Susanne (Hrsg.), Beck'scher Online Kommentar Erbschafts- und Schenkungssteuergesetz, 25. Edition, München: C. H. Beck, 2024.
(zitiert: BeckOK ErbStG/*Bearbeiter*).

Everts, Arne, Vorweggenommene Erbfolge, Ausgleichung, Anrechnung und der BGH – zugleich ein Plädoyer für die Ausstattung – und zugleich Anmerkung zu BGH, Urteil vom 27.1.2010, IV ZR 91/09, MittBayNot 2011, S. 107–112.

Fels, Markus (u.a.), Unternehmensnachfolgen in Deutschland 2022–2026, Institut für Mittelstandsforschung Bonn, abgerufen am 2. März 2023 unter https://www.ifm-bonn.org/fileadmin/data/redaktion/publikationen/daten_und_fakten/dokumente/Daten-und-Fakten-27_2021.pdf.

Fischer, Michael, Zugewinnausgleichspflicht und Güterstandsschaukel im Bürgerlichen Recht und Steuerrecht, ZEV 2023, S. 286–292.

Freiherr von Proff, Maximilian, Erbschaftsverträge in der Praxis, ZEV 2013, S. 183–188.

Freiherr von Proff, Maximilian, Erhöht der Pflichtteilsverzicht die Quote anderer Pflichtteilsberechtigter?, ZEV 2016, S. 173–177.

Freiherr von Proff, Maximilian, Die Abfindungsvereinbarung bei- und/oder Pflichtteilsverzichten – eine Schenkung?, NJW 2016, S. 539–542.

Freiherr von Proff, Maximilian, Das schuldrechtliche Grundgeschäft zum Erbverzicht, DNotZ 2017, S. 84–106.

Freiherr von Proff, Maximilian, Verträge über den Pflichtteilsanspruch: Erlass, Abtretung, ErbR 2021, S. 994–999.

Gerlach-Worch, Ute, Entgeltlicher (sittenwidriger) Pflichtteilsverzicht, ErbR 2022, S. 552–559.

Gierse, Lutz, Die Abschlussmöglichkeiten eines Erb- und Pflichtteilsverzichts nach dem Tode des Erblassers, Diss., Lohmar, EUL Verlag, 2004.
(zitiert: Gierse, Abschlussmöglichkeiten eines Erb- und Pflichtteilsverzichts)

Gödicke, Patrick (Hrsg.) u.a., Festschrift für Jan Schapp zum siebzigsten Geburtstag, Tübingen: Mohr Siebeck, 2010.
(zitiert: Gödicke (Hrsg.)/*Bearbeiter*, Festschrift Schapp).

Grüneberg, Christian (Hrsg.), Beck'scher Kurzkommentar Bürgerliches Gesetzbuch, 84. Auflage, München: C. H. Beck, 2025.
(zitiert: Grüneberg/*Bearbeiter*).

Grunewald, Barbara, Zur Frage der Entgeltlichkeit bei Zuwendungen gegen Erbverzicht, Urteilsbesprechung BGH, Urt. v. 7. Juli 2015 – X ZR 59/13, ZErb 2016, S. 117–122.

Gsell, Beate; Krüger, Wolfgang; Lorenz, Stephan; Reymann, Christoph (Hrsg.), Beck'scher Online Großkommentar zum Zivilrecht, Stand: 1. Dezember 2024, München: C. H. Beck, 2024.
(zitiert: BeckOGK/*Bearbeiter*)

Haas, Ulrich, Ehegatteninnengesellschaft und familienrechtlicher Vertrag sui generis, FamRZ 2002, S. 205–217.

Hager, Johannes (Hrsg.), Schriften zum Notarrecht, Vorweggenommene Vermögensübertragung unter Ausschluss von Pflichtteilsansprüchen, Tagungsband, Baden-Baden: Nomos, 2013.
(zitiert: Hager/*Verfasser*, Vorweggenommene Vermögensübertragung)

Hahn, Erik, Die gegenständlich beschränkte Erbeinsetzung, ZEV 2016, S. 360–367.

Hau, Wolfgang; Poseck, Roman, Beck'scher Online Kommentar BGB, 72. Edition Stand: 1. November 2024, München: C. H. Beck, 2024.
(zitiert: BeckOK/*Bearbeiter*)

Hayler, Peter, Bestandskraft ehebedingter Zuwendungen im Bereich der Pflichtteilsergänzung (§§ 2325, 2329 BGB) – Vertragsgestaltung durch doppelten Güterstandswechsel?, DNotZ 2000, S. 681–690.

Hennerkes, Brun-Hagen; Kirchdörfer, Rainer, Die Familie und ihr Unternehmen, Frankfurt am Main: Campus, 2015.
(zitiert: Hennerkes/Kirchdörfer, Die Familie und ihr Unternehmen)

Henssler, Rolf, Erbschaftsverträge nach § 311b Abs. 4 und 5 BGB, RNotZ 2010, S. 221–242.

Herrler, Sebastian, Strategien zur Minimierung des Pflichtteils, JA 2007, S. 120–126.

Herrler, Sebastian (Hrsg.), Münchener Vertragshandbuch, Band 6 Bürgerliches Recht II, 8. Auflage, München: C. H. Beck, 2020.
(zitiert: Herrler/*Bearbeiter*, Vertragshandbuch)

Hoeniger, Heinrich, Die gemischten Verträge und ihre Grundform, Diss., Mannheim & Leipzig: J. Bensheimer, 1910.
(zitiert: Hoeniger, Gemischte Verträge)

Höfling, Lisa-Marie, Die Schenkung und die unentgeltliche Verfügung im Erbrecht, Diss., Baden-Baden: Nomos, 2019.
(zitiert: Höfling, Schenkung und unentgeltliche Verfügung)

Holthaus, Johannes, Leistungsstörungen beim entgeltlichen Erbverzicht, Diss., Cloppburg/Münster/Osnabrück 1992.
(zitiert: Holthaus, Leistungsstörungen beim entgeltlichen Erbverzicht)

Honsell, Heinrich, Die rhetorischen Wurzeln der juristischen Auslegung, ZfPW 2016, S. 106–128.

Horn, Claus-Henrik, Angriffsstrategien gegen erklärte Erb- und Pflichtteilsverzichte – und Vorkehrungen dagegen, ZEV 2010, S. 295–298.

Horn, Claus-Henrik, Vorempfänger im Pflichtteilsrecht: Systematik von Anrechnung und Ausgleichung, ZNotP 2017, S. 206–213; ders. in: Systematik bei Anrechnung und Ausgleichung von Vorempfängen und dem Pflegebonus, ErbR 2017, S. 194–201.

Horn, Claus-Henrik, Ansprüche des beeinträchtigten Vertragserben – Durchsetzung und Abwehr, NJW 2019, S. 1123–1125.

Horn, Claus-Henrik, Vorempfänge im Pflichtteilsrecht, NJW 2020, S. 2609–2611.

Hüttemann, Rainer, Zwischenzeitlicher Zugewinnausgleich bei fortgesetzter Zugewinngemeinschaft und § 5 Abs. 2 ErbStG, DB 1999, S. 248–253.

Jakob, Dominique, Die Ausstattung (§ 1624 BGB) – ein familienrechtliches Instrument moderner Vermögensgestaltung?, AcP 2007, S. 198–224.

Jakobs, Horst Heinrich; Schubert, Werner; Die Beratung des Bürgerlichen Gesetzbuchs in systematischer Zusammenstellung der unveröffentlichten Quellen – Erbrecht §§ 1922–2385 BGB, 2. Teilband, Berlin: Walter de Gruyter, 2002.
(zitiert: Jakobs/Schubert, Beratung des BGB – Erbrecht, 2. Teilband)

Jeep, Jens, Schenkung oder nicht Schenkung, das ist oft die Frage – Die rechtliche Einordnung familienbezogener Zuwendungen, NZFam 2014, S. 293–298.

Kapp, Reinhard; Ebeling, Jürgen, Erbschafts- und Schenkungsteuergesetz Kommentar, 100. Auflage (Stand Juni 2024), Köln: Otto Schmidt, 2024.
(zitiert: Kapp/Ebeling/*Bearbeiter*)

Kappler, Susanne; Kappler, Tobias, Die vorweggenommene Erbfolge, 2. Auflage, Bielefeld: Ernst und Werner Gieseking, 2023.
(zitiert: Kappler/Kappler, Vorweggenommene Erbfolge)

Kappler, Susanne; Kappler, Tobias, Die vorweggenommene Erbfolge: ein schillerndes Konstrukt, MittBayNot 2019, S. 217–222.

Keim, Christopher, Testamentsgestaltung bei „missratenen" Kindern – Neue Möglichkeiten durch die geplanten Änderungen im Pflichtteilsrecht?, NJW 2008, S. 2072–2077.

Keim, Rüdiger, Zuwendungsausgleich durch Erbverzicht, Diss., Köln 1979.
(zitiert: Keim, Zuwendungsausgleich durch Erbverzicht)

Keller, Hilmar, Die Form des Erbverzichts, ZEV 2005, S. 229–235.

Kipp, Helmut; Coing, Theodor, Erbrecht, 14. Auflage, Tübingen: Mohr Siebeck, 1990.
(zitiert: Kipp/Coing, ErbR)

Klingelhöffer, Hans, Zuwendungen unter Ehegatten und Erbrecht, NJW 1993, S. 1097–1103.

Klingelhöffer, Hans, Pflichtteilsrecht, 4. Auflage, München: C. H. Beck, 2014.
(zitiert: Klingelhöffer, Pflichtteilsrecht)

Klosky, Thomas, Patchworkkonstellationen in der notariellen Erbrechtspraxis, RNotZ 2022, S. 357–378.

Knodel, Hermann, Die Ausstattung, eine zeitgemäße Gestaltungsmöglichkeit?, ZErb 2006, S. 225–226.

Kollhosser, Helmut, Aktuelle Fragen der vorweggenommenen Erbfolge, AcP 1994, S. 231–264.

Kornexl, Thomas, Der Zuwendungsverzicht, Diss., München: C. H. Beck, 1998.
(zitiert: Kornexl, Der Zuwendungsverzicht)

Kroiß, Ludwig, Der Erbverzicht im deutschen Recht, ErbR 2019, S. 466–471.

Krug, Walter; Rudolf, Michael; Kroiß, Ludwig; Bittler, Jan, Anwaltsformulare Erbrecht, 7. Auflage, Bonn: zerb Verlag, 2023.
(zitiert: Krug/Kroiß, Anwaltsformulare)

Krumm, Marcel, Der lebzeitige Pflichtteilsverzicht gegen Abfindung: Schenkungsteuer- und Einkommensteuerrecht, ErbR 2012, S. 139–146.

Kuchinke, Kurt, Bedarf der dem Erbverzicht zugrunde liegende Verpflichtungsvertrag notarieller Beurkundung? Zugleich zur Heilung und Umdeutung nichtiger Verpflichtungsverträge, NJW 1983, S. 2358–2362.

Kupka-Göll, Silke, Erbverzicht und Abfindung bei Störungen der vorweggenommenen Erbfolge, Diss., Tübingen, 2002.
(zitiert: Kupka-Göll, Erbverzicht und Abfindung)

Lange, Heinrich; Kuchinke, Kurt, Erbrecht, 5. Auflage, München: C. H. Beck, 2001.
(zitiert: Lange/Kuchinke, Erbrecht)

Lange, Knut Werner, Der Pflichtteilsverzicht zwischen privatautonomer Gestaltung und gerichtlicher Inhaltskontrolle (Teil 1), ErbR 2017, S. 250–255.

Lange, Knut Werner, Der Pflichtteilsverzicht zwischen privatautonomer Gestaltung und gerichtlicher Inhaltskontrolle (Teil 2), ErbR 2017, S. 305–311.

Lange, Knut Werner; Horn, Claus-Henrik, Die Anfechtung von Erb- und Pflichtteilsverzichtsverträgen, ZEV 2019, S. 381–387.

Langenfeld, Gerrit, Die Bestandskraft ehebedingter Zuwendungen im Verhältnis zu Vertragserben und Pflichtteilsberechtigten, ZEV 1994, S. 129–133.

Langenfeld, Gerrit, Vertragsgestaltung: Methode, Verfahren, Vertragstypen, 3. Auflage, München: C. H. Beck, 2004.
(zitiert: Langenfeld, Vertragsgestaltung)

Langenfeld, Gerrit; Günther, Karl-Heinz, Grundstückszuwendungen zur lebzeitigen Vermögensnachfolge, 6. Auflage, Köln: Dr. Otto Schmidt, 2010.
(zitiert: Langenfeld/Günther, Grundstückszuwendungen)

Larenz, Karl; Canaris, Klaus-Wilhelm, Lehrbuch des Schuldrechts: Bd. 1 Besonderer Teil, 13. Auflage, München: C. H. Beck, 1994.
(zitiert: Larenz/Canaris, Schuldrecht)

Limmer, Peter, Erbschaftsverträge nach § 312 BGB: Bestandsaufnahme und Neuorientierung, DNotZ 1997, S. 927–940.

Looschelders, Dirk, Schuldrecht Besonderer Teil, 19. Auflage, München: Franz Vahlen, 2024.
(zitiert: Looschelders, Schuldrecht BT)

Lorenz, Stephan, Grundwissen – Zivilrecht: Abstrakte und kausale Rechtsgeschäfte, JuS 2009, S. 489–491.

Lorz, Rainer; Kirchdörfer, Rainer, Unternehmensnachfolge, 2. Auflage, München: C. H. Beck, 2011.
(zitiert: Lorz/Kirchdörfer, Unternehmensnachfolge)

Lotmar, Philipp, Der Arbeitsvertrag, 2. Auflage, Berlin: Duncker & Humblot, 2001. (zitiert: Lotmar, Arbeitsvertrag)

Löwenstein-Wertheim-Rosenberg, Karl, Erbverzicht und Abfindungsvertrag, Diss., Würzburg: Rennebohm & Hausknecht KG (Bielefeld), 1928. (zitiert; Löwenstein-Wertheim-Rosenberg, Erbverzicht und Abfindungsvertrag)

Mankowski, Peter, Anmerkungen zu OLG Düsseldorf, Urt. v. 20. Juni 1997 - 7 U 152/96, ZEV 1998, S. 33–34.

Mauch, Frank, Ist die Abfindung für einen Erb- oder Pflichtteilsverzicht Schenkung im Sinne von § 2325 BGB?, BWNotZ 1995, S. 88–93.

Mayer, Jorg, Die Rückforderung der vorweggenommenen Erbfolge, DNotZ 1996, S. 604–630.

Mayer, Jörg; Süß, Rembert; Riedel, Christopher; Bittler, Jan (Hrsg.), Handbuch Pflichtteilsrecht, 5. Auflage, Bonn: zerb Verlag, 2024. (zitiert: Mayer/Tanck/*Bearbeiter*, Handbuch Pflichtteilsrecht)

Mayer, Jörg, Anrechnung und Ausgleichung im Erb- und Pflichtteilsrecht – eine Einführung anhand von Beispielsfällen, ZErb 2007, S. 130–138.

Medicus, Dieter; Mertens, Hans-Joachim; Nörr, Knut Wolfgang; Zöllner, Wolfgang (Hrsg.), Festschrift für Hermann Lange zum 70. Geburtstag, Stuttgart: W. Kohlhammer, 1992. (zitiert: FS Lange/*Bearbeiter*).

Medicus, Dieter; Lorenz, Stephan, Schuldrecht II Besonderer Teil, 18. Auflage, München: C. H. Beck, 2018. (zitiert: Medicus/Lorenz, Schuldrecht BT)

Meincke, Jens Peter (Begr.); Hannes, Frank; Holtz, Michael; Erbschaftsteuer- und Schenkungsteuergesetz Kommentar, 18. Auflage, München: C. H. Beck, 2021. (zitiert: Meincke/Hannes/Holtz/*Bearbeiter*)

Mertens, Hans-Georg, Die Entstehung der Vorschriften des BGB über die gesetzliche Erbfolge und das Pflichtteilsrecht, Berlin: Walter De Gruyter & Co., 1970. (zitiert: Mertens, Entstehung der Vorschriften über das Pflichtteilsrecht)

Metzler, Martin, Ausschlagung und Erbverzicht in der dogmatischen Analyse, Diss., Baden-Baden: Nomos, 2013. (zitiert: Metzler, Ausschlagung und Erbverzicht)

Meyer, Paul, Zur Lehre von der rechtlichen Natur des Erbverzichts nach dem Bürgerliche Gesetzbuch, in: Festgabe für Ludwig Enneccerus anlässlich seines 70. Geburtstages und seiner 40 jährigen Mitgliedschaft in der Fakultät, Kapitel 6, Marburg: N. G. Elwert'sche Verlagsbuchhandlung, 1913. (zitiert: Meyer, FS Enneccerus)

Meyer, Jörg, Unliebsame Folgen des Pflichtteilsverzichts, ZEV 2007, S. 556–560.

Michalski, Lutz, BGB-Erbrecht, 4. Auflage, Heidelberg: C. F. Müller, 2010. (zitiert: Michalski, BGB-Erbrecht)

Michalski, Lutz (Begr.), Schmidt, Jessica, BGB-Erbrecht, 5. Auflage, Heidelberg: C. F. Müller, 2019.
(zitiert: Michalski/Schmidt, BGB-Erbrecht)

Mikat, Paul (Hrsg.), Festschrift für Hermann Nottarp, Karlsruhe: C. F. Müller, 1961.
(zitiert: Mikat (Hrsg.)/*Bearbeiter*, Festschrift Nottarp)

Motive zu dem Entwurfe eines Bürgerlichen Gesetzesbuches für das Deutsche Reich, Band II Recht der Schuldverhältnisse, Berlin und Leipzig: J. Guttentag, 1888.
(zitiert: Mot., Bd. II)

Motive zu dem Entwurfe eines Bürgerlichen Gesetzesbuches für das Deutsche Reich, Band V Erbrecht, Berlin und Leipzig: J. Guttentag, 1888.
(zitiert: Mot., Bd. V)

Mugdan, Benno, Die gesamten Materialien zum Bürgerlichen Gesetzbuch für das Deutsche Reich, II. Band: Recht der Schuldverhältnisse, Berlin: R. v. Decker's Verlag, 1899.
(zitiert: Mugdan, Materialien zum BGB, Bd. II)

Mugdan, Benno, Die gesamten Materialien zum Bürgerlichen Gesetzbuch für das Deutsche Reich, V. Band: Erbrecht, Berlin: R. v. Decker's Verlag, 1899.
(zitiert: Mugdan, Materialien zum BGB, Bd. V)

Müller, Gabriele, Anmerkung zum Urteil des BGH v. 7.7.2015 – X ZR 59/13 zum Schenkungscharakter des entgeltlichen Erbverzichts, ZNotP 2016, S. 82–83.

Müller, Michael Andreas, Familien – und erbrechtliche Erklärungen im Grundstücksübertragungsvertrag, ZEV 2015, S. 322–327.

Münch, Christof, Die steuerrechtliche Qualifikation familienrechtlicher Kompensationsvereinbarungen, FPR 2012, S. 302–306.

Münch, Christof, Familienrecht in der Notar- und Gestaltungspraxis, 4. Auflage, München: C. H. Beck, 2023.
(zitiert: Münch, FamR)

Muscheler, Karlheinz, Der Pflichtteilsergänzungsanspruch, Teil 2, ErbR 2010, S. 279–289.

Muscheler, Karlheinz, Erbrecht Band 1, Tübingen: Mohr Siebeck, 2010.
(zitiert: Muscheler, Erbrecht Bd. I)

Muscheler, Karlheinz, Erbrecht Band 2, Tübingen: Mohr Siebeck, 2010.
(zitiert: Muscheler, Erbrecht Bd. II)

Pentz, Adolf, Auswirkungen des Erbverzichts auf die Pflichtteilsergänzung nach §§ 2325 ff. BGB, FamRZ 1998, S. 660–663.

Peter, Manfred, Zuwendungen im Wege vorweggenommener Erbfolge – Fragen zur Ausgleichung und zur Anrechnung, BWNotZ 1986, S. 28–33.

Planck, Gottlieb, Bürgerliches Gesetzbuch nebst Einführungsgesetz, 3. Auflage, V. Band: Erbrecht, Berlin: J. Guttentag, 1906.
(zitiert: Planck/*Bearbeiter*, Bürgerliches Gesetzbuch)

Quantius, Markus Johannes, Die Aufhebung des Erbverzichts, Berlin: Duncker & Humblot, 2001.
(zitiert: Quantius, Aufhebung des Erbverzichts)

Redaktion, Erbschaftsvertrag – Verzicht auf Pflichtteilsergänzungsansprüche, DNotI-Report 1996, S. 141–143.

Redaktion, Pflichtteilsrechtliche Auswirkungen der Aufhebung eines Erbverzichts, DNotI-Report 2019, S. 83–85.

Redaktion, Entfall eines Pflichtteilsverzichts bei Ausübung eines Rückforderungsrechts; Aufhebung eines Pflichtteilsverzichts nach dem Tod des Verzichtenden, DNotI-Report 2024, S. 17–19.

Reul, Adolf, Erbverzicht, Pflichtteilsverzicht, Zuwendungsverzicht, MittRhNotK 1997, S. 373–389.

Rheinbay, Peter, Erbverzicht – Abfindung – Pflichtteilsergänzung, Diss., Frankfurt a. Main, Bern, New York: Peter Lang Verlag, 1983.
(zitiert: Rheinbay, Erbverzicht)

Röthel, Anne; Verzicht auf den Kindespflichtteil: Plädoyer für mehr Wachsamkeit, NJW 2012, S. 337–341.

Rümelin, Gustav, Dienstvertrag und Werkvertrag, Tübingen: Mohr Siebeck, 1905.
(zitiert: Rümelin, Dienstvertrag und Werkvertrag)

Säcker, Franz Jürgen; Rixecker, Roland; Oetker, Hartmut; Limperg, Bettina (Hrsg.), Münchener Kommentar zum Bürgerlichen Gesetzbuch, Band 3 §§ 311–432, 9. Auflage, München: C. H. Beck, 2022.
(zitiert: MüKoBGB/*Bearbeiter*)

Säcker, Franz Jürgen; Rixecker, Roland; Oetker, Hartmut; Limperg, Bettina (Hrsg.), Münchener Kommentar zum Bürgerlichen Gesetzbuch, Band 4-2 §§ 481–534, 9. Auflage, München: C. H. Beck, 2023.
(zitiert: MüKoBGB/*Bearbeiter*)

Säcker, Franz Jürgen; Rixecker, Roland; Oetker, Hartmut; Limperg, Bettina (Hrsg.), Münchener Kommentar zum Bürgerlichen Gesetzbuch, Band 8 §§ 894–1296, 9. Auflage, München: C. H. Beck, 2023.
(zitiert: MüKoBGB/*Bearbeiter*)

Säcker, Franz Jürgen; Rixecker, Roland; Oetker, Hartmut; Limperg, Bettina (Hrsg.), Münchener Kommentar zum Bürgerlichen Gesetzbuch, Band 9 §§ 1297–1588, 9. Auflage, München: C. H. Beck, 2022.
(zitiert: MüKoBGB/*Bearbeiter*)

Säcker, Franz Jürgen; Rixecker, Roland; Oetker, Hartmut; Limperg, Bettina (Hrsg.), Münchener Kommentar zum Bürgerlichen Gesetzbuch, Band 11 §§ 1922–2385, 9. Auflage, München: C. H. Beck, 2022.
(zitiert: MüKoBGB/*Bearbeiter*)

Sailer, Andreas, Die Ausstattung als Rechtsgrund von Überlassungsverträgen, NotBZ 2002, S. 81–86.

Scherer, Stephan (Hrsg.), Münchener Anwaltshandbuch Erbrecht, 6. Auflage, München: C. H. Beck, 2024.
(zitiert: Scherer/*Bearbeiter*, Anwaltshandbuch)

Scherer, Stephan, Unternehmensnachfolge, 6. Auflage, München: C. H. Beck, 2020.
(zitiert: Scherer/*Bearbeiter*, Unternehmensnachfolge)

Schindler, Andreas, Anmerkungen zu BGH, Beschl. v. 3. Dezember 2008 - IV ZR 58/07, ZEV 2009, S. 80–81.

Schindler, Andreas, Beeinträchtigende Schenkungen gem. § 2287 BGB aus forensischer Sicht, ErbR 2015, S. 526–544.

Schlitt, Gerhard; Müller, Gabriele, Handbuch Pflichtteilsrecht, 3. Auflage, München: C. H. Beck, 2024.
(zitiert: Schlitt/Müller, PflichtteilsR-HdB)

Schönenberg-Wessel, Ulf, Der fiktive Nachlass – Pflichtteilsergänzungsansprüche im notariellen Nachlassverzeichnis, NJW 2019, S. 1481–1486.

Schotten, Günther, Das Kausalgeschäft zum Erbverzicht, DNotZ 1998, S. 163–177.

Schotten, Günther, Erbverzicht und Kausalgeschäft zum Erbverzicht – – zugleich Anmerkung zum Beschluss des OLG Düsseldorf vom 21.6.2011 – 3 Wx 56/11 = RNotZ 2011, S. 499, RNotZ 2012, S. 94–96.

Schotten, Günther, Wirkungen eines Erb- oder Pflichtteilsverzichts auf das gesetzliche Erb- und Pflichtteilsrecht des Verzichtenden einerseits und dritter Personen andererseits, RNotZ 2015, S. 412–415.

Soergel, Theodor (Begr.); Siebert, Wolfgang (Hrsg.), Kommentar Bürgerliches Gesetzbuch mit Einführungsgesetzen und Nebengesetzen, Schuldrecht5 §§ 481–534 BGB, Bd. 7, 13. Auflage, Stuttgart: W. Kohlhammer, 2014.
(zitiert: Soergel/*Bearbeiter*)

Soergel, Theodor (Begr.); Siebert, Wolfgang (Hrsg.), Kommentar Bürgerliches Gesetzbuch mit Einführungsgesetzen und Nebengesetzen, Familienrecht 1 §§ 1297–1586 BGB, Bd. 17, 13. Auflage, Stuttgart: W. Kohlhammer, 2013.
(zitiert: Soergel/*Bearbeiter*)

Soergel, Theodor (Begr.); Siebert, Wolfgang (Hrsg.), Kommentar Bürgerliches Gesetzbuch mit Einführungsgesetzen und Nebengesetzen, Erbrecht 3 §§ 2274–2385 BGB, Bd. 23, 13. Auflage, Stuttgart: W. Kohlhammer, 2002.
(zitiert: Soergel/*Bearbeiter*, 13. Aufl.)

Soergel, Theodor (Begr.); Siebert, Wolfgang (Hrsg.), Kommentar Bürgerliches Gesetzbuch mit Einführungsgesetzen und Nebengesetzen, Erbrecht 2 §§ 2174–2385 BGB, Bd. 33, 14. Auflage, Stuttgart: W. Kohlhammer, 2021.
(zitiert: Soergel/*Bearbeiter*, 14. Aufl.)

Sontheimer, Jürgen; Kollmar, Jens, Stark, Caroline Louise; Vertragsgestaltung und Steuerrecht, 4. Auflage, München: C. H. Beck, 2024.
(zitiert: Sontheimer, Vertragsgestaltung und Steuerrecht)

Speckmann, Werner, Der Erbverzicht als „Gegenleistung" in Abfindungsverträgen, NJW 1970, S. 117–121.

Staudinger, Julius (Begr.), Kommentar zum Bürgerlichen Gesetzbuch mit Einführungsgesetz und Nebengesetzen, §§ 311, 311a-c, Berlin: De Gruyter, 2023. (zitiert: Staudinger/*Bearbeiter*)

Staudinger, Julius (Begr.), Kommentar zum Bürgerlichen Gesetzbuch mit Einführungsgesetz und Nebengesetzen, §§ 516–534, Berlin: De Gruyter, 2021. (zitiert: Staudinger/*Bearbeiter*)

Staudinger, Julius (Begr.), Kommentar zum Bürgerlichen Gesetzbuch mit Einführungsgesetz und Nebengesetzen, §§ 1408–1563, Berlin: De Gruyter, 2023. (zitiert: Staudinger/*Bearbeiter*)

Staudinger, Julius (Begr.), Kommentar zum Bürgerlichen Gesetzbuch mit Einführungsgesetz und Nebengesetzen, §§ 1616–1625, Berlin: De Gruyter, 2020.

Staudinger, Julius (Begr.), Kommentar zum Bürgerlichen Gesetzbuch mit Einführungsgesetz und Nebengesetzen, §§ 2265–2302, Berlin: De Gruyter, 2019. (zitiert: Staudinger/*Bearbeiter*)

Staudinger, Julius (Begr.), Kommentar zum Bürgerlichen Gesetzbuch mit Einführungsgesetz und Nebengesetzen, §§ 2229–2302, Berlin: De Gruyter, 2023. (zitiert: Staudinger/*Bearbeiter*)

Staudinger, Julius (Begr.), Kommentar zum Bürgerlichen Gesetzbuch mit Einführungsgesetz und Nebengesetzen, §§ 2303–2345, Berlin: De Gruyter, 2022. (zitiert: Staudinger/*Bearbeiter*)

Staudinger, Julius (Begr.), Kommentar zum Bürgerlichen Gesetzbuch mit Einführungsgesetz und Nebengesetzen, §§ 2346–2352, Berlin: De Gruyter, 2022. (zitiert: Staudinger/*Bearbeiter*)

Straub, Sascha, Die Rechtsfolgen ehebezogener Zuwendungen im Erbrecht, Köln: Carl Heymanns Verlag, 2009. (zitiert: Straub, Rechtsfolgen ehebezogener Zuwendungen)

Teichmann, Christoph, Vertragsgestaltung durch den Rechtsanwalt – Grundzüge einer Methodik der zivilrechtlichen Fallbearbeitung, JuS 2001, S. 973–980.

Theiss, Wolfram; Boger, Michael, Möglichkeiten der Vorbeugung gegen Ansprüche aus §§ 2325, 2329 BGB wegen Abfindungen für Erb- bzw. Pflichtteilsverzichte, ZEV 2006, S. 143–146.

Thubauville, Wilhelm, Die Anrechnung lebzeitiger Leistungen auf Erb- und Pflichtteilsrechte, MittRhNotK 1992, S. 289–308.

Uricher, Elmar (Hrsg.), Erbrecht, 5. Auflage Baden-Baden: Nomos, 2023. (zitiert: Uricher/Bearbeiter, Erbrecht).

Von Hertzberg, Catharina, Vermögensübertragung mit Hilfe eines Güterstandswechsels, RNotZ 2019, S. 245–259.

Von Lübtow, Ulrich, Erbrecht, Eine systematische Darstellung, 1. Halbband, Berlin: Duncker & Humblot, 1971. (zitiert: v. Lübtow, Erbrecht Bd. I)

Wachter, Thomas, Schenkungen unter Ehegatten, ZEV 2023, S. 333–345.

Waldner, Wolfram, Vorweggenommene Erbfolge für die notarielle und anwaltliche Praxis, 3. Auflage, Berlin: Erich Schmidt Verlag, 2022.
(zitiert: Waldner, Vorweggenommene Erbfolge)

Walsmann, Hans, Der Verzicht: Allgemeine Grundlagen einer Verzichtslehre und Verzicht im Privatrecht, Leipzig: A. Deichert'sche Verlagsbuchhandlung, 1912.
(zitiert: Walsmann, Der Verzicht)

Wellenhofer, Marina, Anmerkungen zu BGH, Beschl. v. 3. Dezember 2008 – IV ZR 58/07, JuS 2009, S. 669–670.

Weidlich, Dietmar, Ausgewählte Probleme bei erbrechtlichen Verzichtsverträgen, NotBZ 2009, S. 149–163

Weirich, Hans-Armin, Der gegenständlich beschränkte Pflichtteilsverzicht Zulässigkeit und Vertragsgestaltung, DNotZ 1986, S. 5–17.

Woesch, Hugo, Der Erbverzicht im Bürgerlichen Gesetzbuch, Diss., Erlangen: Heinrich Pöppinghaus oHG, 1935.
(zitiert: Woesch, Der Erbverzicht)

Worm, Heiko, Pflichtteilserschwerungen und Pflichtteilsstrafklauseln, RNotZ 2003, S. 535–557.

Zellmann, Michael, Dogmatik und Systematik des Erbverzichts und seiner Aufhebung im Rahmen der Lehre von den Verfügungen von Todes wegen, Bochum, Dr. N. Brockmeyer, 1990.
(zitiert: Zellmann, Dogmatik und Systematik des Erbverzichts)

Zimmer, Maximilian, Anmerkungen zu BGH, Beschl. v. 3. Dezember 2008 – IV ZR 58/07, NJW 2009, S. 1146–1147.

Zimmer, Maximilian, Störungen beim Erb- und Pflichtteilsverzichtsvertrag, NJW 2017, S. 513–517.

Zimmermann, Walter, Der Verlust der Erbschaft, 2. Auflage, Berlin: Erich Schmidt Verlag, 2011.
(zitiert: Zimmermann, Der Verlust der Erbschaft)